문제 행동의
암호를 풀다

The Behavior Code
: A Practical Guide to Understanding and Teaching the Most Challenging
Students by Jessica Minahan and Nancy Rappaport, MD

정서행동 위기학생 지원을 위한 새로운 접근

문제 행동의
암호를 풀다

제시카 미나한 • 낸시 래퍼포트 지음

장현주 옮김 최서윤 감수

교육을바꾸는사람들

추천의 글

■ 책을 처음 접했을 때 현재 교육 현장에서 가장 절실하게 필요한 책이겠다 생각해 관심을 갖고 살펴보았습니다. 이 책의 저자들은 오랫동안 공교육 현장에서 학생들의 행동 개선을 위해 치료, 상담, 지원 프로그램을 진행한 전문가들입니다. 그러기에 이 문제가 교사들을 얼마나 힘들게 하는지, 왜 긍정적 행동지원을 통한 예방적 접근이 중요한지, 그리고 일반 교사들이 바로 실천할 수 있는 매뉴얼이 왜 시급한지 누구보다 잘 알고 있었을 겁니다. 저 역시 상담교육 수업을 진행하면서 이런 책의 필요성을 느끼고 있던 터라 번역서 출간이 무척 반가웠습니다.

이 책에서 다루는 네 가지 문제 유형은 실제로 코로나 19 이후 교육 현장에서 심각하게 부각되는 것들입니다. 책 속의 사례들 또한 우리나라 교실과 동떨어진 것들이 아닙니다. 우리나라 아동 청소년의 삶의 만족도가 최하위 수준이며 청소년 자살률이 증가 추세라는 안타까운 보도가 이어집니다. 이런 현실에서 학생들을 매일 대면하며 수업과 일상을 이어가야 하는 교사의 부담은 만만치 않습니다. 많은 교사들이 학생의 부적절한 행동에 대처할 방법을 몰라 힘들어합니다. 불안이나 우울 문제를 겪는 학생들은 평소 아무런 문제가 없어 보이다가도 폭발적인 행동으로 교사를 당황하게 만들 때가 있습니다. 힘들게 고민하고 있는 교사들에게 좋은 길잡이가 되어줄 책이라 생각합니다.

이 책은 혼자 가볍게 보기보다는 여러 교사들이 함께 읽고 각자의 경험을 공유하기에 적합한 책입니다. 문제 행동에 대처하는 일은 교사에게도 많은 스트레스와 불안감을 줍니다. 책에 제시된 조언과 대응 전략을 읽고, 동료들과 함께하며 해결 방법을 찾아나가다 보면 교사로서의 자존감과 마음건강에도 도움이 될 것입니다.

최서윤 (숙명여대 교육대학원 조교수)

■ 책을 읽으며 다시 한번 느낀 건, 아이의 행동 개선에 도움을 주기 위해서는 여러 주변 어른들의 다각적인 도움이 필요하다는 사실이었습니다. 이를테면 학교 현장에서는 학부모님, 담임 선생님, 상담 선생님, 보건 선생님, 특수교육 선생님, 교장 선생님, 교감 선생님, 아이를 지도하는 관련 부서 선생님 등이 있을 것입니다. 이들 모두가 학생과 신뢰 관계를 구축해야 아이의 학업과 행동을 성공적으로 이어나갈 수 있습니다. FAIR 플랜 접근법은 관계 구축을 중요하게 다루고 있어서 아이를 만나는 다양한 현장의 분들에게 분명 큰 도움이 될 것이라 생각합니다. 책을 읽으며 이전에 적합하지 않은 대응 전략으로 상담을 진행했던 것이 떠올라 반성했고, 지금 만나는 학생에게 도움이 될 방안을 모색할 수도 있었습니다.

책에 이런 내용이 나옵니다. '불안은 마치 잔뜩 흔들린 탄산음료 캔과도 비슷하다. (…) 흔들렸는지 여부를 알 수 있는 유일한 방법은 캔을 열어보는 것이며, 탄산음료가 폭발하듯 치솟고 나서야 흔들렸다는 걸 알게 된다.' 이 책을 선생님들이 꼭 열어보셨으면 좋겠습니다. 그리고 아이들에 대한 기대와 믿음을 갖고 기쁜 마음으로 읽어나가기를 희망합니다. 저는 이 책을 열어 읽고 나니 새로운 희망과 기대감이 생겼습니다. 이제 행동으로 옮길 준비만 남았네요.

마지영 (경기도여주교육지원청 WEE센터 실장, 전문상담교사)

■ '문제 행동의 암호를 풀다'라는 제목에 걸맞게 학생의 행동 이면의 코드를 풀 수 있는 열쇠와 같은 책입니다. '문제 행동'이라고 불리는 행동의 기능을 파악하고 그에 맞는 대응 전략을 세우는 방법이 소개됩니다. 문제 행동 유형마다 사례가 풍부하게 수록되어 있어서 이해하기 쉽고, FAIR 플랜 체크리스트 부록은 현장에 즉시 적용하기 좋겠다 생각했습니다. 특히 ABC 기록을 작성하여 학생의 행동 기능을 파악하고 그에 대응하는 방안을 제시하는 방법에 관한 내용이 좋았습니다. 학생의 행동에 대처하기 바빠 그 행동의 근본적인 원인 및 기능을 간과할 때가 많은데, ABC 기록을 통해 좀

더 객관적으로 문제 행동에 접근할 수 있을 것 같습니다. 저 또한 이 책을 통해 어려움을 겪는 학생들을 더욱 잘 이해하고 어떤 방향으로 접근해야 할지 고민해 볼 수 있었습니다. 우리 교사들이 학생의 '행동 통역가'가 되어 끝까지 그들의 곁을 지켜주는 존재가 되었으면 좋겠습니다. 비록 쉽진 않겠지만 혼자가 아니라 교사, 학부모, 학교 모두가 함께하는 협력적인 분위기 속에서라면 충분히 가능할 것이라고 생각합니다.

유다솔 (서울성내초등학교 전문상담교사)

■ 현재 학교 현장에서 교사들이 가장 힘들어하는 부분은 단연 문제 행동을 보이는 아동에 대한 교육적 개입입니다. 교사는 학생이 언제 어느 시점에서 갑자기 문제 행동을 표출할지 몰라 마치 폭탄을 안고 있는 것처럼 긴장된 상태로 생활하고 수업합니다. 이는 교사를 소진시키고 무기력감에 빠지게 만듭니다. 이 책은 학교 현장에서 많이 보이는 문제 행동을 범주별로 나누어 구체적으로 개입 방안을 소개하고 있어서 사안에 따라 쉽게 찾아볼 수 있습니다. 학생들이 왜 그러한 행동을 했는지, 어떻게 도와줘야 하는지 원인과 구체적인 방안을 설명하고 있어서 도움이 되었고 부록의 서식을 적용해보니 한결 수월했습니다. 특히 FAIR와 ABC 기록을 통해 문제 행동의 패턴과 원인을 추적하고 어떠한 상황에서 그러한 행동을 보이는지 파악하게 됨으로써, 사전에 문제 상황을 제거하거나 문제 행동이 발생했을 때 그 불을 빠르게 끌 수 있습니다.

조성우 (이천 아미초등학교 전문상담교사)

■ '못된 것이 아니라 단지 망가졌을 뿐이다. 당신이 마음으로 밀어낸 그 아이는 어쩌면 당신을 가장 필요로 하는 아이였을지 모른다.' 이 문장을 읽으며 왈칵 눈물이 쏟아졌습니다. 아무리 애써도 변화를 보이지 않아 나도 모르게 손을 놓아버린 10년 전 한 아이가 생각났기 때문입니다. 이 책을 좀 더 일찍 만났더라면 그 아이의 말과 행동을 잘 이해하고 도움을 줄 수 있지 않았을까 하는 안타까운 마음이 들었습니다. 이 책은 아이들의 특성과 그

에 따른 행동을 이해할 수 있도록 잘 설명하고, 'FAIR 플랜'이라는 행동 지도 방법을 구체적·실제적으로 적용한 사례를 다양하게 다루었습니다. 지금도 교실에서 아이를 지도하시며 어둡고 긴 터널을 지나고 계신 여러 선생님들께 이 책이 하나의 이정표가 될 것이라 생각합니다.

남진숙 (인천 구월초등학교 교사)

■ 실제로 제가 겪었던 것과 비슷한 사례가 소개되어 한층 관심 있게 읽어볼 수 있었습니다. 그 학생에게 제가 했던 대응이 적절하지 않았을지도 모르겠다는 생각이 들었어요. 그리고 학생의 문제 행동이 개선되지 않은 까닭을 짐작할 수 있었어요. 이 책을 읽고 나니 지금까지 어떻게 해야 할지 몰라 불안했던 것들이 한층 명확해진 느낌입니다. 교실에서 힘들게 지내고 있는 학생을 지원하기 위해 교사가 해야 할 일이 무엇인지 알게 되었어요. 앞으로 계속 반복해 읽고 공부하고 싶은 책입니다. 문제에 따른 대처 방법을 설명할 때마다 제시된 사례가 비록 외국의 것들이긴 하지만 지금까지 경험했던 우리 현장 모습과 맞닿아 있어서 낯설지 않았습니다. 만약 학생들의 이해할 수 없는 문제 행동에 대처하느라 힘겨워하는 선생님이 있다면 이 책은 학생의 행동 너머에 있는 숨은 의도를 알아채는 데 도움이 될 것이고, 그에 따라 적절하게 도울 방법까지 얻게 될 것입니다.

최은수 (부평 서초등학교 교사)

■ 학교에서 학생의 문제 행동을 마주할 때마다 어떻게 대처해야 할지 막막했던 저에게 이 책은 마치 길잡이와 같았어요. 학생들이 보이는 행동이 단순한 반항이나 무례함이 아니라, 그들이 말로 표현하지 못하는 감정이나 스트레스를 드러내는 신호일 수 있다는 점을 알게 되었습니다. 특히 책에서 소개하는 FAIR 플랜은 상담 초보자에게 매우 유용한 도구로, 학생의 정서적 요구를 고려한 맞춤형 행동중재계획을 제공해주고 있어요. 이 계획은 전통적인 접근법과 달리 실제 현장에서 실질적으로 활용할 수 있다는 생각이 듭니다. 책에 실린 다양한 사례들을 통해 여러 가지 문제 행동의 모습

과 개입 방법을 배울 수 있어 매우 흥미롭게 읽었어요. 그동안 제가 해왔던 방식이 적절했는지 돌아보는 계기가 되었고, 앞으로는 학생의 문제 행동을 다루는 데 있어 더 체계적이고 유연한 접근이 필요하다는 점을 깨달았어요. 교사에게 꼭 필요한 책이라고 생각해요. 앞으로도 문제 행동의 암호를 풀기 위해 곁에 두고 계속 참고하려 합니다.

김세은 (화순 도곡중학교 전문상담사)

■ 교실에서는 결코 우리가 바라는 이상적인 모습만 나타나지 않습니다. 대부분의 교사들이 정서행동 위기학생 지도에 어려움을 겪고 있으며, 보호자나 학생과의 관계 갈등, 그 이상의 악화된 상황으로 이어질 수 있다는 우려 속에 쉽사리 대응하지 못하고 있어요. 이 책은 대표적인 문제 행동과 여러 예상치 못한 상황에 대비하는 방법을 다루고 있어 관심이 갔습니다. 숙련된 전문가들의 연구를 기반으로 하고 있어서 신뢰도도 높지요. 현재 상담교육 석사과정을 병행하고 있는 교사로서 심리상담을 전공하지 않은 교사들도 충분히 접근할 만한 내용이라 봅니다. 교수법에 정답은 없지만 아이들에게 선생님, 교과서가 있듯이 교사도 도움을 받을 만한 자원이 필요하다고 생각합니다. 정서행동 위기학생을 어떻게 대해야 할지 고민하는 교사에게 적극 추천합니다.

김다예 (관광특성화고등학교 교사)

■ 화장실 갈 시간도 쪼개어 써야 하는 바쁜 학교 현장에서 문제 행동을 보이는 학생을 만났을 때, 교사는 자신의 경험과 직관에 의존하여 최선의 선택과 처방을 내려야만 하는 상황에 놓입니다. 이 책을 읽으며 그간 쌓아온 경험과 지식에 대한 패러다임의 전환을 경험했습니다. 학생과의 관계에서 받아왔던 상처들, 풀리지 않던 암호 같은 문제 행동들이 만약 학생이 전혀 의도하지 않았거나 인식조차 하지 못한 상황이라면?! 이 책은 문제 행동의 원인에 대한 전제를 바꾸어 상황을 객관적으로 이해하고 문제 행동의 실마리를 찾아낼 힘을 줍니다. 20여 년 전 교직에 첫발을 내딛었던 처음 마음으

로 돌아가 문제 행동의 패턴을 객관적으로 분석하는 것부터 시작할 수 있는 새로운 해법을 제시합니다. FAIR 플랜을 따라가다 보니 불안, 반항, 위축 문제를 구분하지 못해 좌충우돌했던 일들과 성적인 행동으로 만났던 학생이 주마등처럼 스쳐 지나갑니다. 문제 행동을 보이는 학생에 대한 교사의 관점과 선택이 학생의 미래에 미칠 지대한 영향을 생각한다면, 이 책을 선택하는 것은 매우 중요한 일이라 생각됩니다.

이주연 (경기 산본고등학교 교사)

■ 문제 행동 유형마다 실제 사례가 수록되어 있어서 학생을 이해하는 데 많은 도움을 받을 수 있었습니다. 현장에서 다양한 문제 유형의 학생을 만나는 교사에게는 대처할 방법이 한두 가지에 불과한데, 이 책을 통해 좀 더 다양한 방안들을 습득할 수 있어 큰 도움이 되었습니다. 또 각 장마다 정리된 FAIR 플랜이나 부록 또한 학부모 상담에도 매우 유용하게 사용될 수 있습니다. 일반 학생들을 지도할 때에도 적용하기 좋은 내용들이 많이 포함되어 있어, 교사들의 원활한 학급 운영을 위해서 꼭 필요한 책이라 생각합니다.

원소라 (서울 영재유치원 원감)

차 례

1장   행동의 암호

2장   FAIR 플랜

3장 "다들 가버려!"_ 불안 문제

표 목록

도표 목록

부록

일러두기

1. 'challenging behavior(도전적 행동)'는 타인에게 안전상의 심각한 위협이나 제약을 주는 행동을 뜻하며 경우에 따라 '문제 행동'으로도 번역되고 있다. 이 책은 심리정서적 위기에서 나온 행동을 폭넓게 가리키는 말로 보고 문맥과 상황에 따라 '(수업을) 방해하는 행동', '부적절한 행동', '힘들게 하는 행동' 등으로 번역하였다. 같은 이유로 'challenging student(도전적 학생)' 또한 '정서행동 위기학생', '어려움을 겪는 학생' 등으로 번역하였다.

2. 'intervention'은 특수교육 및 행동지도 분야에서 '중재'라는 용어로 널리 사용되어 왔다. 그러나 '중재'는 본래 갈등이나 분쟁이 있을 때 중간에서 해결을 도모한다는 뜻이므로, 이 책에서는 '문제 행동'의 발생 이전 취해지는 예방적 대응을 가리킬 경우 '개입'이라는 용어로 번역하였다. 단 '사전중재', '행동중재계획'에서처럼 '중재'가 쓰인 용어로 굳어진 것은 그대로 사용하였다.

3. 'Individualized Education Plan, IEP'은 학년 성취기준을 달성할 수 없는 학생(주로 특수교육 대상 학생)을 대상으로 개인의 특성에 맞게 목표와 기준을 조정하는 것으로, 교육을바꾸는책에서는 '개인별교육계획'으로 번역하고 있다. 이는 학생 개개인의 학습 준비도, 흥미, 학습양식, 환경 등을 고려하여 학습내용, 과정, 교수법, 결과물을 개별화하는 '개별화지도(Differentiated Instruction)'와 구분하려는 뜻에서다. 그러나 교육 현장에서 IEP가 '개별화교육계획'이란 용어로 오랫동안 사용되어 왔음을 감안, 이 말이 처음 제시된 부분에서 '개별화교육계획(IEP)'으로 번역하고 이후 IEP로 표기하였음을 밝힌다.

학령기 아동의 10퍼센트, 대략 900만~1300만 명의 아이들이 정신건강 문제로 어려움을 겪고 있다. 일반적인 학급 정원 20여 명 가운데 한두 명은 가난, 폭력, 학대와 방임 또는 정신과 질환과 관계된 심리사회적 스트레스로 심각한 고통을 경험하고 있다. 트라우마, 자폐스펙트럼장애, 사회성 결핍을 가진 아이들이 증가하고 있음을 보여주는 증거도 많다.

정서행동 위기를 겪는 학생들의 도전적 행동은 교사에게도 심각한 고민거리다. 이들은 자신의 감정을 통제하고 학습에 집중하기가 어렵다. 자신의 행동을 조절하는 데 필요한 기본적 스킬이 부족하고 자신이 무얼 하고 있는지 모르는 경우도 있다. 유연성이 부족하고 뚜렷한 이유 없이 분노를 폭발시켜 학급 일과에 지장을 초래하곤 한다. 사회적 관계를 맺지 못하고 고립되거나 지나치게 의존한다. 의욕 없이 멍하니 앉아 있거나 짜증을 낸다. 반항을 반복하고 끊임없이 언쟁한다. 드물지만 때로 부적절한 성(性)적 행동을 보이기도 한다. 이들로 인해 교사는 밤새도록 고민하거나 수업에 들어가기를 두려워하고 교실에서 맞닥뜨릴까 봐 불안해한다. 이들의 이야기는 대부분 가슴 아프고 안타까운 것들이다.

학교는 이 학생들을 위해 최선을 다하고 있지만 그 노력이 언제나 효과적인 것은 아니다. 정서행동 위기를 겪는 학생들은 학업에서 실패할 때가 많고, 방과 후 학교에 남아 벌을 받거나 정학으로 너무나 많은 시간을 허비하고, 진도를 따라가지 못해 유급하고, 학습에 필요한 스킬을 제대로 습득하지 못한다. 지난 30여 년간 학교에서는 학생의 정신건강 개입(intervention)을 위해 많은 노력을 기울여 왔지만 관련 프로그램은 여전히 조각난 파편이나 마찬가지다. 학생들의 행동에 변화를 가져오려면 증거기반 교육과정(evidence-based curricula)과 수업전략을 제공해야 하나 시간도 자원도 너무나 부족하다. 교사와 전문가들은 학생을 평가하고 개별화교육계획(Individualized Education Plan, IEP, 아동 개개인의 필요에 맞게 교육의 목표, 내용, 방법을 제시하고 평가하기 위한 교육계획안—옮긴이)을 만들거나 특수교육이 필요한 학생들의 행정 서류를 처리하는 데 급급한 실정이다. 과중한 업무에 시달리는 상담사들은 정서행동장애(emotional and behavioral disturbance, E/BD)로 분류된 학생들에게 대부분의 시간을 쏟고 있는 형편이다. 이런 이유로 수업을 방해하는 학생들에게는 포괄적이고 효과적인 행동계획을 시도하기도 전 정신과 약물치료부터 시행하는 경우가 종종 발생한다.

교사들 또한 학생의 문제 행동에 대처하기 위한 준비가 미흡하다. 학생의 정신건강 문제에 대한 교육도, 행동 사건을 줄이고 학업에 복귀하도록 도울 행동중재계획도 실제로 거의 제공되지 않고 있다.[1] 학생의 행동에 대한 보상이나 처벌을 위해 취하는 일반적인 방법, 즉 스티커를 준다거나 벌을 주고 교장실로 보내는 등의 조치는 정서행동 위기를 겪는 학생들에게는 그다지 효과가 없다.

학교 관리자들은 매년 모든 학생의 성과를 보여주어야 한다는 강한 압박을 받고 있다. 이런 상황에서 수업을 방해하는 학생의 행동은 심각한 딜레마다. 문제 행동을 제어하지 못하면 수업 전체를 망칠 위험이 있는데 그렇다고 해서 학생의 문제 행동을 변화시킬 자신도 없기 때문이다. 교사들이 가장 힘들어하는 업무가 바로 이런 학생들을 대하는 일이라는 조사 결과도 있다.[2] 효과적인 행동중재계획이 없을 경우 교사들은 둘 중 하나를 선택해야 했다. 힘들지만 학습을 계속하도록 요구하는 길, 그리고 학습 요구를 줄여 이들의 반항을 최소화하는 길 사이에서 말이다.

하지만 이제 어렵게 선택할 필요가 없다. 우리는 지난 30여 년간 정서행동 위기를 겪는 학생들과 함께하는 교사들을 지원, 심리정서적 문제 및 관련 연구 기반의 행동 수정 전략이 결합된 행동중재계획을 개발해왔다. 아직까지 자신의 잠재력을 깨닫지 못하고 있는 학생들을 위해 학교와 교사를 좀 더 효과적으로 지원할 필요가 있다는 것, 그리고 이런 노력이 매우 중요함을 절감했기 때문이다. 이 책은 임상 이론과 행동 이론 모두를 반영한 실천 전략으로, 부적절한 행동을 개선하거나 줄이고, 어려움을 겪는 학생들이 별도의 교실로 옮겨지거나 학교 밖으로 밀려나지 않도록 도울 수 있다.

이 책은 교실에서 가장 문제가 되는 도전적 행동 유형 네 가지, 즉 불안, 반항, 위축, 성 문제에 대해 다루며, 행동 분석에 필요한 이론적 배경과 개념을 제공한다. 유치원부터 초등학교 6학년까지의 시기를 특별히 주목하는 몇 가지 중요한 이유가 있다. 첫째, 초등학교 교사는 중고등학교에 비해 좀 더 포괄적인 환경에서 일하기 때문에 종합적이고 특별한 지원이 필요하다. 둘째, 어린 학생일수록 초기에 적절히 개입하여 학교에서 성공하는 경험을 쌓도록 지도하는 것이 중요하다. 문제 행동이 오래 지속될수록 개선될 가능성은 줄어들기 때문이다. 셋째, 중고등학생이 되면 진단을 거쳐 별도의 지원을 받을 수 있지만 초등 이하 학생들은 그렇지 않은 경우가 많다.

학교에서의 오랜 경험을 통해 우리는 학생이 잠재력을 발휘할 수 있도록 효과적으로 지원하려면 무엇이 필요한지 확실히 알게 되었다. 그것은 바로 학생의 행동을 유발하는 요인을 교사가 명확히 읽어낼 수 있는 새로운 접근이다. 행동이 고착되기 전 교사가 효과적으로 개입할 수 있는 다양한 전략도 필요하다.

이 책은 교사가 학생의 행동을 이해하고 행동에 담긴 암호(behavior code)를 풀 수 있도록 행동 유발의 다양한 원인을 보여준다. 이는 교사가 학생의 행동을 극적으로 바꿀 수 있는 전략 선택에 도움이 될 것이다. 이 책에 소개된 몇몇 학생의 이야기는 설령 문제가 전혀 개선되지 않는 것처럼 보일지라도 희망을 잃지 말아야 하는 이유를 담고 있다.

행동 유발요인에 대한 이해를 바탕으로 우리는 'FAIR(페어) 플랜'이라고 부르는 행동중재계획(행동기능가설 수립, 조정, 상호작용, 대응)에 대한 프레임워크를 제공하려 한다. 전통적인 행동중재계획과 달리 FAIR 플랜은 오랜 임상 경험과 다학제적 연구에서 비롯된 지식을 기반으로 정서행동 위기학생에게 필요한 실천 방법을 구조화하고 있다. 기존 접근은 학생의 정신건강에 대한 이해 및 문제 행동의 주된 원인 중 하나인 '미숙한 스킬'에 대한 고려가 부족했는데, 이제 FAIR 플랜을 통해 네 가지 유형의 문제 행동을 다루기 위한 최선의 지원과 개입 방안을 설명할 수 있게 되었다.

'FAIR'의 각 문자는 행동중재계획의 네 가지 구성 요소를 나타낸다. 행동기능가설(Functional hypothesis) 수립이란 선행사건의 분석을 통해 학생의 행동을 문서화하고 그 행동을 통해 학생이 무엇을 전달하려 하는지, 그 행동의 유발요인(트리거)이 되는 환경이 무엇인지에 관한 가설을 설정하는 일이다. 조정(Accommodations)은 학생이 더 나은 기능을 발휘하도록 지원하기 위해 필요한 절차다. 상호작용 전략(Interaction strategies)은 바람직한 행동을 촉진한다. 대응 전략(Response strategies)은 예방적 노력이 실패할 경우 고려한다.

'FAIR'라는 용어에는 철학적 의미도 담겨 있다. FAIR 플랜과 같은 효과적인 행동지원 방안이 없다면 정서행동 위기학생들은 현재는 물론 앞으로도 학교에서 잠재력을 발휘할 기회를 얻지 못할 것이기 때문이다. FAIR 플랜은 유연하고 공감적이며 실용적인 접근이다. 이 접근은 부적절한 행동, 수업에 지장을 주고 비협조적인 행동이 일어나기 전 선제적으로 예방하는 데 중점을 둔다. 또한 학생이 학교에서

적절하게 행동하는 데 필요한 스킬을 가르치는 일도 중시한다. 이 방법은 교사와 교직원들의 대처가 학생의 부적절한 행동을 의도치 않게 자극하고 있는 것은 아닌지 돌아보게 할 것이다.

　FAIR 플랜의 적용과 활용을 위해서는 학교 내외부 전문가들과의 상담 및 협력이 중요하다. 적합한 전문가들로는 심리학자, 사회복지사, 통합교육 전문가, 행동 분석가, 소아정신과 의사 등이 있다. 정신건강 평가는 교실에서 어려움을 겪는 학생들에게 꼭 필요하다. 그러나 실제 교육 현장에서는 전문가로부터 적절한 지원을 받지 못하는 경우가 너무도 많다. 이 책을 쓰기로 결정한 주된 이유 중 하나가 바로 이러한 지원 부족 문제 때문이다. FAIR 플랜은 소아정신과 의사를 비롯한 전문가의 직접적인 도움을 받기 어려운 교사들을 위하여, 저자들이 오랫동안 학생들과 함께하며 얻은 노하우와 그들에게 미친 영향을 배울 수 있도록 만들어졌다. 또한 특수교육과 일반교육 모두에서 학생들의 행동중재계획으로 사용할 수 있다.

　책의 앞부분은 전체 내용을 이해하기 위한 기초에 해당한다. 1장에서는 부적절한 행동을 포함, 일반적으로 행동을 이해하는 데 기초가 되는 개념에 대해 논의할 것이다. 2장에서는 FAIR 플랜을 구성하는 개념적 단계 및 개별적인 요소를 설명하고, 교사들이 개별 학생에 대한 행동중재계획을 설계할 때 필요한 행동 양식을 어떻게 문서화할 수 있는지 알아본다. 3장에서 6장까지는 네 가지 문제 유형을 각각 살펴보고 각 유형별로 학생들이 학교에서 어떤 행동을 하는지 설명한다. 그리고 각 장마다 관련된 정신의학적 진단 기준을 간략히 소개하고 적절한 개입 전략을 소개한다. 일부 전략의 경우 그것이 가장 효과적으로 적용될 만한 특정 행동을 다루는 장에 배치했다. 예를 들면 불안 행동을 다루는 3장의 경우, 특히 도움이 될 만한 전략으로 전환(transition, 학년이 바뀌거나 교실, 학교 등의 환경이 바뀌는 일을 말함―옮긴이) 관리 및 자기조절(self-regulations)과 자기점검(self-monitoring) 전략을 배치한 것이 그러한 예다. 각 장의 마지막 부분에는 그 장에 언급된 문제 행동을 위해 설계한 FAIR 플랜 체크리스트를 수록했다. 교사들은 이를 이용해 학생을 위한 FAIR 플랜을 구성하고 점검할 수 있다. 7장은 이러한 접근 방식을 현장에 도입하기 위한 작업에서 가장 많이 질문받은 내용에 대한 답변이다. 책의 뒷부분에는 상당한 양의 자료를 부록으로 첨부했다. 교사들은 이를 활용하여 FAIR 플랜 전략을 실제로 도입할 때 필요한 맞춤형 자료를 만들 수 있을 것이다.

마지막으로 용어에 대해 간략히 언급하고자 한다. 이 책의 대상 독자인 '교사'는 직책에 관계없이 교실에서 학생을 지도하는 모든 사람을 포함한다. 즉 통합적 환경에 있는 일반 교사, 독립교실에 있는 특수교사, 상담교사 및 임상 전문가와 학교 관리자들 모두가 이 책의 대상 독자인 것이다. 행동을 변화시킬 방법은 누구나 배울 수 있지만 모두가 숙련된 치료사나 약을 처방할 수 있는 전문가가 될 필요는 없다. 우리가 제안하는 접근법은 누구나 할 수 있고 잘할 수 있는, 효과적이면서도 실용적 연구에 기반을 둔 방법론이다.[3]

이 책에는 '학교 상담사', '학교 심리치료사', '사회복지사' 등의 용어가 종종 등장한다. 학교에는 이처럼 학생들을 위한 다양한 정신건강 전문가들이 있다. 이따금 팀이 언급될 경우도 있는데 특수교육 학생의 경우 IEP 팀을 말하고 그 외 학생들의 경우 정신건강 관련 직원들과 교사, 관리자를 포함한 학교 단위의 큰 팀을 뜻한다. 부모는 두 팀 모두에 해당하는 구성원이다. 종종 '우리'라는 대명사가 나오는데 이 말은 저자들 모두를 가리키기도 하지만 그중 한 사람의 임상 경험을 설명할 때도 쓰인다. 구체적으로 이름이 언급된 학생은 특정 학생이 아니라 저자들이 개입을 시행한 집단을 대표하는 학생이라고 생각하기 바란다. 이 책에서 다루는 행동 패턴은 대부분 실제로 있었던 것들이지만 만약 특정 학생과 유사성이 있다면 우연의 일치일 뿐이다.

이 책을 통해 FAIR 플랜이라는 실용적인 전략을 제공할 수 있어 기쁘다. 이 전략들은 비좁고 제한된 학교 공간 속에서 많은 학생을 관리하느라 지친 교사들, 학교에 등을 돌린 학생들과 오랫동안 작업해온 경험에서 나온 결과물이다. 문제 행동의 개선을 위해서는 인내와 노력, 체계적 접근이 필요하다. 우리가 FAIR 플랜을 설계한 것은 더이상 힘든 교사들을 내버려둘 수 없다는 열정에서였다. 문제 행동을 개선할 수 없다면 학생, 교사, 그리고 우리 사회 모두가 상당한 대가를 치러야만 할 것이다.

1

행동의 암호

정서행동장애 학생은 학업과 행동 모두에서 좋은 성과를 거두지 못하고 있다.[1] 한 연구 결과에 따르면 이 학생들은 특수교육을 받든 통합 학급에 속했든 학년 내내 읽기, 수학, 행동에서 의미 있는 진전을 보여주지 못했다고 한다.[2] 다른 장애 학생에 비해 장기간 유급될 비율이 높을 뿐만 아니라 또래에 비해 전학이나 반 변경, 담임 교사 교체 가능성도 높은 편이다.[3] 당연한 말이지만 이들의 학업 성취도가 좋을 리 없다. 2006~2007년, 14~21세 사이의 정서행동장애 학생 중 고등학교 졸업장을 받은 사람은 20퍼센트에 불과했고, 9학년에서 12학년 사이에 중퇴를 한 비율은 48퍼센트였다.[4] 같은 또래 장애 학생의 중퇴율인 30퍼센트, 일반 학생의 중퇴율인 24퍼센트보다 월등히 높다.[5] 정서행동장애 학생 중에서 고등학교를 졸업하고 취업에 성공한 비율은 30퍼센트 남짓이며, 58퍼센트는 경찰서에 드나든 경험이 있다.[6]

정서행동장애 학생과 비슷한 어려움을 겪고 있지만 IEP 대상은 아닌 학생도 있다. 만약 이 학생들의 성취를 도울 수 있는 교실이 만들어진다면 어떨까? 이들의 학업과 학교 생활은 눈에 띄게 좋아질 것이다. 이 책에는 의욕을 잃고 낙오자로 지내던 학생이 여러 전략의 도움으로 완전히 바뀌어 발전하게 된 많은 예가 실려 있다. 이런 학생에게 다가가 배움과 성취의 기회를 주고 지원하는 것이 바로 교사의 몫이다.

이 장에서는 정서행동 위기학생을 이해하기 위한 기본 개념을 설명할 것이다. 그런 다음 학생의 행동 개선을 위한 FAIR 플랜 설계 방법을 집중적으로 소개하겠다. 이를 통해 문제 행동의 이해를 돕고, 문제 해결 및 효과적인 개입이 가능한 프레임워크를 제시하고자 한다. 우리의 목적은 학생이 왜 특정한 방식으로 행동하며 어떤 요인이 이런 행동을 하게 만드는지, 또 어떤 전략이 이들의 학교 생활과 삶에 적절히 적용되어 행동 개선을 이끌어내는지 모든 교사가 배우고 파악하도록 하는 데 있다.

그들은 왜 그렇게 행동하는가

종종 바쁜 일과 중에 학생의 행동에 개입해야 할 때가 있다. 교사는 학생이 어떤 행동을 하게 된 이유를 즉각 판정하고 그에 따라 대응한다. 부적절한 행동을 했다면 학생을 따로 불러 그 행동이 잘못되었다고 설명하고 앞으로 더 나은 행동을 하도록 가르친다. 일반적으로는 이렇게 즉각적인 대응이 효과가 있다. 학생의 행동은 대체로 인식하고 예상하기 쉬운 논리적 패턴을 따르기 때문이다. 또한 적절하게 행동하는 데 필요한 기본적인 스킬을 갖춘 학생이라면 스스로 행동을 바로잡는 데 별 어려움이 없다.

그러나 어떤 행동은 의도를 명확히 파악하기 어렵고 일반적인 행동 패턴에 들어맞지 않아 교사를 혼란스럽게 한다. 학생의 수행 능력을 과대평가하게 만들기도 한다. 불안, 반항, 위축, 성 문제를 겪는 학생들은 숙련된 교사나 전문가들도 당황스럽게 만들 때가 많다. 우리 또한 오랜 경험으로 이를 잘 알고 있다. 만약 학생이 갑자기 학교 건물 밖으로 달려나가거나 급식실에서 소리를 지른다면? 아무리 혼란스럽더라도 교사는 상황을 통제하기 위해 최대한 신속하게 대응해야 한다. 문제는 부정확한 추측으로 대응할 경우 부적절한 행동이 계속 반복될 위험이 있다는 점이다.

예를 들어보자. 어느 날 2학년생인 지미가 데번을 컴퓨터 앞에서 밀쳤다. 교사는 이 모습을 보고 지미가 컴퓨터를 더 빨리 켜고 싶어서 그랬을 거라 판단했다. 이 판단에 근거하여 교사는 지미에게 그날 하루 동안 컴퓨터 사용을 금지하는 것으로 대응했다. 그러나 시간이 지나고 지미를 오랫동안 지켜본 교사는 지미가 데번을 밀쳐낸 행동이 컴퓨터를 먼저 켜고 싶어서가 아니라 데번과 친해지려 한 것이었음을 깨달았다. 당시에는 분명하지 않았지만 이후 지미가 보여준 행동, 즉 사회 시간에는 데번에게 공격적인 행동을 했다가, 과학 시간과 체육 시간에는 데번을 짝으로 선택하는 행동 패턴을 통해 알게 된 것이다. 컴퓨터 사용을 금지한 대응은 지미가 또래들과 제대로 상호작용을 하지 못한 데 벌을 준 셈이었고 결과적으로 적절한 상호작용을 배우도록 격려하지도 못했다. 이처럼 지미가 행동한 이유와 교사의 대응이 서로 맞지 않았기에 교사의 개입은 효과가 없었다.

행동을 해석하고 그 이면의 동기를 이해하는 것은 사실 매우 어려운 일이다. 학생의 행동에는 때로 겉으로 드러나는 것과 다른 이유나 동기가 있을 수 있다. 친구를 사귀고 싶은 아이가 '친해지기 위해' 같은 반 아이를 의자에서 끌어내리기도 하니 말이다. 뒤에서 다시 살펴보겠지만 어떤 학생은 교사가 자신에게 소리를 지르도록 유도하면서까지 관심을 끌려고 한다. 학생의 문제 행동은 이처럼 교사의 예상을 완전히 벗어날 때가 있다. 학생의 행동에서 명확한 이유를 찾을 수 없을 때 교사는 좌절감을 느끼게 된다.

자폐스펙트럼장애를 겪는 유치원생 수잔의 경우를 보자. 수잔은 또래들과 합창을 하러 가기 위해 줄을 서 있었다. 그러다 갑자기 빈백 소파에서 자고 있던 브렌든을 향해 뛰어가더니 "얘는 왜 여기서 자는 거야? 깨워, 깨워!" 하고 소리를 지르며 달려들었다. 깜짝 놀란 로저스 선생은 브렌든이 다치지 않도록 일단 둘을 떼어 놓은 다음 수

잔을 교장실로 데리고 갔다. 그리고 수잔의 어머니와 통화를 마친 뒤 수잔에게, 피곤한 학생들은 가끔 학교에서 잠을 잘 수도 있는 거라고 설명했다. 자폐스펙트럼장애 학생들은 규칙에 매우 예민한 편이므로 수잔도 그랬을 거라고 판단한 것이다. 그런데 몇 시간 뒤 수잔이 이렇게 말했다.

"걔는 거기서 자면 안 돼요. 합창이 끝난 뒤에 내가 앉을 거란 말이에요."

즉 수잔은 브렌든이 소파에서 너무 오랫동안 잠을 자면 합창이 끝난 뒤에 자기가 그 소파에 앉아 쉴 수 없게 될까 봐 걱정한 것이었다. 이를 알게 된 로저스 선생은 수잔에 대한 '플랜 B'를 새로 수립했다. 조용히 쉴 수 있는 구석자리를 수잔을 위해 비워 둘 것, 그 자리가 비어 있지 않을 경우 가까운 교무실을 이용하게 할 것 등이었다. 선생은 이 내용을 수잔의 책상 위에 붙여 놓은 일과표 하단에 추가했다. 이 조치는 수잔의 불안을 완화하는 데 많은 도움이 되었다.

수잔의 행동에 대한 로저스 선생의 초기 대응, 즉 '피곤한 학생들은 학교에서 잠을 잘 수도 있다고 설명한 것'은 정확하지 않은 추측에 기반했다. 브렌든이 아닌 다른 아이가 소파에 앉아 있을 때 수잔은 또다시 문제를 일으킬 수 있다. 하지만 행동의 이유를 정확히 파악하면 적절한 개입으로 학생의 불안과 문제 행동을 줄일 수 있다.

학생의 행동은 예측하기 힘들고 혼란스럽기 때문에 그 이유를 직관적으로 알아차리기 어려울 때가 많다. 특히 문제 행동은 일관되게 나타나지도 않고 적절한 행동을 위한 스킬이 부족해서 일어날 때가 많은데, 이 점 또한 알아차리기 어렵다. 설령 학생의 의도를 정확히 판단했다 하더라도 대체 행동(replacement behavior)을 가르칠 때 잘못된 판단을 내릴 수도 있다. 즉 학생이 부적절하게 행동할 때 "밀지 말고 차례를 지켜야지."와 같이 적절한 대체 행동을 가르쳐야 하는데 그러지 못할 경우 개입이 실패로 돌아갈 확률이 높다.[7]

학생이 할 수 없는 행동을 의도적으로 요구하거나 기대를 접어버리는 교사는 없다. 그러나 학생의 행동과 수행 능력은 분명하지도 않거니와 일관되지 않을 경우도 많다. 트라우마가 있거나 충동적이고 반항적인 학생, 유연성이 부족하고 우울 혹은 불안이 높은 학생은 심리적 내면 상태에 따라 행동과 수행 능력이 수시로 달라지기 쉽다.[8] 그러다 보니 어떤 상황에서 학생의 행동을 판단할 때 그 수행 능력의 정도를 실제와 다르게 가늠할 위험이 있다.

"대체 그 애는 왜 동영상을 보다 말고 갑자기 화를 낸 거지? 어제는 괜찮았는데."

"그 아이는 지난주에 작문을 세 쪽이나 써냈어. 그런데 지금은 한 줄도 쓰지 않고 있거든. 게으름을 피우는 게 분명해."

이런 식으로 말이다. 이 학생들은 어느 때는 부과된 과제를 무리 없이 수행하지만 또 다른 때는 훨씬 어린 아이들도 해내는 간단한 과제를 제대로 끝내지 못하는 등, 수행 성과가 들쭉날쭉하다.[9] 아는 것도 많고 교사와 대화도 매우 잘하는 똑똑한 학생이 미술 시간에 파란색 마커가 없다고 징징대는 식이다. 행동이 일관되지 못하다 보니 교사는 학생에 대해 비현실적인 높은 기대치를 갖기도 한다.

롬바드 선생은 노련한 체육 교사였지만 5학년 학생들을 가르치며 고란이라는 아이를 지도하는 데 애를 먹었다. 그는 고란을 유치원 때부터 가르쳤기에 고란을 잘 알고 있다고 생각했다. 고란은 종종 수업을 방해하고 충동적인 행동을 했지만 체육 수업에서는 무난한 편이었다.

밧줄타기 수업 첫 시간이었다. 롬바드 선생은 학생들을 짝지어 주고 단계별로 번갈아 밧줄을 타보게 했다. 고란은 줄리아와 짝이 되어 첫 번째 단계를 시작했다. 먼저 밧줄에 올라탄 고란은 몹시 흥분해 있었다. 두 번째 단계는 밧줄을 타고 장애물 위를 지나가는 것으로 이번에는 줄리아가 먼저 탈 차례였다. 그런데 갑자기 고란이 소리를 지르며 바닥 매트를 두드려댔다. 롬바드 선생이 달려왔다. 그는 고란이 차례를 지키는 부분에 예민하다는 것을 알고 있었기에 줄리아에게 차례를 잘 지켰는지 물었다. 줄리아는 고개를 끄덕이고 어깨를 으쓱하며 "전 아무 잘못도 안 했어요."라고 말했다.

롬바드 선생은 고란이 밧줄을 먼저 타지 못해 화가 났을 거라 판단하고 고란에게 차분히 말했다. 아까는 고란이 먼저 탔으니 이번에는 줄리아가 먼저 탈 차례이며, 자기 차례가 될 때까지 밧줄 옆에서 기다려야 한다고 말이다. 하지만 설명이 끝나고 줄리아가 밧줄을 잡으려는 순간 고란이 갑자기 밧줄을 거칠게 낚아채어 휘둘렀다. 그 바람에 옆에 서 있던 학생들이 밧줄에 머리를 맞고 말았다. 결국 롬바드 선생은 그해 처음으로 고란을 교무실로 보내야 했다.

고란이 화가 난 이유에 대한 롬바드 선생의 판단은 정확했다.

하지만 개입은 성공적이지 않았다. 고란이 차례 지키기를 힘들어하는 것은 이미 알고 있던 사실이다. 평상시라면 차례를 지켜야 한다고 상기시키는 것만으로도 충분했을 것이다. 그러나 밧줄타기 수업 당시 고란은 너무 흥분해 있었다. 그런 상태에서 "차례를 기다려야 해."라는 말만으로는 충분하지 않았고 고란은 이미 자신의 충동을 통제할 수 없었다.

롬바드 선생은 이 문제로 우리에게 상담을 요청했다. 그리고 고란이 매우 좋아하는 활동을 하는 동안에는 충동을 통제하기 어려우므로 조정을 통해 인내심을 기르도록 도와주어야 한다는 사실을 알게 되었다. 이후 롬바드 선생은 밧줄타기 수업 시간에 고란이 차례를 기다리는 동안 다른 활동으로 관심을 돌릴 수 있게 조정했다. 고란에게 체육관 한쪽에서 다른 친구와 팔굽혀펴기와 윗몸일으키기 시합을 하게 한 것이다. 개입의 결과는 성공적이었다. 밧줄에서 관심을 돌려 다른 과제에 몰두하게 만들어준 덕분에 고란이 충동적으로 행동할 가능성이 줄어든 것이다.

표 1.1은 고란처럼 행동 조절이 어려운 학생들에게는 교사가 직관에 따라 행동을 해석하고 개입하는 것이 효과적이지 않을 경우도 있다는 사실을 보여준다.

표 1.1 행동에 대한 교사의 직관적 해석과 대응

단계별 대응	일반 학생	행동 조절이 어려운 학생
행동의 이유 해석하기	행동의 이유가 분명하고 논리적이므로 신속하고 정확하게 해석할 수 있다. 【예】지미가 컴퓨터에서 데번을 밀어냈다. 이는 **자기가 먼저 컴퓨터를 쓰고 싶어서 한 행동이다.**	행동이 논리적이지 않고 이유를 잘못 파악할 수 있어 정확한 해석이 어렵다. 【예】지미가 컴퓨터에서 데번을 밀어냈다. 이는 (실제로) 데번과 **함께 놀고 싶어서 한 행동일 수 있다.**
해석에 따라 대응하기	정확한 해석에 따라 대응할 경우 잘못된 행동을 중지시키고 바람직한 행동은 강화할 수 있다. 이를 통해 학생은 적절한 행동을 배울 수 있다. 【예】**지미에게 컴퓨터 사용을 금지한다.** 지미는 행동을 멈추고 자신이 잘못된 행동을 한 것을 깨닫게 된다.	해석이 정확하지 않을 경우 잘못된 행동을 중지시키지 못하고 바람직한 행동을 강화하는 대응을 할 수 없다. 그 결과 학생은 적절한 행동을 배울 수 없다. 【예】**지미에게 컴퓨터 사용을 금지한다.** 결과적으로 이 대응은 지미가 적절한 상호작용을 하지 못하는 문제를 다루지 못했다.
학생이 할 수 있는 대체 행동 가르치기	적절한 대체 행동을 학생에게 가르칠 수 있다. 학생은 교사의 지도와 개입을 통해 대체 행동을 배울 수 있다. 【예】자기 차례가 될 때까지 차분히 기다려야 한다고 교사가 알려준다.	다음 이유 중 하나로 인해 대체 행동 가르치기에 실패할 수 있다. 1. 부정확한 해석 때문에 교사가 제시한 대체 행동이 학생과 무관하거나 실행하기 어려울 가능성이 있다. 【예】차례를 기다리는 것은 지미에게 필요한 대체 행동이 아니다. 2. 대체 행동을 하는 데 필요한 기본 스킬이 미숙하다. 【예】고란은 충동을 통제하는 스킬이 부족하다. 빨리 타고 싶은 충동을 참고 밧줄에서 멀리 떨어져 차례를 기다리는 것은 고란이 할 수 있는 일이 아니다.

행동 이해를 위한 기본 개념

같은 반 친구의 얼굴을 때린 학생은 왜 그랬을까? 왜 어떤 유치원생은 간단한 요청에도 아무 반응을 하지 않을까? 왜 어떤 학생은 아침 모임 시간에 화가 나 있을까? 왜 어떤 4학년 학생은 울면서 운동장에서 뛰쳐나가려고 할까? 다음은 교사가 학생의 문제 행동 개입을 위해 더 나은 방법을 선택하는 데 도움이 되는 개념들이다.[10]

- 부적절한 행동은 어떤 근본적 원인에 따른 결과이다.
- 행동은 의사소통의 한 형태이다.
- 행동은 기능을 갖는다.
- 행동은 일정한 패턴으로 일어난다.
- 먼저 바꿀 수 있는 것은 교사 자신의 행동이다.
- 행동은 달라질 수 있다.

부적절한 행동은 어떤 근본적 원인에 따른 결과이다

누구든 할 수만 있다면 바르게 행동할 것이다. 문제 행동이나 부적절한 행동은 특정한 스킬 미숙이라는 근본적 원인에 따른 결과로 보아야 한다.[11] 학생이 감정을 폭발시키거나 문제 행동을 하는 것은 그들이 그 상황에서 빠져나오기 어렵고 대처할 수도 없다는 표시이다. 정서행동장애를 겪는 학생의 행동을 보고 많은 교사들은 의도적인 행동이라 여긴다. 예를 들어 간식 시간이 끝나 뒷정리를 하라고 요청했을 때 한 학생이 비웃는 표정으로 "선생님이나 하세요!"라고 말했다고 하자. 교사는 이 말이 고의적이고 건방지며 버릇없다고 생각하고 불쾌해할 수 있다. 어떤 교사라도 이런 행동을 반복하는 학생을 좋아하기란 어려울 것이다.

이 책에 제시된 극단적인 행동 문제를 가진 학생들은 겉으로 보기에는 장애가 없어 보이지만 정서행동장애나 열악한 생활 환경으로 인해 심리정서적 어려움을 겪고 있을 가능성이 높다. 사실 교사들은 휠체어를 사용하는 학생이나 체육 시간에 도움을 필요로 하는 학생들에게는 관대하다. 이들의 장애는 눈에 보이기 때문이다.

반면 정서행동장애는 그 본모습을 파악하기도 힘들고 수업에 지장을 주며 공격적 특성을 보이기 때문에 대부분의 사람들이 호의적으로 대하지 못한다. 이런 학생들 또한 장애를 갖고 있음을 이해하는 것이 중요한 이유다. 이들의 뇌는 분노, 불만, 불안의 순간에 비합리적이고 부적절한 행동 방식으로 연결되는 경향이 있다. 선천적으로 이러한 뇌를 타고나는 학생도 있고 부정적 사건들을 거듭하면서 뇌 기능이 달라진 학생도 있을 것이다. 스트레스에 몹시 예민하게 반응하며 심하면 투쟁—도피 반응(fight-or-flight response)을 보이는 학생도 있다. 이때 뇌의 한 부분인 청반(locus coeruleus)은 뇌의 다른 부분과 몸에 신호를 보내 스트레스 상황에 반응하도록 한다.[12] 어떤 학생에게는 또래와 상호작용을 탐색하는 데 필요한 사회기술, 간식을 먹고 나면 뒷정리를 하라는 등 그닥 맘에 들지 않는 요구에도 따를 수 있는 유연성, 과제 수행에 따른 불안을 견뎌내는 자기조절 기술이 부족할 수 있다.

한 학교에서 우리에게 지원 요청이 왔다. 3학년 앨리사가 일으킨 사건 때문이었다. 어느 날 앨리사가 급식실에서 느닷없이 같은 반 피터에게 죽여버리겠다고 소리를 지르기 시작했다. 로즈 선생은 급히 겁 먹은 피터와 앨리사를 떼어놓았다. 그리고 앨리사와 면담한 뒤 그 일이 일어난 까닭을 알게 되었다. 그날 앨리사는 점심 시간에 같은 반 리아 옆에 앉기로 몇 시간 전부터 마음먹고 있었다. 그런데 리아 옆자리에 피터가 앉아 있는 것을 보고 갑자기 화가 치밀어 피터에게 욕을 하고 소리를 지른 것이었다.

로즈 선생은 앨리사가 이처럼 작은 일에 과도하게 반응하자 당황했다. 그리고 앨리사에게 왜 그렇게 소리를 질렀는지, 왜 다른 방식으로 행동하지 않았는지 물었다. 하지만 로즈 선생의 이러한 대응은 앨리사가 가진 근본적인 문제, 즉 피터와 협상을 통해 해결책을 찾아낼 수 있는 기본적인 사회기술이 부족하다는 것을 이해하지 못한 결과다. 표 1.2는 교사들이 어떤 사건을 관찰한 뒤 학생에게 일반적으로 묻는 질문과 그러한 질문에 담긴 요청을 수행하는 데 필요한 스킬을 정리한 것으로, 이러한 스킬이 부족한 학생에게 교사의 요청이 효과가 없는 이유를 짐작할 수 있다.

앞에서도 강조했듯이 어떤 학생은 교실에서 적절하게 행동할 수 없다.[13] 이는 그들의 잘못이 아니므로 먼저 이해하고 공감할 방법을 생각해야 한다. 개별적 상황에 맞게 효과적이고 포괄적인 행동중재계획을 설계하면 학생이 자신의 상황을 이겨내고 불만과 불안을 잘 견뎌내도록 변화시킬 수 있다.

표 1.2 교사의 요청을 수행하는 데 필요한 스킬

피터와의 사건 후 로즈 선생이 앨리사에게 한 질문	질문에 담긴 요청을 수행하는 데 필요한 스킬
"왜 다른 자리에 앉거나 피터에게 자리를 바꾸자고 하지 않았니?"	자기진정, 자기조절, 유연성
"바보 같다고 소리질렀을 때 피터가 어떻게 느꼈을까?"	다른 사람의 마음을 이해하기
"오늘 문제를 일으켰으니 내일은 급식실에 갈 수 없을지 모른다는 생각을 해 봤니?"	행동의 결과에 대해 미리 생각하기

행동은 의사소통의 한 형태이다

모든 행동은 의사소통의 한 형태이다. 이것은 교사가 학생의 행동으로 혼란스러울 때 기억해야 할 중요한 원칙이다. 이해하기 어렵고 폭력적으로 보이더라도 모든 행동에는 그 나름의 목적과 의도가 들어 있다. 따라서 학생이 부적절한 행동을 했을 때 교사는 그 행동의 기능과 의도가 무엇인지, 어떤 의사소통을 하려고 했는지 한걸음 물러서서 파악하는 것이 중요하다. "왜 그런 행동을 했을까?"라고 묻는 대신 "학생이 의사소통하려는 내용이 무엇일까?"라고 자문해 볼 필요가 있다는 말이다. 이 연습을 통해 교사는 '일단 멈추고', 행동에 담긴 메시지를 '듣는' 것을 배우게 된다. 학생이 어떤 행동을 했을 때 그 이유를 성급하게 속단하지 말고, 중요한 질문을 던지고 대답하면서 차근차근 파악해본다. 이를 통해 행동의 암호를 풀고 보다 효과적으

로 대응할 수 있게 된다.

아기의 의사소통은 주로 행동으로 이루어지고 대부분의 사람들은 아기의 의도를 어느 정도 파악할 수 있다. 아기가 울면 양육자는 아기가 원하는 것을 알아내려고 최선을 다하지 않는가. 아기는 성장하면서 옹알이를 하고 이것저것 가리키기 시작하다가 점차 단어를 사용해 의사소통을 하게 되며 양육자 또한 이 과정에 적응하여 서로에게 익숙해진다. 말을 할 수 있는 나이가 되면 행동을 통한 의사소통은 조금씩 줄어든다. 성인의 의사소통은 주로 말, 글자, 그림 같은 관습적인 방법으로 이루어진다. 그럼에도 행동을 통한 의사소통이 완전히 사라지는 것은 아니다. 특히 과도하게 흥분하며 감정을 표출하는 학생의 경우 말보다 행동을 사용할 가능성이 높다. 흥분하거나 분노하면 뇌는 행동의 결과를 미리 예상하거나 상황을 전망하는 데 필요한 고차원적 처리과정을 수행하지 못하고 비이성적으로 되기 쉽다. 이런 상태에 있는 아이는 감정을 말로 표현하기보다 벽을 내리치거나 씩씩거리며, 감당하기 힘든 과제를 피하기 위해 식탁이나 책상 밑으로 들어가 숨기도 한다. 행동은 그 순간 학생이 할 수 있는 최선의 의사소통 방법인 것이다.

행동은 기능을 갖는다

행동이 의사소통이라는 것을 이해했다면 그다음 단계로 "왜 이 메시지가 전달되었을까?"라고 질문한다. 탁월한 행동 분석가 마크 뒤랑(Mark Durand)은 저서 『Severe Behavior Problems(심각한 행동 문제

들)』에서 인간의 행동을 네 가지 기능으로 범주화했다. 인간은 관심을 얻기 위해, 어떤 것으로부터 벗어나거나 회피하기 위해, 구체적인 무언가를 얻기 위해, 감각적 만족(냄새, 맛, 느낌)을 얻기 위해 행동한다.[14] 이러한 기능들은 교사와 학생이 상호작용하는 방식과 직접적으로 관련된다.

일반적인 경우라면 모든 사람은 위에서 말한 기능들 중 하나 혹은 하나 이상에 해당하는 행동을 할 것이다. 그 행동이 불안정하고 타인의 학습을 방해하거나, 또래나 교사로부터 부정적 관심을 유발하는 행동으로 낙인찍히거나, 체육관, 미술실, 급식실, 휴게실 등 다른 환경으로 전환하는 데 방해되거나, 연령에 적합한 행동이 아닐 경우에는 문제가 된다. 행동이란 결코 아무런 뜻이나 목적 없이 일어나지 않는다. 아무것도 얻지 못하는데 특정 행동을 반복하겠는가? 심지어 부적절하게 보이는 행동이라도 어떤 학생에게는 특별한 의도를 효과적으로 전달하는 방법이 될 수 있다.[15] 부적절하게 보이는 행동은 대개 타인이 보여주는 특정 반응과 관련된다. 교사의 관심을 얻으려고 괜히 징징거리는 행동, 수업에서 빠지고 싶어 아픈 척하는 행동, 누군가의 관심을 얻고 싶어 욕설을 퍼붓는 행동 같은 것들이 그렇다. 이런 행동이 반복되면 진짜로 원하는 반응을 파악하기가 더 어려워진다.

수업 시간마다 짜증을 심하게 내고 교실에서 뛰쳐나가는 행동을 반복하는 학생은 이것이 수업에서 벗어나는 데 효과가 있음을 이미 학습한 상태다. 바람직하지 않은 행동과 학습 경험을 다루려는 교사에게 중요한 것은 먼저 학생이 부적절한 행동을 통해 무엇을 얻으려 하는지 파악하는 일이다. 그리고 무심코 학생의 행동을 강화하지 않도록 주의하고, 부적절한 행동에 대응하기 위한 방법을 달리 찾아야 한다. 그래야만 학생이 이미 갖고 있는 기대치를 변화시킬 수 있을 것이다. 일단 "제게 관심을 더 가져주세요."라는 학생의 메시지를 읽어낸 다음에야 좀 더 효과적인 개입을 선택할 수 있다.

| 관심 기능 | 대부분의 사람들은 가끔씩 관심을 끌려는 행동을 한다. 교사가 칭찬해줄 것을 기대하며 열심히 책을 읽는 학생이 있다. 한 6학년 여학생은 친구들 중 누군가가 자신을 바라봐주길 기대하며 개학날 옷을 예쁘게 차려입는다. 모든 사람은 타인의 관심을 원한다. 행동은 여러 형태의 관심을 유발하는데, 또래, 교사, 집단 혹은 개인으로부터 주목받거나, 미소나 고개를 끄덕이는 등의 비언어적 관심이나 언어적 관심을 얻거나, 긍정적 동의 혹은 부정적 비판, 모욕을 받는 것까지 이에 포함된다.

그러나 과도한 관심이나 부정적인 관심을 끌기 위해 폭력적이고 부적절한 행동에 의존할 경우 문제가 된다. 부정적인 방식으로 관심을 끌려는 행동이 교사의 잘못된 대응으로 한층 강화되기도 한다. 학생이 학교에서 부정적인 행동을 하면 벌을 받게 되어 있다. 즉 학생이 잘못된 행동을 하면 교사는 그를 호명하여 잘못을 지적하고 이따금 교무실이나 교장실로 보내는 방식이 보편적이라는 말이다. 이러한 대응은 학생에게 부정적 관심을 끌려는 행동을 강화하고 잘못된 접근을 하게 만든다.

4학년인 리타는 반복적으로 수업을 방해하곤 했다. 오브라이언 선생은 어찌해야 좋을지 난감했다. 처음에는 리타를 3분 정도 교실 밖으로 내보내곤 했는데, 수업에 큰 지장이 없을 경우라면 리타에게 컴퓨터 시간을 더 주겠다는 식의 보상으로 리타의 행동을 중단시켰다. 하지만 이러한 대응으로는 문제를 근본적으로 해결할 수 없다. 교사가 부정적 관심을 보이면 대개 부정적 행동을 반복하지 않게 된다. 그러나 리타는 여느 학생들과 달리 사회기술이 부족했다. 교사가 어떤 방식으로 관심을 기울이든 그것은 리타가 그 행동을 계속하도록 자극한 셈이 되었다.[16] 즉 오브라이언 선생은 리타에게 부정적인 관심을 계속 주었고, 이는 의도치 않게 리타의 행동을 강화하고 있었던 것이다.

교사의 부정적 관심을 받기 위해 노력하거나 다른 사람을 자극하려 애쓰는 학생은 많지 않다. 그러나 부정적 관심을 유도하려는 학생은 부정적 행동을 하면 반응이 빠르게 즉각적으로 나올 뿐만 아니라 강력하고 분명하다는 점 때문에 더 효과적이라고 생각하는 듯하다. 부정적 행동이 관심을 얻으려는 의도에서 나왔다는 사실을 스스로 인식하지 못하기 때문에 자신에 대한 부정적 인식이 점점 더 강화되는 경향도 있다.

한 학생이 연필로 책상을 계속 두드린다. 교사는 곧바로 그 학생을 몇 초간 주시할 것이다. 만약 그 학생이 조용히 공부를 하고 있다면 어떨까? 교사의 칭찬은 한참 뒤에나 나오든지 아예 없을 수도 있다. 과제에 열심히 집중하더라도 교사가 관심을 줄지 말지 예측할 수 없다. 하지만 연필로 책상을 계속 두드리면 곧바로 교사의 관심을 받을 것이 분명하다. 이처럼 부적절한 행동은 관심을 끄는 빠른 방법일 뿐 아니라 예측 가능하고 심지어 일관성이 있다. 관심을 원하는 행동을 잘 다루는 교사들은 긍정적 관심을 부정적 관심만큼이나 빠르게, 일관되고 예측할 수 있게 만들 줄 안다.

또래나 교사로부터 강렬하고 극적인 반응을 받고 싶어서 부적절하게 행동하는 학생도 있다. 이런 행동에 부정적 관심을 주는 것은 신중해야 한다. 예를 들어 어떤 학생이 소리를 지르거나 바닥에 세라믹 연필통을 던져 박살내면 교사가 즉각 달려와 학생을 살펴보고 다른 학생들을 내보낼 것이다. 학생의 입장에서 교사는 즉시, 아주 가까이 자신에게 다가온다. 교사의 목소리는 더 커지고 높아진다. 사건 후 교사와 부모가 자신을 두고 격렬하고 열띤 대화를 한다. 이러한 경험을 통해 학생은 자신이 부정적 행동을 했을 때 이처럼 강렬한 반응을 얻게 되는 것을 학습하게 된다.

적절한 행동은 이렇게 강렬한 관심을 받지 못한다. 우습게 들릴지 모르지만 앞에서 본 연필통 던지기 시나리오에 따르면, 교사는 학생이 손을 드는 순간 '펄쩍 뛰어나가야' 한다. 점잖게 걸어가는 정도로는 부족하다. 그다음 학생 바로 앞에 가까이 다가선다. 다른 교사나 학생들과 함께 그 학생을 둘러싸고 지대한 관심을 보여야 한다. 이 모든 소란이 끝나면 부모님과 교사는 '학생이 손을 얼마나 높이 들어올렸는지'에 대해 시끌벅적하게 회의를 해야 할 것이다.

사회성 문제를 겪는 학생들은 종종 부정적 행동으로 강렬한 관심을 끌려고 한다. 그들은 교사의 미소나 눈짓처럼 비언어적이고 세심한 단서로 된 관심을 쉽게 읽어내거나 확인하지 못한다. 자신이 관심을 받고 있다는 사실을 모를 수 있는 이런 학생에게 부정적 관심은 긍정적 관심보다 확실하고 강력하다. 친구에게 "안녕." 하고 인사했을 때 친구가 보내오는 가벼운 미소의 의미를 눈치채지 못할 경우, 더 강렬한 반응을 끌어내기 위해 한층 큰 소리로 "안녕!!!" 하고 소리지를 수 있다. 상대가 짜증스러워하더라도 더 분명한 반응을 얻어낼 때까지 반복해서 외칠지도 모른다. 심각한 경우 어떤 학생은 친구의 부정적 반응을 아예 인식하지 못하기도 한다.

자기검증이론(self-verification theory, 자신의 자아개념과 일치하는 피드백을 통해 자아개념을 유지하고 강화하려는 경향이 있다는 이론—옮긴이)에 따른 자기충족적 예언(self-fulfilling prophecy, 어떤 믿음이나 기대가 그에 따른 행동을 유발하는 현상—옮긴이)에 따르면, 자존감이 낮을수록 부정적 관심을 원하는 경향이 있다. 즉, 자신에 대해 부정적으로 인식할수록 다른 사람들의 부정적 관심을 더 쉽게 받아들인다.[17]

부정적 관심을 추구하는 사람의 주목할 만한 특징 중 하나가 긍정적 관심을 거부한다는 것이다. 과제를 보고 교사가 잘했다고 칭찬했을 때 문제지를 구겨버리거나 시선을 외면하는 학생이 있다. 자신이 칭찬받을 가치가 있다고 느끼지 않기 때문에 교사의 칭찬을 오히려 부담스러워하는 것이다. 이런 학생일수록 다음과 같은 이유로 부정적 관심을 끌려고 한다.

- 부정적 관심은 예측 가능하고 일관성이 있다.
- 부정적 관심을 끄는 것이 좀 더 쉽다.
- 부정적 관심은 강하고 자극적이다.
- 부정적 관심이 좀 더 확실히 실감된다.
- 부정적 관심은 부정적인 자기 이미지와 더 가깝다.

| **회피 기능** | 누구든 특정한 사람, 일, 사건, 장소에서 벗어나거나 피하고 싶을 때가 있다. 좋아하지 않는 친척의 전화를 일부러 받지 않거나 업무 보고서를 끝내지 않은 채 인터넷에 열중하는 식이다. 시험을 피하려고 교사에게 양호실에 가도 되냐고 요청하는 학생의 행동 역시 회피동기 행동(escape-motivated behavior)으로 볼 수 있다. 회피동기 행동은 사실 정상적인 행동에 가깝다. 다만 학생의 사회적 상호작용이나 학업 수행 과정에서 무언가를 피하기 위해 파괴적이고 방해가 되는 행동을 할 경우 문제가 된다.

어떤 행동이 회피동기 행동인지 식별하기는 쉽지 않기 때문에 학생이 무언가로부터 도망치려는 것을 교사가 허용할 경우 그것은 교사의 의도와 달리 회피동기를 더욱 강화할 수 있다. 특정 활동을 너무나 싫어하는 학생들 중에는 활동 시작을 알리는 알람시계의 일시정지 버튼을 계속해서 눌러대고, 교사와 타협하려 하거나, 화장실에 가겠다며 어떻게든 과제를 피하기 위해 징징거리는 경우가 있다. 이렇게 해서 그들은 잠시 동안이나마 활동 시작을 늦추는 데 성공한다.

개별 활동 시간에 레지가 친구에게 "나 좀 그만 쳐다봐!" 하고 소리를 질렀다. 교사는 레지를 잠시 밖으로 내보냈다가 이후 자리로 돌아와서 과제를 시작하도록 했다. 일반적으로 교사의 이런 대응은 합리적이며 학급의 과제 수행에 영향을 주지 않는다. 하지만 레지는 짧은 시간이나마 과제로부터 벗어날 수 있었고, 만약 과제를 회피하고 싶은 욕구가 행동의 동기였다면 성공을 거둔 셈이다. 학교에서 진행되는 일반적인 생활지도 방식, 즉 학생이 과제 재료를 망가뜨렸을 때 과제 수행에서 제외시킨다거나 교실에서 내보내는 방식은 이처럼 학생의 회피동기를 의도치 않게 강화할 수 있다. 학생이 과제물을 무사히 제출하게 되더라도 말이다.

| **보상 기능** | 어떤 행동은 돈, 쉴 곳, 혹은 특정한 물건같이 구체적인 무언가로 보상받기를 원할 때 일어난다. 급여를 받지 못하면 직장인은 일을 그만둘 것이고 음식이 제공되지 않는 급식실에서는 학생들이 줄을 서지 않을 것이다. 이는 정상적인 행동이다. 그러나 무언가를 얻기 위해 파괴적이고 불안정하며 부적절한 행동을 하는 것은 문제가 있거나 비정상적이다. 물건을 공유하기 싫어하는 것 또한 보상을 원하는 행동의 하나다. 다른 학생의 물건을 훔치거나 휴식 시간에 공을 놓고 싸우는 것 또한 마찬가지로 특정한 물건이라는 보상을 원하는 행동이다.

어떤 물건을 갖기 위해 부적절한 행동을 하는 학생은 보상이 늦어질수록 힘들어한다. 그 물건을 당장 갖고 싶은 마음이 크기 때문에 경직되고 유연성이 떨어진다. 이런 생각을 한 마디로 나타내면 이렇

다. "나는 내가 원하는 것을 내가 원할 때 즉시 갖고 싶다." 즉 이들이 하는 부적절한 행동의 동기는 원하는 것을 즉시 얻어내는 데 있다. 게임을 하는 도중 컴퓨터가 고장나면 속이 상한다. 마시려던 주스를 쏟게 되면 화가 치민다. 대부분의 학생은 이럴 때 화를 내기보다 문제를 합리적으로 해결하려 노력한다. 무언가 사려고 골목 모퉁이 가게에 도착했는데 문이 닫혀 있다고 하자. 그러면 재빨리 큰길에 있는 24시간 편의점으로 가보겠다는 새로운 계획을 세우기 마련이다. 그러나 행동의 동기가 보상에 달려 있는 학생은 이와 다른 행동을 한다. 가게 문을 세차게 두드리며 "문 열어! 들어갈 거야!" 하고 소리를 지르는 것이다. 이처럼 자신이 원하는 것에만 온전히 갇혀 있는 학생은 새로운 계획을 세우는 데 서툴다.

이런 행동이 학습이나 사회적 상호작용을 방해하게 되면 문제가 더욱 심각해진다. 이들은 수학 문제를 풀 때도 단 한 가지 방법으로만 풀려고 든다. 게임에서 이기는 데 몰두한 나머지 부정행위를 서슴치 않는다. 때때로 폭발적이고 불안정하며 부적절한 행동을 하기도 한다. 이럴 경우는 문제 행동으로 판정할 수밖에 없다. 3학년 학생 중 하나는 교사가 휴식 시간에 실내에 있어야 한다고 말하자 화를 내면서 소리를 지르고 바닥에 뒹굴었다. 상황에 유연하게 적응하지 못하고 폭발한 것이다. 이런 학생은 우두머리가 되려는 성향이 강하고 자기보다 약한 학생을 괴롭히는 경우가 많다. 모든 일에 자신의 주장을 강하게 내세우고 차례를 잘 지키지 않는다. 타협이 어렵고, 요구받는 상황을 힘들어하며, 쉽게 불만을 표현한다.

| **감각 기능** | 글을 쓰면서 큰 소리로 흥얼거리거나 연필 끝을 씹는 학생이 있다. 어떤 학생은 수업 시간 동안 자리에 앉아 있지 못하고 걸핏하면 일어서거나 서 있으려 한다. 이러한 행동은 감각 기능에 해당한다.

감각 기능에 따른 행동은 성인에게서도 흔히 볼 수 있다. 정상적인 범주의 감각 행동은 맛이나 소리에서 쾌감을 느끼면서 기분이 좋아지고 안정감과 자기진정 효과를 느낄 수 있다.

그러나 이 행동이 학습이나 사회적 상호작용을 방해할 경우에는 문제가 된다. 간식 시간에 또래와 어울리는 대신 혼자 흥얼거리고 있으면 친구들로부터 이상한 아이라고 비난받을지도 모른다. 원하는 감각을 경험하기 위해 부적절하고 파괴적인 행동을 할 수도 있다. 이런 행동은 감각 처리 과정에 문제가 있는 학생과 자폐스펙트럼장애 학생에게서 흔히 볼 수 있다.[18] 이들의 부적절한 행동은 환경으로부터 유입되는 감각 자극 때문에 발생한다. 급식실에서 시끄러운 소음이 들려올 때 어떤 학생은 불편한 자극을 차단하기 위해 더 큰 소리로 흥얼거리곤 한다. 어떤 학생은 마음을 진정시켜야 할 때 자신을 다스리고 억누르는 방법으로 격렬하게 몸을 앞뒤로 흔든다. 이는 불편한 자극을 즐거운 감각으로 바꾸려는 행동이지만 교사의 수업에 방해가 될 수 있다.

감각 처리에 어려움을 겪는 학생은 특정 상황에 대해 지나치게 무감각하거나 과잉 반응을 보일 수 있다. 보통 사람은 청각, 시각, 후각, 미각, 촉각이라는 다섯 가지 감각 기관을 통해 골고루 자극을 받는다. 그러나 어떤 학생은 손에 풀이 살짝 닿거나 친구가 몸을 가까이 붙이기만 해도 소리를 지르고, 옷의 상표가 목 주위 피부에 닿는 정도에도 불안을 느끼고 안절부절못한다. 촉각에 과잉 반응을 보이는 것이다. 청각에 과잉 반응을 보이는 학생은 급식실의 평범한 소음에도 귀를 틀어막곤 한다.

감각에는 앞에서 말한 다섯 가지 대표적 감각 외에도 특별한 두 가지 부가적 감각이 있다. 하나는 자기수용감각(proprioceptive sense)이고 또하나는 전정감각(vestibular sense)이다.[19] 자기수용감각은 근육과 관절을 통해 몸이 공간에서 차지하고 있는 위치를 느끼는 감각으로, 몸이 어떤 자세를 취하고 어떻게 움직이고 있는지와 관련된다. 자기수용감각에 따른 자극 추구 행동은 책상에 책을 쾅쾅 내리치거나 무거운 발걸음을 내딛는 행동, 둥글게 둘러앉은 자리에서 옆 친구에게 기대는 행동 등을 포함한다.

전정감각은 균형 유지를 돕는 내이(內耳)를 통해 수신되는 감각 입력과 관련된다. 전정감각을 추구하는 학생은 의자에서 몸을 반복해 빙빙 돌리거나 복도를 계속 같은 방향으로 돌고 철봉에 거꾸로 매달리는 행동을 한다. 감각 기능을 판단하는 단서는 학생 혼자 있을 때에도 그 행동을 계속 반복하는지 여부다. 물론 학생은 자신이 어떤 유형의 행동을 하는지 스스로 의식하지 못하는 경우가 대부분이므로 행동을 바꾸는 일은 쉽지 않다.

표 1.3은 지금까지 살핀 행동의 네 가지 기능을 정리한 것이다.

표 1.3 행동의 네 가지 기능

관심 기능	회피 기능	보상 기능	감각 기능
• 또래 친구의 관심 • 교사의 관심 • 집단 또는 개인의 관심 • 부정적 관심 • 긍정적 관심 • 비언어적 또는 언어적 관심	• 과제 회피 • 요구 회피 • 활동 회피 • 사람 회피 • 환경 회피	• 어떤 물건을 갖고 싶어함. • 자신이 정해 놓은 특정한 방식만을 추구함.	• 촉각 • 후각 • 미각 • 시각 • 청각 • 고유수용감각 • 전정감각

| **복합적 기능** | 행동에는 하나 이상의 기능이 있을 수 있다.[20] 청소하기 싫어서 교실에서 도망쳐 나온 학생이 있다고 하자. 몇몇 어른들이 뒤따라 나왔는데 이는 의도치 않게 학생의 행동에 관심을 보인 것이 되었다. 즉 도망쳐 나온 학생의 행동에는 회피 기능과 관심 기능 모두가 들어 있는 것이다. 동일한 행동이라도 환경이 달라지면 다른 기능을 할 수 있다. 수학 시간에 갑자기 소리를 지른 것은 관심을 끌기 위해서였고 체육 시간에 소리를 지른 것은 체육관에서 나가고 싶어서였다. 교사는 학생의 행동에 대해 그 의도를 유연하게 파악하고 어떤 기능을 하는지 고려하여 대응해야 한다. 수학 시간에 소리를 지른 학생에게는 잠깐 동안 '타임아웃(잠깐 행동을 멈추게 하는 것—옮긴이)'을 주면 관심 기능을 제거할 수 있다. 하지만 체육관에서 나가고 싶어 소리를 지른 학생에게는 이런 대응이 효과가 없다.

행동은 일정한 패턴으로 일어난다

교사들은 학생이 언제, 어디서, 어떻게 행동할지 전혀 예측할 수 없었다고들 말한다. "아무 이유 없이 소리를 지르기 시작했다니까요." 그러나 사람의 행동은 일정한 패턴으로 일어나기 마련이고 모든 행동에는 분명한 이유가 있다. 최선을 다했다고 생각하는데도 만약 학생이 여전히 부적절하게 행동하고 있다면 다시 한번 시도해보라. 핵심은 일정한 행동 패턴을 찾는 일이다. 시간(아침 간식 전에 항상 하품을 한다), 활동(수학 수업이 시작되면 꼭 양호실에 가도 되는지 물어본다), 사람(어빙 선생이 계실 때 수업에 더 많이 참여한다) 및 기타 여러 가지 요인에 따라 패턴은 달라질 수 있다. 패턴은 교사가 행동의 의도나 기능을 파악하는 데 꼭 필요한 단서가 된다. '이 학생은 교사가 일대일로 관심을 가져주기를 원하기 때문에 욕을 하는구나.' 또는 '낯선 어른이 방에 들어오면 말을 하지 않는구나.'와 같이 패턴이 발견되면 행동의 기능이나 의도는 저절로 파악될 경우가 많다.

패턴만이 아니다. 모든 행동의 앞뒤에 자리하는 또 다른 요인들이 있다. 부적절한 행동을 하기 전 발생한 사건에 관여한 환경적 변수들(선행사건), 그리고 그 행동 뒤에 일어나는 교사와 친구들의 반응(후속결과) 같은 것들이 그렇다. 학생의 행동을 이해하려면 이들 요인에 주목해야 한다. 이것이 행동을 촉발하고 지속하게 만들기 때문이다. 선행사건 및 후속결과에서 패턴을 분석하면 반항이나 분노 표출이 의미하는 기능을 보다 정확히 추측할 수 있다.

학생의 어떤 행동에 대하여 교사가 일관된 방식으로 대응해 왔을 경우, 행동에 변화가 일어나지 않았다면 교사의 대응은 부적절한 행동을 강화했다고 판단할 수 있을 것이다. 쓰기 과제가 주어지자 학생이 수업을 방해하는 행동을 하기 시작했다면 교사는 학생이 쓰기 과제를 하기 싫어한다고 판단할 수 있다. 이러한 행동 패턴을 분명히 파악하려면 간단한 서식과 메모를 이용하면 좋다. 다음 장에서는 행동에 담긴 이유와 기능을 파악하기 위해 패턴을 찾아내는 방법을 설명하고 교사들이 무심코 부정적인 행동을 강화하는 경우를 소개할 것이다.

행동의 패턴과 앞뒤 요인에 주목하는 것 외에도 가족, 일어났던 사건, 지역사회, 또래 등 다른 변수들이 학생에게 미치는 영향을 기록하는 것도 중요하다. 이러한 정보는 학생이 교사에게 말할 때, 부모가 교사에게 학생에 대한 정보를 전할 때, 학생이 또래와 나눈 대화가 전달될 때, 학생이 교사와 상담할 때 얻을 수 있다. 행동분석 이론에서는 이러한 요인들을 배경사건(setting events)이라 한다.[21] 배경사건은 수면 부족, 일상의 변화, 시끄러운 환경, 군중, 알러지, 질병 등 문제 행동이 일어날 가능성을 증가시키는 환경적 요인 또는 조건이다.[22] 학생의 행동을 분석할 때에는 배경사건을 반드시 고려해야 한다.

먼저 바꿀 수 있는 것은 교사 자신의 행동이다

상담해 보면 교사들은 문제 상황에서 학생이 그 상황의 주도권을 쥐고 있다고 느끼는 것 같다. 학생을 통제할 수 있기를 간절히 바라지만 좌절한 나머지 학년을 마치기만 기다리며 견디고 있을 수도 있다. 그러나 중요한 것은 학생을 통제할 수 있느냐가 아니라 학생과 교사 간 관계를 어떻게 바꿀 수 있는지에 초점을 맞춰야 한다.

교사에게는 학생의 행동을 개선할 힘이 있어야 한다. 우리는 오랜 경험을 통해 교사가 먼저 자신의 행동을 바꾸고 그것이 학생의 행동을 어떻게 변화시키는지 보여주는 것이 가장 강력한 방법임을 알게 되었다. 행동 계획이라고 하면 보통 학생의 행동을 개선하는 것이라고 여기기 쉽다. 하지만 FAIR 플랜과 같은 실용적인 행동 계획에서는 교사가 새로운 행동을 개발하여 생산적이고 예방적인 방식으로 학생들과 상호작용할 수 있도록 한다. 예를 들어 철자 쓰기를 하다 말고 중단하는 학생이 있다. 이럴 때 교사는 활동을 소개하는 방법 및 학생의 행동에 대응하는 자신의 방법에 변화를 줄 필요가 있다. 즉 활동을 소개할 때 "지금은 철자 시험 시간이야. 조금 어렵게 냈단다."라고 말하는 대신 "한 번에 다섯 개만 할 거야. 힘들면 도와줄게."라고 말하고, 철자 쓰기를 중단한 학생에게는 "지금 도와줘도 될까? 아니면 이따가 자유활동 시간에 마저 할까?"와 같이 대응을 달리하는 것이다. 이는 학생이 시험에서 답을 맞히지 못하는 것을 허용하는 대신 과제로부터 도망치려는 것을 막아준다.

행동은 달라질 수 있다

교직원, 교사, 부모 등은 종종 학생의 행동을 '관리'하고 있다고 보고한다. 우리가 경험한 바로는 문제 행동의 '관리'란, 그런 행동을 하는 학생을 특수학급이나 특수학교로 이동 배치하게 될 때까지 다른 사람에게 미치는 영향을 최소화하고 환경 속에서 그러한 행동을 유발하는 요인을 제거하는 일이다. 즉 수업 시간에 책상을 마구 내리치는 학생이 있을 경우, 수업 진행을 위하여 그 학생을 다른 교실로 내보내는 식의 '관리' 말이다. 단기적으로는 이러한 대응이 학생의 부적절한 행동을 막고 수업 질서를 유지하는 방편이 된다. 그러나 장기적으로 보면 변화가 지속되기 어렵다. 일반적인 행동 계획은 주위 사람과 물건에 미치는 행동의 영향을 최소화하기 위해 즉각적인 조치를 취하도록 한다. 단기적 효과를 경시하는 것은 아니지만 거기서 멈추는 것은 바람직하지 않다. 궁극적인 목표는 부적절한 행동을 변화시키거나 줄이는 데 있으므로 단순히 행동을 '관리'하는 것만으로는 충분하지 않다. 학생은 다르게 행동하는 방법을 배워야 한다.

학생의 행동 변화는 빠르게 일어날 수도 있지만 시간이 오래 걸릴 수도 있다. 일부 학생의 경우 미숙한 스킬을 가르치기 위한 개입이 적시에 이루어지면 빠른 변화를 보여주기도 한다. 3주만에 부적절한 행동을 멈춘 학생도 있다. 반면 어떤 학생은 부적절한 행동을 줄여나가는 데 3년이란 시간이 필요했다. 사회기술이 부족한 상태로 오랫동안 부적절한 행동을 해왔던 학생이라면 시간이 더 오래 걸릴 수도 있다. 교사의 대응에 의해 장기간에 걸쳐 강화된 행동은 더더욱 변화가 쉽지 않다.[23] 행동 변화를 촉진하려면 부족한 스킬을 더 집중적으로 가르치고 환경을 개선하여 적절한 행동을 촉진해야 한다. 그래야만 학생의 행동이 변화될 가능성이 높아진다.

1장 요약

| 문제 행동은 장애로 보아야 한다. 할 수만 있다면 학생은 바르게 행동할 것이다. |

| 문제 행동은 종종 교사의 직관과 어긋날 때가 있다. |
- 행동의 의도는 해석하기 어려울 때가 많다.
- 교사의 판정이 부정확하면 적절한 대응을 하기 어렵다.
- 부정확한 판정으로 인해 학생이 할 수 없는 대체 행동을 요구할 수도 있다.

| 행동을 이해하고 효과적으로 개입하는 데 필요한 몇 가지 중요한 개념이 있다. |
- 부적절한 행동은 미숙한 스킬 등 근본적인 원인에서 비롯된다.
- 행동은 의사소통의 한 형태이다.
- 행동에는 관심, 회피, 보상, 감각이란 네 가지 기능이 있다. 어떤 행동은 동시에 여러 기능을 가질 수도 있다.
- 행동은 일정한 패턴으로 나타나며, 행동의 앞뒤에는 선행사건과 후속결과가 있다.
- 먼저 바꿀 수 있는 것은 교사 자신의 행동이다.
- 행동은 달라질 수 있다.

2

FAIR 플랜

문제 행동에 대응하기란 분명 어렵고 지치는 일이기에 인내심과 함께 전략이 필요하다. 우리는 오랫동안 교사들과 상담을 진행하면서 이런 전략을 구조화할 필요를 느꼈다. 이것이 서문에서 간략하게 소개한 FAIR 플랜을 고안하게 된 이유이다.

이 책은 문제 행동의 네 가지 유형에 대응하는 FAIR 플랜을 제시할 것이다. FAIR 플랜은 현재 학교에서 사용되는 전통적인 행동중재계획과 몇 가지 중요한 차이점이 있다.

첫째, FAIR 플랜은 학생의 행동에 담긴 기능만이 아니라 심리정서적 특성까지 고려한다. 이는 학생의 행동을 더 포괄적으로 이해하고 정확히 개입할 수 있게 돕는다.

둘째, FAIR 플랜은 문제가 발생하기 전 선제적으로 대응하는 접근이다. 문제가 발생한 이후 대응하는 전략은 최종 수단으로 고려된다.

셋째, FAIR 플랜은 복잡한 연구 기반의 지식을 교사를 위한 간단하고 효과적인 방법으로 바꾸어 제시한다.

마지막으로 FAIR 플랜은 전통적인 행동중재계획에 비해 좀 더 현실적이다. 학생의 '바람직한 행동'이 아니라 '특정한 예방전략을 사용한 행동'을 보상한다는 점에서다. 특히 학생이 자신의 행동을 일관되게 관리할 수 있는 기본 스킬을 명시적으로 교육한다는 점에서 그러하다.

종합하면 FAIR 플랜은 실용적일 뿐만 아니라 학생에게 공감하고 상호작용하는 데 더 효과적인 방법이라고 할 수 있다.

기본적인 틀

FAIR 플랜의 가장 중요한 목표는 부적절한 행동을 적절한 행동으로 변화시키는 데 있다. 단순히 학년 말까지, 또는 학교 재학 기간 동안 행동을 관리하는 일이 아니라 장기적 계획이다. 이를 위해서는 1장에서 설명한 행동의 기본 개념을 활용, 다음 작업을 수행해야 하며, 이 작업은 FAIR 플랜을 구성하는 기본적인 틀이 될 것이다.

- 선행사건 관리
- 바람직한 행동 강화
- 대체 행동 교수
- 미숙한 스킬 계발
- 예방적 대응[1]

선행사건 관리

FAIR 플랜은 선행사건 관리를 매우 강조한다. 이는 학생을 힘들게 하는 선행사건을 조정하거나 최소화하여 부적절한 행동이 일어나지 않게 한다는 뜻이다. 수업이 바뀌거나 이동할 때마다 매번 소리를 질러대는 학생이 있다. 소리를 지르지 않고도 전환 과정을 감당할 수 있게 하려면 교사의 개입과 지원이 필요하다. 이때 교사가 먼저 해야 할 일은 어떤 선행사건이 학생에게 문제를 일으키는지 파악하는 일이다. 예를 들어 학생에게 가까이 다가가거나 큰 소리로 책을 읽는 행동 같은 것들 말이다. 그래야만 교사의 개입이 효과를 볼 수 있고 예방적 도움이 되는 교실 환경을 조성할 수 있다.

FAIR 플랜은 교사가 유연성을 가지고 학생 행동의 근원에 있는 기저 요인을 이해할 것을 요구한다. 학생들의 수행 능력은 새로운 스킬을 습득하기 전까지는 일관되게 나타나기 어렵다. 학생에게 무슨 일이 있었는지, 인내심이 어느 정도인지, 학생이 가진 스킬 수준은 어떠한지에 따라 어느 날은 수학 공부를 5분 이상 하기 어렵지만 다른 날은 35분간 할 수도 있는 것이다. 따라서 교사는 매 순간 학생을 읽어내고, 학생을 둘러싼 선행사건을 파악하며, 적절한 행동을 촉진하기 위해 대응하는 방법을 배울 필요가 있다.

3~6장에 제시된 FAIR 플랜은 교사가 힘들어하는 문제 유형별로 선행사건을 관리하고 필요한 개입 방안을 선택할 수 있는 여러 전략을 포함하고 있다. 중요한 것은 교사의 유연성이다.

바람직한 행동 강화

FAIR 플랜을 활용하면 학생이 현 상태보다 더 나은 성취를 이루도록 격려할 수 있다. 만약 학생이 학업 지시를 받을 때마다 분노를 표출하고 있다면 학생에게 딱 10분만 공부하도록 부탁하면서 시작하고, 시간이 지날수록 인내심이 향상될 수 있게 강화할 수 있다. 만약 학생이 자기조절이나 친사회적 기술(prosocial skills)을 사용하는 등의 노력을 작게라도 보여주면 이를 보상함으로써 한층 더 강화한다. 적절한 행동을 배우려면 전략 사용과 스킬 연습을 강화하는 것이 필수적이다.

대체 행동 교수

대체 행동은 다음 세 가지 조건을 갖추어야 한다.

- 이전의 부적절한 행동과 같은 결과를 가져와야 한다. 만약 학생이 어떤 요구에서 벗어나기 위해 부적절한 행동을 했던 것이라면 대체 행동의 결과 또한 동일해야 한다.
- 이전의 부적절한 행동만큼 원하는 결과를 얻는 데 효과적이어야 한다.
- 학생이 쉽게 할 수 있어야 한다.[2]

학교에서는 대체 행동 교수 전략을 간과하는 경향이 있다. 그러나 학생이 적절한 행동에 필요한 스킬을 습득하는 동안 사용할 대체 행동은 꼭 가르칠 필요가 있다. 대체 행동은 이전의 부적절한 행동과 동일한 기능을 수행하는 '적절한 행동'이다. 예를 들면, 읽기 시간에 소리내어 읽기를 거부하는 부적절한 행동 대신 조용히 읽을 것을 요청하기 위해 "저는 통과할게요(pass)."라고 말하거나 그렇게 쓰여 있는 카드를 드는 행동이다. 어떤 이들은 이런 행동이 학생에게 휘둘려 과제를 회피하게 만든다고 주장한다. 하지만 생각해보라. 이전에도 그 학생은 소리내어 읽기를 하지 않았다. 대체 행동 전략의 목적은 학생이 소리내어 읽지 못하는 약점을 극복하기 위해 훈련하는 동안 교사에게 무례하게 말하는 식의 부적절한 행동을 없애려는 것이다.

대체 행동은 학생이 부적절한 행동을 했을 때 원했던 것과 동일한 결과를 가져와야 한다. 그렇지 않다면 학생은 대체 행동을 하려고 하지 않을 것이다. 주먹으로 책상을 내리치는 대신 예의바르게 "잠시만 쉬게 해주세요."라고 요청하는 대체 행동은 적절할 뿐만 아니라 처음에 원했던 것과 동일하게 휴식 시간을 부여할 수 있다. 만약 대체 행동의 결과가 동일하지 않다면 학생은 다시 거친 행동을 하고 책상을 주먹으로 내리칠 것이며, 교사는 이전과 마찬가지로 즉각적인 대응을 하게 될 것이다.

부적절한 행동은 대체로 비언어적이고 간단한 편이라 하기도 쉽다. 만약 교사가 대체 행동으로 '조용히 손을 들어올리고, 교사가 부를 때까지 5분간 기다린 다음, 휴식 시간을 줄 수 있는지 물어보는 것'을 시도한다면 어떨까? 이는 너무 많은 노력을 요구한다. 차라리 주먹으로 책상을 내리치는 편이 학생에게는 훨씬 더 쉽고 효과적이다. 대체 행동은 '쉬고 싶어요' 표지판을 들어올리는 것처럼 비언어적이고 즉각적이며 학생이 쉽게 할 수 있는 행동이어야 한다. 분노와 불만이 큰 아이들일수록 완성된 문장을 말하는 것을 힘들어하기 때문이다. **도표 2.1**은 바람직한 행동을 배울 때까지 대체 행동이 어떻게 기능하는지 보여준다.

미숙한 스킬 계발

대체 행동을 가르치고 나면 본격적으로 어려운 작업이 시작된다. 바로 학생에게 미숙한 스킬을 가르치는 일이다. 미숙한 스킬을 계발하고 나면 대체 행동은 불필요하게 될 것이다. 소리내어 읽기를 거부하며 주먹으로 책상을 내리치는 학생에게는 읽기 스킬 연습과 함께 추가적인 지원이 필요하다. 아직까지 이런 부분을 제대로 평가받은 적이 없다면 평가도 실시해야 한다. 읽는 데는 문제가 없지만 다른 사람 앞에서 읽는 것에 불안을 느껴 그럴 수도 있다. 그런 학생에게는 불안 관리와 자기조절 기술도 가르쳐야 한다.

예방적 대응

교사는 학생이 하는 행동의 기능에 따라 일관되게 대응해야 한다. 미리 예방하지 못한 사건이 일어났을 때에도 마찬가지다. 교사의 대응은 학생의 바람직한 행동을 강화하고, 부적절한 행동을 무심코 강화하지 않는 것이어야 한다. 또한 학생의 부적절한 행동을 예방하는 것이 우선적으로 고려되어야 한다.[3]

도표 2.1 바람직한 행동을 향한 첫 단계, 대체 행동

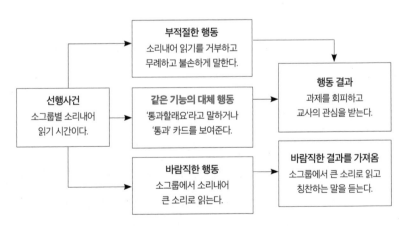

Source: adapted with permission from O'Neill et al., *Functional Assessment and Program Development for Problem Behavior: A Practical Handbook* (Pacific Grove, Calif.: Brooks/Cole Pub., 1997).

정서행동 위기를 겪는 학생에게는 잘 짜여진 행동중재계획에 따른 지원이 필요하다. 이는 학생 자신이나 다른 학생들의 학습을 방해하는 행동을 예방하기 위함이다.[4] FAIR 플랜은 행동의 기본 원칙에 근거한 행동중재계획으로, 학생의 잠재적인 심리정서적 특성을 이해하고 부적절한 행동을 예방하는 작업을 포함한다.

FAIR 플랜의 네 가지 구성 요소(행동기능가설 수립, 조정, 상호작용 전략, 대응 전략)는 앞에서 언급한 바 있다. 이 요소들은 불안, 반항, 위축, 성 문제를 지닌 학생에 대한 행동중재계획에 포함된다. 이 학생들은 현재 학교에서 가장 다루기 힘든 유형일 것이다. FAIR 플랜은 IEP 혹은 504계획(504 Plan, 미국 장애인교육법 504조에 의한 교육계획으로 장애 학생들에게 필요한 교육적 지원을 명시한 것—옮긴이) 대상자에게는 지원 서비스의 일부가 될 것이나 특수교육 여부에 관계없이 모든 교사가 사용할 수 있도록 설계되었다.

이제 FAIR 플랜을 구성하는 각각의 핵심적인 단계를 좀 더 자세히 살펴보도록 하자.

🄵 행동기능가설 수립

학생은 왜 그런 행동을 하는 것일까? 그 행동을 통해 전하고자 하는 것은 무엇일까? 앞에서도 말했지만 이 질문은 교사가 개입을 선택하고 학생에게 일관된 반응을 하기 전 가장 먼저 자문해야 할 것 중 하나다. 행동 기능에 대한 이해 없이 개입을 선택하는 것은 마치 캄캄한 어둠 속에서 과녁을 향해 다트를 던지는 것이나 마찬가지다.

행동중재계획을 수립하기 전 먼저 개입의 대상이 될 목표 행동 (targeted behaviors) 목록을 만들어보자. 위험하거나 우려되는 행동을 우선 순위에 두어야 한다. 행동은 가능한 한 명시적으로 표현하는 것이 좋다. '화를 낸다'와 같이 여러 가지로 해석될 수 있는 말은 피하고 '소리를 지른다', '발로 가구를 찬다', '책상 위 물건을 쓸어내린다', '발을 구른다'와 같이 명확하고 관찰 가능한 표현을 사용하라. 명확한 관찰과 측정 가능한 정의로 문제를 규정할 수 있다면 이후 행동을 추적하고 분석하는 데 도움이 된다.

행동 패턴을 파악하고 예측할 수 있는 특별한 방식으로 메모를 남기는 것도 부적절한 행동의 기능을 해석하는 데 유용하다. 몇 개의 열로 된 단순한 ABC 기록은 행동사건의 패턴을 단 몇 분만에 문서로 유형화할 수 있다.[5] ABC 기록은 선행사건(행동 바로 직전에 일어난 일), 문제 행동, 후속결과(또는 행동 직후 교사나 친구들의 반응)로 구성되며 문제 행동의 유발요인을 파악하는 데 중요하다. **표 2.1**은 닐의 반항 행동에 대해 교사가 한 달간 기록한 ABC 기록의 예다.

표 2.1 닐의 반항 행동에 대한 ABC 기록

날짜, 시간, 지속 시간	배경사건	활동	선행사건	문제 행동	후속결과
12월 20일 오전 9:15 2분	미술 교사가 바뀌었다.	미술 시간	교사가 작품에 제목을 꼭 붙이라고 말했다.	닐이 교사에게 "뚱보, 바보!"라고 소리를 지르며 자기 자리가 있는 줄로 뛰쳐나갔다.	교사가 닐에게, 줄을 서기 전 먼저 의자를 밀어 넣으라고 말했다.
1월 7일 오전 10:30 15초		문학 시간	교사가 닐에게 이야기를 조금 더 자세히 써 보라고 말했다.	닐이 연필을 던져 친구의 머리를 맞혔다.	교사가 닐을 교장실로 내보냈다.
1월 11일 오후 1:45 4분	닐의 엄마가 닐이 지난밤 내내 잠을 자지 않았다고 알려왔다.	발음 연습	보조 교사가 "좋아요, 이제 뒷면 활동을 계속해 볼게요." 하고 말했다.	닐이 머리를 숙이고 "선생님이 너무 싫어."라고 소리쳤다.	교사가 닐에게, 독서 공간에서 잠시 쉬었다 오라고 말했다.
1월 13일 오후 12:15 2분		국어 시험	교사가 "문제를 잘 살펴보고 답을 쓰세요." 하고 말했다.	닐이 시험지를 북북 긋더니 갈기갈기 찢어 버렸다.	교사가 닐에게, 교실 뒤편 자리로 가서 엎드려 있으라고 말했다.

Note: adapted from Sidney W. Bijou, Robert F. Peterson, and Marion H. Ault, "A Method to Integrate Descriptive and Experimental Field Studies at the Level of Data and Empirical Concepts," *Journal of Applied Behavior Analysis* 1, no. 2 (1968); Beth Sulzer-Azaroff and G. Roy Mayer, *Applying Behavior-Analysis Procedures with Children and Youth* (New York: Holt, Rinehart and Winston, 1977).

선행사건과 후속결과 모두에서 일정한 패턴을 찾는 것이 중요하다. 선행사건으로 보아 닐의 반항 행동은 쓰기와 관련된 듯하다. 이제 교사는 닐이 쓰기를 어려워하고 스트레스를 받는 이유를 파악해야 한다. 선행사건 분석은 학생을 어디서 어떻게 지원할 것인지 결정하는 데 도움이 된다. 후속결과는 닐의 행동에 대한 교사의 반응을 보여준다. 교사의 반응으로 보아 닐은 쓰기를 하라는 지시를 잘 피한 것 같다. 이는 닐의 행동이 쓰기를 '회피'하려는 기능임을 알려준다. 이처럼 ABC 기록을 작성함으로써 교사는 닐의 행동 패턴을 파악할 수 있고 좀 더 강력히 대응할 수 있다. 자료를 좀 더 효과적인 방식으로 체계화할 필요도 있다. 학생 한 사람에 대한 ABC 데이터를 수집하여 정리하고 체계화하는 일은 그리 어렵지 않다. 그러나 여러 아이들에 대한 ABC 데이터를 수집하고 정리해야 할 경우라면 각 학생마다 노트를 달리하거나 영역이 구분된 바인더가 필요하다. 또는 ABC 기록을 첨부하여 개인별 학생지도 계획서를 작성해도 좋다. (부록 A 참조)

ABC 기록은 학생의 행동 의도를 파악하고 다른 사람과 의견을 교환할 때도 도움을 준다. (사건 직후 교장으로부터 질문을 받는다고 생각해 보라.) 어떤 경우에는 추가적인 자료가 필요할 수도 있다. 이럴 때 명확하고 빈틈없이 기록된 자료를 가진 교사는 학생의 행동을 파악하고 적절한 개입을 선택할 수 있다. 좀 더 포괄적이고 전문적인 행동평가가 필요할 경우 행동분석 전문가의 도움이 필요하지만 그 과정에서 교사의 ABC 기록과 관찰은 매우 귀중한 자료가 될 것이다. 물론 ABC 기록만으로 행동을 철저히 판독해낼 수는 없으며 이것이 전문가들의 행동평가를 대체할 수는 없다. 그러나 교사가 학생의 행동 패턴을 파악하고 행동 기능에 대해 가설을 세워 어떤 반응을 취할지 결정하는 데에는 매우 쉽고 유용하게 쓰일 것이다.

행동을 정확히 분석하려면 마치 탐정의 수사 기록처럼 ABC 기록의 모든 내용을 세밀하고 일관성 있게 작성하는 것이 중요하다. 쉽지만은 않다. 학생이 폭발적 행동을 하면 그 여파로 교사에게 얼마나 많은 업무가 떨어지는가. 교실 분위기를 다독여야 하고, 보호자와 소통도 해야 하며, 다른 교사들과도 이야기를 나눠야 한다. 힘겹고 스트레스 그득한 하루를 보낸 뒤 문서 작업까지 하라는 것은 감당하기 힘들고 벅찬 요구일 수 있다.[6] 하지만 학생의 행동을 파악하는 데 가장 중요한 정보는 시간이 지날수록 누락될 위험이 있다. 특히 사건 직전과 직후에 일어난 일은 아주 사소한 것까지 중요하게 기록할 필요가 있다.

영국의 작가 코난 도일(Conan Doyle)의 소설 『주홍색 연구(A Study in Scarlet)』에서 셜록 홈즈는 이렇게 말한다. "데이터를 모으기도 전에 이론부터 세우는 건 중대한 실수야. 그렇게 되면 사람들은 데이터를 이론에 맞춰 왜곡해서 보기 시작하거든." 우리는 최소 다섯 건 이상의 사건을 기록하라고 권한다. ABC 데이터를 모으는 데 걸리는 시간은 학생마다 다르지만 자주 일어나는 사건이라면 보통 1~3주면 다섯 건 정도를 기록하기에 충분하다. ABC 기록은 처음에는 행동을 해석하는 데 사용되지만 일 년 내내 개입이 진행될 경우 학생의 진전을 점검하고 알아보기 위한 용도로도 사용할 수 있다.

이 책에서 제공하는 ABC 기록지 서식(부록 A)에는 배경사건을 기록하는 칸도 있다. 배경사건은 부모 및 정신건강 담당자와 공유할 필요가 있다. 아이가 육아 시터를 싫어한다고 학교에서 말한 것을 부모가 모를 수 있기 때문이다. 배경사건을 공유하게 되면 외부 상담을 받거나 가족에게 지원 서비스를 제공하는 등, 학교와 가정에서 이루어지는 개입이 한층 확대될 수 있다.

A 조정

ABC 기록을 통해 선행사건 및 미숙한 스킬의 패턴을 파악하고 나면 다음 단계는 해당 영역에서 학생을 지원하기 위한 조정을 선택하는 일이다. 이 책은 편의상 '수정(modifications)'까지도 조정에 포함하여 설명하고 있지만 본래 수정과 조정은 차이가 있다. 조정은 시험에서 서술형 글쓰기 대신 선다형 문제를 제공하는 식으로 기준을 변경하거나 낮추지 않고 학생의 학업이나 일과에 맞추는 일이다. 반면 수정은 5학년 학생에게 1학년 수준의 수학 문제를 풀게 하는 것처럼 기준을 변경하거나 낮추는 방식이다.[7]

개입에 관한 모든 결정은 장기적 효과를 고려해야 한다. 예를 들어 교사가 조에게 글 쓰는 것을 그만두고 낙서를 하게 한다면 조는 언제 쓰기를 배울 수 있겠는가? 대안적 휴식(alternative recess, 과제 수행을 멈추는 대신 구조화된 다른 활동으로 대체하는 방식의 휴식—옮긴이) 덕분에 문제 행동을 하지 않게 되었다면 그다음에는 어떨까? 수정과 조정이 학생에게 효과가 있는 것처럼 보이면 언제 개입을 그만두어야 할지 쉽게 판단하기 어렵다. 우리가 권하는 방안은 얼마간 의미 있는 성공 기간이 지나면 수정이나 조정 또한 점진적으로 줄여나가라는 것이다. 예를 들어 대안적 휴식 시간 동안 적절한 행동이 6주 이상 계속되었다고 하자. 그러면 교사는 매주 1회씩 학생에게 대안적 휴식 시간을 주면서 천천히 조정을 시작할 수 있다. 단 방학 직전이라거나, 또는 할머니가 한 달간 가족과 함께 살게 되는 등 학생의 삶에 큰 변화가 있는 시기에는 시작하지 않는 편이 낫다.

조정을 선택할 때 교사는 모든 가능성을 고려해야 한다. FAIR 플랜에서 조정은 학생의 학교 생활의 네 가지 범주, 즉 환경(아동이 생활하고 공부하는 곳 또는 그 이상의 맥락), 집행기능(아동의 사고과정 측면), 교육과정(학생이 직면한 학습과정), 미숙한 스킬(부적절한 행동의 기저에 있는 미숙한 스킬 문제를 다루기 위해 필요한 명시적 지도)을 고려한다. 다음은 교사가 각 범주에서 조정을 고려할 때 주의할 사항들이다.

환경

3~6장에서 보게 될 각각의 문제 행동 유형에 대응하려면 환경을 조정하는 것이 도움이 될 수 있다. 여기에는 일일 및 주간 일정 변경뿐만 아니라 교실의 물리적 환경을 바꾸는 것도 포함된다.

환경 조정은 학생과 그 행동의 정도에 따라 달라진다. 활동적인 학생에게는 하루 일과 중 동작 휴식(movement breaks, 수업이나 활동 중에 규칙적으로 움직임을 취할 시간을 주는 것—옮긴이)을 제공하고, 불안이 심한 학생에게는 급식실 밖에서 점심을 따로 먹게 하는 것 등이 포함될 수 있다. 이러한 전략은 예방적으로 사용되거나 행동에 대한 대응의 하나로 사용될 경우 부적절한 행동을 하지 않고 하루를 보내는 데 도움이 된다.

집행기능

집행기능은 미래를 계획하는 스킬을 언급하는 상위 범주의 용어다. 계획, 조직화 스킬, 선택적 집중, 억제 조절(inhibitory control), 유연한 사고 같은 인지 과정을 포함한다.[8]

여러 경험을 통합해 보면 부적절한 행동(특히 극단적인 행동)을 하는 학생은 대부분은 집행기능에 결함이 있다. 몇몇 연구에서도 정서행동장애 학생은 대조군에 비해 집행기능 과제 점수가 낮다고 보고하고 있다.[9] 집행기능에 어려움을 겪는 학생을 위한 조정에는 전환에 대비하기, 아이디어 조직하기, 서면과제 완료하기를 지원하는 스킬이 포함된다. 예를 들어 교사가 5분 내에 수학 수업을 마친다는 전환 예고를 한다고 하자. 이는 5분이라는 시간에 대한 내적 감각이 있고 다른 활동으로 인지적 이동(전환)을 무리없이 할 수 있는 학생에게는 유용하다. 그러나 집행기능이 미숙한 학생에게는 이런 식의 언어적 전환 예고가 그다지 도움이 되지 않는다. 그보다는 학생에게 5분이라는 시간을 시각적으로 표현해 보이는 편이 낫다. 왜냐하면 학생은 전환 예고를 듣고도 이를 잊어버리고 5분 뒤 수업이 끝날 즈음 새삼 놀랄 수 있기 때문이다. 이 스킬은 시간의 흐름을 구체적으로 시각화해 준다.

교육과정

학생에게 교육과정을 제공하고 공부할 수 있게 하는 일은 교사에게 달린 업무다. 우리가 여기서 조정을 위해 제안하는 교육과정은 특정한 커리큘럼이 아니라 활동에 대한 몇 가지 팁 정도임을 말해둔다.[10] 불만을 잘 견디지 못하고 불안해하는 학생을 위해서는 연필과 종이 대신 워드프로세싱으로 과제를 수행할 수 있도록 보완하라. 반항 행동을 하는 학생에게는 쉽고 어려운 과제를 번갈아 제공하거나, 알고 있는 내용을 다양한 방법으로 표현할 수 있게 해보라. 보고서 대신 랩 가사를 쓰는 식으로 말이다. 불안감이 높은 학생에게는 '개방형 글쓰기(open-ended writing)' 같은 과제를 주지 않는 것도 고려할 수 있다. 이 책에서 다루는 학생들은 학업을 회피하려는 경향이 있고 그에 따라 성취도 격차가 더 커질 위험이 있으므로 좀 더 유연한 학생 중심적 접근이 필요하다.

미숙한 스킬

부적절한 행동은 흔히 미숙한 스킬에서 비롯된다. 그러므로 부적절한 행동을 줄이려면 우선 미숙한 스킬을 계발할 필요가 있다.

문제 행동을 하는 학생들은 대체로 유연한 사고, 자기조절, 자기진정을 위한 스킬이 미숙하다. 3~6장에서는 미숙한 스킬과 관련된 잠재적 결핍요인을 다루고 교사가 사용할 만한 몇 가지 지도 방법을 선별하여 소개할 것이다. 단 이런 스킬을 명시적으로 지도하는 것은 가급적 전문교사 또는 특수교육 교사, 사회복지사, 상담사들이 맡는 편이 좋다. 일반 교사들은 대개 이러한 수준의 지도를 할 만한 시간이나 자료가 없기 때문이다. 부록 B(행동 지도용 참고자료)에는 도움이 될 만한 자료 목록을 실었으니 참고하기 바란다.

◼ *1* 상호작용 전략

FAIR 플랜의 세 번째 요소는 상호작용 전략으로 이 책의 모든 장에서 다루게 된다. 전통적인 행동중재계획에는 빠져 있지만 행동을 변화시키는 데 가장 중요한 요소 중 하나이기 때문이다. 도전적인 학생들, 특히 자기 방어적인 학생, 위축이나 트라우마를 겪은 학생들과의 관계 구축은 무척 어렵지만 매우 중요하고 반드시 필요하다!

교사와 학생 간의 긍정적인 관계는 학생의 행동에 상당한 영향을 미친다. 유치원생과 초등 1학년을 대상으로 한 연구에 따르면, 교사와 갈등을 겪는 학생은 학교를 좋아하지 않고, 순응하지 않으며, 학업성취도가 낮은 편이다.[11] 이런 학생의 문제 행동은 교사를 밀어내며 갈등을 일으킬 가능성을 높인다. 안타깝게도 교사와의 잦은 갈등은 학생에게 또 다른 거부감을 주며 이 흐름은 계속된다.[12]

우리의 경험상 교사들은 정서행동 위기학생과 상호작용할 준비가 잘 안 되어 있다. 부적절한 행동이 잦은 학생에게 교사는 화를 내거나 학생과 논쟁을 벌이는 식으로 대응한다. 또는 부정적 상호작용을 피하기 위해 아예 무시하고 외면하는 방식을 택한다. 순종적이지 않은 학생과 상호작용하는 전통적 방식, 즉 지시적이거나 권위적인 소통 방식은 대개 역효과를 낸다.

우리는 교사들에게 가능하면 하루종일 학생과 접촉하려고 노력하라고 제안한다. 개입을 시작하기 전 학생은 교사가 자신을 좋아하며 최선을 다하고 있다고 느껴야 한다. 교사를 신뢰하지 않거나 교사의 기대치가 낮다고 느낄 때 학생의 행동에는 이 느낌이 반영되기 마련이다.[13]

관계 구축은 차분한 시간에 이루어져야 한다. 학생이 문제를 일으킨 직후에는 그 행동이 더욱 강화될 수 있으므로 적합하지 않다. 관계 구축은 연중 내내 진행되는 것이 좋은데 특히 방학이 끝났을 때처럼 스케줄에 변화가 생길 때 집중적으로 이루어지면 좋다. FAIR 플랜에서는 특별한 점심, 짧은 산책, 혹은 학생이 좋아하는 물건 가져오기 등 다양한 관계 구축 활동을 마련하고 있다. 좀 더 자세한 내용은 '관계 구축을 위한 아이디어'에 제시된 활동 목록을 참고하기 바란다.

관계 구축을 위한 아이디어

기본적 활동	• 학생과 산책하기
	• 학생에게 복사하기 같은 간단한 심부름 부탁하기
	• 학생이 교실 책장이나 물건 정리하는 것을 돕게 하기
	• 학생과 점심 먹기
	• 학생이 좋아하는 작은 물건 가져오기
	• 학생이 좋아하는 음악을 함께 듣고 이야기 나누기
	• 학생이 좋아하는 스포츠 팀이나 관심사에 관한 신문 또는 잡지 가져오기
더 진전된 활동	• 특별한 점심으로 배달된 음식을 학생과 함께 먹기
	• 학생이 좋아하는 영화 함께 보기

부적절한 행동이 일어난 바로 다음날 상호작용을 추가하면 좋다. 학생은 후회나 부끄러움을 느끼고 어른들이 자신에게 실망했거나 화를 내고 있다고 생각할 것이기 때문이다. 큰 폭의 전환이 예정된 학년 말은 많은 학생들이 힘들어하고 부적절한 행동이 자주 일어나는 시기다. 특정 교사와 헤어질 것을 알고 관계를 파괴하기 위해 부정적 행동을 하는 학생도 있다. 이런 시기일수록 힘겹고 때로 포기하고 싶을지라도 학생과 관계를 강화하기 위해 노력해야 한다.

앞으로 이어질 각 장에서는 장소, 시간, 방법을 포함한 장기적인 관계 구축 전략뿐만 아니라 실용적이고 예방적인 상호작용 전략을 소개할 것이다. 이러한 전략은 학생이 부적절한 행동을 할 가능성을 줄여준다. 예를 들어 순간적인 대응을 위한 상호작용 전략은 내향적인 학생이 "나는 멍청해."라고 말할 때 어떻게 대응해야 하는지, 또는 트라우마를 가진 학생이 안아달라고 말할 때 어떻게 해야 할지 등을 알려줄 것이다. 말다툼을 걸어오는 학생들과 논쟁을 줄이고 하기 싫어하는 일을 할 수 있게 만드는 방법도 소개한다.

상호작용 전략은 교사와 학생의 협력을 촉진하고 스트레스를 줄일 수 있다. 그렇다고 학생을 방임하거나 부자연스러울 만큼 친절히 대하라는 뜻은 아니다. 어떤 학생은 엄격하더라도 일관된 태도를 유지하는 것을 더 편안하게 여긴다. 중요한 것은 교사가 어떤 말을 하느냐보다 그 말을 어떤 태도와 방식으로 하는가이다. 이는 여러 연구를 통해서도 확인된 사실이다.[14]

R 대응 전략

지금까지 살핀 FAIR 플랜의 세 가지 요소(행동기능가설 수립, 조정, 상호 작용 전략)는 자료 수집과 예방을 강조했다. 마지막 요소인 대응 전략 은 학생이 부적절한 행동을 했을 때 교사가 무엇을 해야 할지에 관한 것이다. 하루 내내 학생과 함께하는 교사가 행동에 어떻게 대응하는 가는 학생의 행동을 고조시키거나 진정시킬 기회가 된다.

대응 전략은 행동 기능과 일치해야 한다. 행동 기능은 ABC 기 록에서 행동 패턴을 통해 확인하고 판정할 수 있다. 문제 행동을 줄이 거나 없애려면 행동 기능과 일치하는 대응 전략이 필요하다. 우는 행 동이 관심을 끌기 위해서라고 판단했다면 교사는 학생이 울지 않을 때에도 관심을 기울여야 하며, 만약 학생이 울지 않고 다른 전략을 사 용할 경우 스티커 등으로 보상한다. 이러한 대응 전략은 '울음을 통해 관심을 끄는' 악순환 구조를 깨뜨릴 수 있다. 학생의 행동 기능에 맞 는 대응 전략에 대해서는 4장에서 자세히 설명한다.

FAIR 플랜은 교사에게 힘을 실어준다. 마르티네즈 선생은 우리 와 한 달간 상담을 진행하면서 특히 거친 학생인 로스에게 개입하기 위해 행동 기능 개념을 자신의 방식에 통합하려 시도했다. 3학년생인 로스는 종종 폭발했고 마이크 스탠드로 창문을 박살낸 일로 2주간 정 학을 받기도 한 학생이었다. 10월 무렵, 그동안 걸핏하면 과제를 거부 하고 교사에게 대들곤 했던 로스의 행동에 변화가 생기기 시작했다. 마르티네즈 선생은 11월에 이메일을 보내 로스의 진전에 대한 감동 을 다음과 같이 표현했다.

여러분께 알리고 싶어서 이 글을 씁니다. 상담을 받기 전까지 제가 할 수 있었던 일이라곤 교장 선생님께 전화하고 집에 가서 울며 고민하는 것뿐이었는데, 이제는 왜 로스가 말다툼을 하는지 이해하고 계획을 세울 수 있게 됐어요. 말다툼은 그 아이가 의사소통할 유일한 방법이었던 거죠. 로스의 ABC 기록지를 보면서 저는 로스가 글쓰기 시간에 논쟁을 벌이는 패턴이 있음을 발견했고, 그 행동이 과제를 회피하려는 의도였음을 파악했어요. 이후 저는 로스에게 글쓰기 대신 조용히 그림을 그리도록 하고 있답니다. 로스의 행동 패턴을 파악하고 나니 저의 어떤 행동이 로스의 회피동기를 강화했는지 알게 된 거예요. 저는 이 악순환 구조를 바꿀 계획을 짜느라 밤늦게까지 몰두했지요. 다음날 글쓰기 시간에 저는 로스에게 더 많은 선택권을 주고, 힘들면 도움이나 휴식을 요청하도록 했어요. 로스가 말다툼을 시작하는 이유가 글쓰기 때문이라는 것을 알고 나니 확실히 좀 나아진 것 같아요. 지난 3주 동안 로스가 말다툼을 벌인 것은 딱 한 번뿐이었고 저는 즐거운 마음으로 보고서를 쓰고 있어요. 이제는 로스가 다음에 또 무슨 일을 벌일까 겁내지 않게 되었습니다.

어떤 플랜을 사용할까

이어지는 4개 장은 학생의 불안, 반항, 위축, 성적 행동 문제에 숨겨진 원인을 이해하고 이러한 행동으로 인해 자신과 다른 사람의 학습을 방해하는 학생을 돕기 위한 전략에 관해 논의한다. 특히 FAIR 플랜을 선택하기 전 교사들이 팀 구성원들과 이 책을 끝까지 읽어보기를 권한다. 학생의 행동에는 어느 정도 중복되는 부분이 나타나기 때문이다. 위축된 행동을 하는 학생은 때로 반항적일 수 있으며, 이 경우 개입은 위축과 반항 행동 모두에 적용되어야 한다. 적절하다면 다른 계획도 참고할 필요가 있다.

흔히 발생하는 난제 중 하나는 반항 행동의 원인이 불안에서 비롯된 것인지 어떻게 알 수 있느냐는 것이다. 이때 FAIR 플랜은 불안 행동을 위한 것이어야 할까, 반항 행동을 위한 것이어야 할까? 이러한 결정을 위하여 불안 행동을 다루는 3장에서는 학생을 도울 수 있는 8가지의 행동 단서를 살펴볼 것이다. 우리가 FAIR 플랜을 위해 선택한 모든 전략은 적절한 행동을 이끌어내고, 학생들의 심리학적 프로파일을 고려하며, 실제로 효과적이다. 교사는 잘못된 개입을 선택할까 봐 두려워하기보다 학생에게 적합한 최적의 선택을 하는 데 집중해야 한다. FAIR 플랜은 필요에 따라 평가 및 수정할 수 있고 이 과정은 학생의 행동에 따라 진행된다. 만약 학생이 잘하고 있다면 교사는 또 다른 사회기술을 가르치는 등 좀 더 도전적인 개입을 선택할 수 있을 것이다. 반대로 학생이 이전의 부정적인 행동 패턴으로 돌아간다면 기존 FAIR 플랜을 재검토하고 수정할 필요가 있다.

4개 장마다 뒷부분에 해당 행동과 관련된 FAIR 플랜 체크리스트를 별도로 수록했다. 이 자료는 효과적인 행동중재계획의 구성 요소를 간단히 정리하고 각 장에서 논의된 모든 사항을 체크박스 등 사용하기 쉬운 기호로 표현한 목록 형태로 만든 것이다. 이 템플릿을 기초로 개별 학생을 위한 FAIR 플랜을 만들어도 좋겠다. 각각의 체크리스트마다 학생에게 필요하다고 권장되는 개입 방안 이상의 풍부한 추가 내용이 담겨 있으므로 교사와 팀은 학생에게 가장 적합한 내용을 선택할 수 있다. 이 신중한 과정을 마치고 나면 본격적으로 FAIR 플랜을 실행할 수 있을 것이다.

지금까지 필수적인 몇 가지 개념을 정의했다. 이제 가장 힘든 학생을 도울 방법에 대한 세부 내용을 살펴보자.

2장 요약

| ABC 기록은 선행사건과 후속결과로부터 행동의 패턴을 알아내고 행동기능가설을 세우는 데 매우 유용한 도구이다. |

| 행동 변화는 장기적으로 다음 4단계를 거쳐 나타난다. |

- 선행사건 관리
- 바람직한 행동 강화
- 대체 행동 교수
- 미숙한 스킬 계발

| 대체 행동은 다음 조건에 부합해야 한다. |

- 부적절한 행동을 했을 때와 똑같이 원하는 결과를 얻을 수 있다.
- 부적절한 행동만큼 원하는 결과를 얻는 데 효과적이다.
- 학생이 쉽게 할 수 있다.

| FAIR 플랜은 다음 네 가지 요소로 구성된 행동중재계획이다. |

- 행동기능가설 수립
- 조정
- 상호작용 전략
- 대응 전략

3

"다들 가버려!"
불안 문제

오늘도 넬리는 지각이다. 2학년 수업이 시작된 지 이미 30분이 지나 있었지만 넬리가 시간에 맞춰 등교할 것이라고 어떤 교사도 기대하지 않았다. 9시 15분, 넬리가 도착했다. 터커 선생은 넬리를 반갑게 맞이하려 애쓰며 서둘러 가방을 정리하고 다른 학생들과 함께 줄을 서도록 했다. 넬리는 반응과 행동을 예측하기 어려운 아이였지만 어쨌든 넬리가 가장 좋아하는 체육 시간에 늦지 않고 도착한 것만도 다행이라 여겼다. 넬리네 반 아이들이 줄지어 복도를 걸어가는데 갑자기 베키가 소리를 질렀다. 그 순간 "넬리, 그만해!" 하고 보조 교사인 첸 선생이 외치며 달려나갔다. 그는 넬리를 베키에게서 재빨리 떼어내 교실 구석으로 데려갔다. 베키는 아픈 팔을 잡고 "넬리가 제 팔을 꽉 잡았어요!" 하고 소리쳤다. 터커 선생은 옆반 교사에게 학생들을 체육관으로 데려가 달라고 부탁한 다음 첸 선생을 도우러 갔다. 넬리는 "놔! 꺼져!" 하고 사납게 소리지르며 주먹을 휘두르고 있었다. 두 선생은 넬리의 주먹을 피해 출구 문을 막아섰다. 일전에 넬리가 교실에서 뛰쳐나간 일이 떠올랐기 때문이다. 넬리는 책장의 책과 터커 선생의 책상 위 소지품을 마구 집어던졌고, 지구본을 쳐들어 던지겠다고 위협했다. 그러고는 3초도 채 지나지 않아 터커 선생의 발밑에 지구본을 내던져 박살내고 말았다.

이런 상황에 놓이면 대부분의 교사들이 무척 당황하고 혼란스러울 것이다. 넬리가 체육 수업을 좋아하니까 전환에 문제가 없을 거라 생각했던 터커 선생도 마찬가지였다. 이럴 때 교사는 예기치 못한 상황을 막을 방법은 없다고 그릇된 확신을 갖기 마련이다. 학생의 행동에서 이유를 찾기 어려울 때 교사는 언제 다른 사고가 터질지 몰라 불안해진다.

3장은 불안 중에서도 특히 회피 기능의 부적절한 행동과 반응을 보이는 학생을 다룬다. 이런 학생을 교사가 어떻게 지원해야 할지 돕는 지침은 지금까지 거의 없었다. 불안은 한계점에 이를 때까지 겉으로 드러나지 않기 때문에 다루기 까다롭다. 게다가 교사가 학생의 불안을 알아채기도 쉽지 않다. 학생 스스로 자신이 불안한 상태인지 아닌지 잘 모를 뿐만 아니라, 설령 알더라도 자신의 불안 상태를 겉으로 내보이려 하지 않기 때문이다. 학생의 문제 행동을 바로잡기 위해 교사는 보상 계획을 세우고, 학생이 좋아하는 간식을 사고, 독서 소그룹용으로 학생이 좋아하는 주제에 대한 책을 주문한다. 그런데도 학생이 부적절한 행동을 계속하면 실망하고 좌절한다. 이 시점에서 교사와 교장, 상담사들은 학생이 그 반에 계속 남아 있어도 될지 논의를 시작할 것이다.

불안은 학생에게 심각한 영향을 준다. 우리가 제시하는 전략은 불안에 초점을 둔 개입을 한발 앞서 진행하기 위한 것으로, 문제 행동보다 불안 그 자체에 집중하는 방법이다. 교사는 불안 상태의 학생을 좀 더 깊이 이해하고 교실을 안정감 있게 유지하며, 불안을 스스로 조정하고 대처하는 스킬을 학생에게 가르칠 수 있다.

불안은 일관되게 드러나는 외부 징후가 없기 때문에 알아채기 어렵다. 불안은 보이지 않는 장애다. 교사는 학생의 내부에서 무슨 일이 일어나는지 알 수 없다. 불안은 마치 잔뜩 흔들린 탄산음료 캔과도 비슷하다. 흔들렸든 그렇지 않든 밖에서는 똑같아 보인다. 흔들렸는지 여부를 알 수 있는 유일한 방법은 캔을 열어보는 것이며, 탄산음료가 폭발하듯 치솟고 나서야 흔들렸다는 걸 알 수 있다. 교사의 간단한 요구에 학생이 과도하게 폭발한다면 그 학생은 매우 불안한 상태라고 짐작할 수 있다. 아침에 아버지에게 꾸중을 듣고 마음이 상한 채 학교에 등교한 로베르타가 "차례를 지켜야 해요."라는 교사의 말에 폭발적 반응을 보일 수 있다는 뜻이다. 교사로서는 황당한 상황이다. 교사가 요구한 것은 그저 좋아하는 활동을 하려면 줄을 서라고 한 것뿐이니 말이다. 그러면서도 학생의 심리 상태를 주시하며 끊임없이 살얼음판 위를 걸어야 한다. "대체 왜 그랬니?" 하고 질문해 봐야 명확한 대답은 얻을 수 없다. 불안한 학생은 자신의 불안한 감정과 변덕스러운 행동을 잘 연결하지 못하기 때문이다. 그저 단순하게 "화가 나서요."라고 대답하거나 아무 말 못하고 우물쭈물할 수도 있다.

불안은 왜 문제인가

보통 아이들은 불안과 걱정을 잘 느끼는 편이다. 정상 범주에서 느끼는 불안과 기능을 방해하는 불안을 구별하는 것이 중요하다. 불안은 생리적 신호이며, 위협의 실제와 본질에 대한 과장된 평가, 자신의 대처 능력에 대한 의심으로 드러나는 비정상적이고 압도적인 두려움으로 정의할 수 있다.[1] 불안 증상은 실제 사건과 비례하지 않는다. 그리고 또래 관계의 어려움, 낮은 자존감, 학업 실패, 가족관계 스트레스처럼 일상생활을 방해하면서 상당 기간 지속될 수 있다.[2]

다양한 불안장애

불안장애에는 다양한 유형이 있는데 이들은 모두 비슷한 특징을 공유한다. 뭔가 불편하고 두려운 느낌, 회피하거나 도망치려는 마음, 그리고 식은땀, 구역질, 어지러움 같은 생리적 반응이다.[3]

범불안장애(generalized anxiety disorder, GAD)를 겪는 아이들은 거의 매일 대부분의 시간 동안 과도하고 복합적인 걱정에 시달린다. 이들은 긴장이 높고 짜증이 많은데다 초조해하고 자신에 대해 부정적이다. 또래와의 관계나 학업 성적, 건강, 자연재해, 인신공격에 대한 불안도 높다.[4] 과제가 주어지면 불안은 더 높아지고 도움을 필요로 한다. 일상의 변화나 새로운 경험에 대해서도 필요 이상의 안심을 원한다. 연구에 따르면 8~13세 아이들 중 남자아이는 3.8퍼센트, 여자아이는 9퍼센트가 범불안장애를 겪는 것으로 나타났다.[5]

불안장애 중에서도 그 특성이 좀 더 잘 드러나는 것들이 있다. 분리불안장애(separation anxiety disorder, SAD)는 아이가 주양육자와 분리되는 데서 겪는 고통에 초점이 놓인다. 어린아이들이 양육자와 분리될 때 어느 정도 불안해하는 것은 문제가 되지 않는다. 그러나 양육자와 아주 잠깐 분리될 것으로 예상될 때, 그리고 실제로 분리되었을 때 과도하고 지속적인 스트레스를 보이는 것은 문제가 된다. 이런 학생들은 분리를 두려워하며 난리를 피우거나 부모에게 매달리는 행동을 하고, 집에 머물고 싶은 나머지 구토나 두통 같은 신체적 증상을 보이며, 학교에 있을 때에는 계속 집에 전화하려 한다.

사회불안장애(Social anxiety disorder, '사회공포증'으로도 알려짐–옮긴이)는 또래 친구나 교사, 또는 둘 모두와 상호작용을 피하려 할 때 나타난다. 학급에서 발표나 큰 소리로 읽기 등을 할 때 불안한 나머지 긴장하며 얼굴이 붉어지고 몸을 떨며 복통을 느끼기도 한다.[6] 어느 정도의 불안은 발달단계상 적절하지만 이를 넘어서는 사회불안장애는 사회적 상황에 대한 공포와 함께 극심한 고통을 유발한다.

외상후스트레스장애(post-traumatic stress disorder, PTSD)는 아동에게서 흔히 볼 수 있는 불안장애의 하나다(2013년 개정된 DSM-5(정신질환 진단 및 통계 편람)부터는 불안장애의 하나가 아닌 독립된 장애 범주로 분류되었음–옮긴이). 미국인들 중 3분의 1은 자연재해, 가족상실, 학대 같은 외상(trauma)에 노출된 적이 있고, 아이들 중 6퍼센트 정도는 외상후스트레스장애로 진단받을 만한 수준에 있다.[7] 이들은 실제로 생명을 위협받는 사건에 노출된 적이 있으며, 침투적 사고(intrusive thoughts, 이유나 의도와 상관없이 끼어드는 불쾌한 생각—옮긴이)나 불쾌한 기억, 악몽, 그리고 아이들에게는 드물지만 회상 등 여러 형태로 그 사건을 반복해 경험한다. 말하자면 시각 자극이나 냄새, 소리 같은 외부 유발요인, 또는 침투적 사고나 심장박동 증가 같은 생리적 흥분 등 내부 유발요인에 의해 트라우마의 원인이 되는 사건을 떠올리는 것이다. 더 나아가 반복적이고 제한적인 외상놀이(traumatic play, 실제 경험한 사건과 비슷한 상황을 가정하고 피해자 또는 가해자가 되어 하는 놀이—옮긴이)에 빠져들기도 한다.

외상 경험은 의식적이든 무의식적이든 반복적으로 재연되기 마련이다.[8] 이들에게서는 회피 행동과 정서적 마비(emotional numbing)가 나타나고 외상 사건을 떠올리게 하는 사람이나 장소, 상황에 대한 두려움과 미래에 대한 무감정 상태가 나타난다.[9] 특히 아이들은 자신을 무력하고 두렵게 만드는 외상 사건을 떠올리지 않으려고 감정 에너지를 많이 쓰게 되므로 학교 생활을 수행하는 기능이 떨어질 수 있다. 수업 중에 허공을 멍하니 응시하거나 혼자 고립되어 있고, 수업 활동에 대한 관심이 현저히 떨어지며 이마저도 집중하기 어려워한다. 그러다가 극단적인 불안으로 집중력이 떨어지고 안절부절못하며 분노를 폭발시키기 일쑤다. 학령기 아이들에게서 볼 수 있는 과잉각성(hyperarousal)은 두통 같은 신체 증상으로도 나타난다.[10] 이러한 증상이 최소 한 달 이상 지속되고 심각한 고통이나 장애를 유발하면 외상후스트레스장애로 진단받게 된다.

공황장애(panic disorder)는 청소년기 이전까지는 잘 나타나지 않는다.[11] 그러다 사춘기 무렵 어떤 상황에 처했을 때 갑자기 호흡이 가빠지고 어지럽고 몸이 떨리며 극심한 두려움을 느끼는 공황발작을 일으킨다. 분리불안장애를 겪는 아이들 중 일부는 성인이 되어서도 공황장애에 시달린다.[12]

강박장애(obsessive-compulsive disorder, OCD)를 겪는 아이들은 하루에 적어도 한 시간 이상 반복적으로 강박적인 사고와 행동을 한다. 이는 심각한 고통을 주고 기능에 문제를 일으킨다.[13] 강박관념(obsessions)은 사고, 강박행동(compulsions)은 행동에 관한 것이다. 강박관념은 무의식적으로 어떤 생각이나 모습이 계속 반복된다. 강박관념에 휩싸이면 두렵고 불편한 감정에 시달린다. 일반적인 강박관념은 더러움, 자신이나 다른 사람이 피해를 입을까 봐 걱정하는 것, 물건이 놓인 방식에 대한 대칭욕구(symmetry urges), 의심 등으로 나타난다.[14] 강박행동은 일시적으로나마 강박관념을 완화시키며, 손씻기, 청소, 문이 잠겼는지 확인하기, 수 세기, 정리하기, 물건 사 모으기 등으로 나타난다. 강박장애를 겪는 학생들은 완벽주의자처럼 굴고 강박행동에 사로잡힌 나머지 공부를 제대로 시작하지 못한다. 그리고 더러운 것을 두려워하기 때문에 화장실 이용을 꺼리고 다른 친구들과도 접촉을 하지 못한다. 표 3.1은 다양한 불안장애의 특성을 요약한 것이다. 불안장애로 진단받은 학생 외에도 우울증, 비언어적 학습장애, 사회기술 결핍이 있는 학생들은 종종 불안 증세를 동반한다. 당연한 말이지만 이 아이들은 집단 따돌림의 피해자가 될 가능성이 높고 이 때문에 불안도 더 증가할 수 있다.[15]

이 장에서 설명한 전략들은 대부분 학생들의 불안을 관리하는 데 도움이 된다. 그러나 강박장애, 외상후스트레스장애, 분리불안장애를 다루기 위해서는 좀 더 보완된 전략이 필요하다. 강박장애나 외상후스트레스장애는 매우 전문적인 개입이 필요하고 분리불안장애는 양육자와 밀접하게 협력해야 하기 때문에 교실에서 할 수 있는 개입의 범위를 넘어선다.[16]

표 3.1 불안장애로 진단되는 특성

구분	특성
범불안장애 (GAD)	여러 사건이나 활동에 대한 과도한 불안과 걱정
공포 (Phobias)	특정한 물건이나 상황(예: 비행, 개, 피 등)에 대한 지속적이고 불합리한 두려움
사회공포증 (Social phobia)	하나 혹은 그 이상의 사회적 상황 또는 수행에 대한 현저하고 지속적인 두려움
분리불안장애 (SAD)	애착을 느끼는 대상(가정, 사람)과의 분리에 대한 과도한 불안
공황장애 (Panic disorder)	지속적인 걱정, 또다른 발작에 대한 두려움을 동반한 재발성 발작
강박장애 (OCD)	고통이나 장애를 유발하는, 반복적이고 과도하며 불합리한 집착(지속적이고 방해가 되는 생각) 및 행동
외상후스트레스장애 (PTSD)	극단적인 외상 스트레스에 노출된 후 나타나는 사건의 재경험, 관련 자극 회피, 높은 각성 및 분노, 과잉각성, 악몽, 해리, 정서적 마비

Source: American Psychiatric Association, *Diagnostic and Statistical Manual of Mental Disorders*, 4th ed., text revision (DSM-IV-TR) (Washington, D.C.: American Psychiatric Association, 2000)

개입의 중요성

불안장애는 청소년기의 평생유병률(살면서 청소년기에 특정 장애를 경험할 확률―옮긴이)이 8~27퍼센트에 달할 정도로 심각한 질병이다.[17] 적절한 시기에 적절한 방법으로 치료하지 않으면 만성적인 정신건강 문제, 약물 남용, 자해행동, 자살 시도를 초래할 수도 있다.

불안은 학생의 행동 기능에도 심각한 영향을 미친다. 심한 불안은 언어작업기억 저하를 초래하여 학업에 지장을 준다.[18] 일상생활 속에서 스트레스가 극심하면 기본적인 스킬을 잊어버리는 경우가 있는데, 면접 중 집 주소를 떠올리지 못하거나, 첫 만남에서 나이를 질문받았을 때 답을 말하지 못하는 것 등이 그러한 예다.

불안이 높을수록 감정을 관리하는 데 정신적 자원을 많이 소모하기 때문에 이를 극복하고 학업을 이어나가려면 많은 노력이 필요하다.[19] 연구에 따르면 초등학교 1학년 첫 학기에 불안장애를 겪은 아동은 학년말 읽기 성취도에서 최하위권에 속할 확률이 8배나 더 높았다. 또한 수학 성취도에서 최하위권에 속할 확률도 2.5배나 높다고 한다.[20] 이처럼 불안을 제대로 인식하고 치료하지 않을 경우 학업 실패, 부정적인 사회 관계, 행동 문제를 겪게 될 위험이 높다.

불안장애는 학생이 성인이 된 후에도 지속될 수 있다는 점에서 더욱 심각하다.[21] 학교와 가정에서는 이러한 부정적 상황을 최대한 빨리 극복하고 예방할 수 있도록 노력해야 할 것이다.

불안장애 학생의 행동 특성

불안을 보여주는 징후로 상기된 볼, 긴장된 근육처럼 일관되게 지속적으로 나타나는 것들이 있다. 하지만 폭발적 행동으로 불안을 드러낼 때까지 주위에서 전혀 모르는 경우도 많다. 불안이 어떻게 드러나는지 인식하고 감지하는 것은 교사에게 있어 매우 중요한 일이다. 어떤 행동이 내재된 불안으로 인해 발생한다는 것을 어떻게 알 수 있을까? 다음은 불안을 식별하는 8가지 단서를 지닌 학생들이다.

| 불안을 식별하는 8가지 단서를 지닌 학생 |

1. 불안장애 또는 사회성 부족(사회불안장애 위험)으로 진단받은 학생
2. 유연성이 부족하고 비합리적이며 충동적, 감정적이거나 과잉 반응을 보이는 학생
3. 행동에 갑작스러운 변화를 보이는 학생
4. 행동에 일관성이 없는 학생
5. 특정 시간에 어려움을 겪는 패턴의 학생
   • 구조화되지 않은 때(활동이나 일정이 명확하게 정해지지 않은 시간)
   • 전환할 때
   • 쓰기를 요구할 때
   • 사회적 요구가 있을 때
   • 새로운 사건이 일어날 때
   • 일과에 예기치 않은 변화가 있을 때
6. 회피하는 학생
7. 통제나 예측 가능성을 원하는 학생
8. 완벽주의 성향을 보이는 학생

일부 불안장애 학생은 교사가 불안 상태를 알아차리기 힘들다. 이들은 반항적이거나 불만이 심한 학생과 비슷한 행동을 한다.[22] 소리지르기, 발로 차기, 때리기, 고집부리기, 울기, 교실에서 뛰쳐나가기, 짜증내기, 불만 표출하기 등과 같은 행동을 하면 반항적인 학생으로 여기기 쉽다. 하지만 이런 행동은 불안한 학생들에게서도 나타날 수 있다.

스트레스에 과민하게 반응하는 불안장애 학생은 유연성이 부족하고 비합리적이며 충동적이다. 폐쇄적이며 극렬한 행동을 보이기도 한다. 압박감을 느끼면 기분이나 사회적 상호작용을 조절하는 데 어려움을 느끼고 합리적인 행동과 사고가 더 어려워진다.[23] 이들의 행동은 반항적인 행동과 비슷해 보이지만 그 행동의 근본적 원인을 살펴보면 불안과 반항을 구별할 수 있다. 비유적으로 말하면, 심근경색을 일으키는 원인이 당뇨, 고혈압, 흡연, 비만, 스트레스 등 매우 여러 가지인 것과 같다. 따라서 근본적 원인을 파악하고 대처해야만 미래에 일어날 문제를 예방할 수 있을 것이다.

| 불안 행동이 반항 행동으로 보이는 사례 |

4학년 과학 실험을 준비할 때였다. 레이놀즈 선생은 타이에게 종이 수건을 나눠주라고 부탁했는데 타이는 실험용 페트리 접시 나누는 것을 자기가 하려고 했다. 레이놀즈 선생은 "타이, 페트리 접시는 나중에, 지금은 먼저 종이 수건을 나눠주렴." 하고 말했다. 그러자 타이는 갑자기 "선생님이 직접 하세요!"라고 소리를 지르고는 책상에 엎드려버렸다.

　레이놀즈 선생을 비롯한 학교 관리자들은 이를 반항 행동으로 해석했다. 보통 불안한 학생이라고 하면 온순하고 말이 없으며 몸을 떨고 잘 놀라며 겁에 질려 있다고들 여긴다. 그래서 타이처럼 교사에게 소리를 지르고 지시를 거부하는 행동은 불안 행동으로 여기지 않는다. 타이의 행동은 폭발적이었고 강력했기에 반항 행동으로 생각되었고, 이런 경우 교사는 타이의 행동에 숨겨진 불안의 원인을 다루지 못할 수 있다.

관찰을 통해 불안 행동으로 판단할 수 있는 경우

불안을 겪는 학생을 관찰할 때에는 일반적으로 학생의 행동 변화, 자제력을 잃었을 때의 신호를 확인한다. 이 신호는 워낙 미묘하고 사소해서 별 의미 없는 것처럼 보일 수도 있다. 예를 들면 의자에 조용히 앉아 있다가 움직이기 시작한다거나, 대화를 하는 도중에 갑자기 말이 빨라진다거나, 열심히 공부하다 말고 책상에 엎드린다든가 하는 식이다.

　이런 사소한 행동 변화가 불안 행동 신호라는 것을 교사가 알고 있다면 상황에 적절히 대응할 수 있을 것이다. 즉 불안에 대한 관찰 가능한 정의는 '행동의 갑작스러운 변화'라고 할 수 있다.[24] 다만 그러한 행동 변화의 원인이 불안 하나만 있는 것은 아니고 배고픔이나 피로, 화장실 문제 등 여러 가지가 있을 수 있으므로 신중히 확인할 필요가 있다.

행동의 변화를 인지하고 조기에 개입하는 것이 얼마나 큰 차이를 만드는지 한 예를 소개한다. 페기는 가정 폭력을 경험한 후 학교에서 상담 지원을 받고 있는 4학년 학생이다. 어느 날 페기는 공부를 하다 말고 갑자기 문제지에 연필 대신 펜으로 글씨를 써도 되는지에 관해 교사와 언쟁을 시작했다. 갑작스러운 행동 변화는 불안을 알려주는 신호일 수 있다. 이를 감지하고 '이 학생은 불안한 것 같다'라고 자기대화(self-talk)를 시도하는 교사라면 학생의 행동에 대해 좀 더 세련되고 정교하게, 그리고 학생과 공감할 수 있는 방식으로 도울 수 있다. 그 결과 페기처럼 불안을 겪는 학생들은 곧 안정되고 차분한 상태를 되찾게 될 것이다. 반면 언쟁에 대해 직관적으로 대응하는 교사라면 그만두라고 소리치거나 점수를 깎거나 교실에서 내보내는 행동을 취할 것이고 그 결과 아무런 변화도 기대할 수 없게 된다.

진짜 문제가 펜을 사용할지 말지 여부에 대한 것이 아니라 불안이라는 것을 파악하기 위해 페기에게 이렇게 물어볼 수도 있다.

"무슨 걱정이 있니?"

"잠시 좀 쉬면 어떨까?"

"혹시 지금 무슨 생각을 하고 있니?"

이와 같은 질문은 평소 불안을 겪고 있거나 가끔 폭발적인 행동을 하는 학생에게서 갑작스러운 행동 변화가 나타났을 때 불안 여부를 점검할 수 있는 것들이다.

다만 페기가 자신의 상태를 말로 표현하지 못할 수도 있다. 그럴 때 교사는 "물 한 잔 마실래? 아니면 네 책상에서 퍼티(putty, 손에

쥘 수 있는 장난감으로 손가락 운동을 돕거나 스트레스를 해소하는 용도로 사용함—옮긴이)를 갖고 놀면서 좀 쉬면 어떨까?"와 같이 선택을 제안할 수 있다. 이렇게 학생을 지지하는 대응 전략은 불안을 줄이는 것과 자기조절 모두 도움이 된다.

일관성 없는 행동

학생이 불안을 겪고 있음을 보여주는 또 다른 단서는 일관성 없고 예측할 수 없는 행동 패턴이다. 이런 까닭에 불안한 행동에 대응하는 일관된 프로그램은 만들기 쉽지 않다. 주어진 상황에서 보여주는 학생의 모습이 불안 수준에 따라 달라지고 이에 대응하는 방법도 제각각이기 때문이다.

앞에서 선행사건 분석을 통해 행동 패턴을 파악함으로써 미래에 일어날 문제 행동을 예측하는 방법을 이야기했다. 이 방법은 문제 행동이 반복적으로 일어나는 것을 예방하는 데 널리 쓰이고 유용하다. 그러나 불안을 겪는 학생들의 행동에서 선행사건은 매우 다양하게 나타난다. 스티븐에게 소리내어 읽기를 시켰을 때 어떤 날은 아주 잘해냈지만 어떤 날은 거부하며 교실에서 뛰쳐나가는 식이다. 이 행동의 근본적인 원인은 '소리내어 읽게 한 것'이 아니라 스티븐이 그 순간 몹시 불안해하고 있다는 것, 즉 스티븐이 그 요구를 따를 수 없었던 특정 순간이었다는 것에 있다. 이를 이해하지 못할 경우 스티븐이 읽기를 싫어한다거나 읽기에 문제가 있다는 식으로 선행사건을 가정하고 여기에 초점을 두는 개입을 시도하게 된다.

문제 행동을 줄이고 적절히 개입하려면 드러나지 않은 불안을 간파할 수 있어야 한다. 그러자면 ABC 기록 등을 살펴 선행사건에서 일정한 패턴을 파악하고 관련되는 요소를 찾아내야 한다. 이 작업은 적절한 개입을 위해 필수적이다.

행동 패턴이 일관성 없이 나타나는 또다른 이유로 행동을 유발하는 내외부의 트리거(trigger)가 있다. 불안을 겪는 학생들 대다수가 불쑥 끼어드는 생각과 생리적 반응의 형태로 내적 트리거를 경험한다. 어떤 학생은 체육 수업을 하다 말고 갑자기 숨을 몰아쉬거나 위협을 과장하며 체육관을 뛰쳐나갈 수 있다. 또는 시험에 떨어질 것 같다며 불안해하다가 교사가 시험지를 나누어주자 신경질적으로 울음을 터뜨리기도 한다. 교사에게는 두 학생의 행동 모두가 과잉 반응으로 보인다.

일상적 사건, 물건, 사람, 냄새, 소음 등의 외적 요인도 불안을 유발하는 원인일 수 있다. 외상후스트레스장애를 겪는 학생들은 특히 이러한 외적 요인에 민감하며 이로부터 외상 사건을 떠올리고 조절을 힘겨워하다 결국 부적절한 행동을 하고 만다. 하지만 트리거를 감지하거나 예상하기란 어렵다. 교사는 내적이든 외적이든 결국 이로부터 유발된 행동만을 볼 수 있을 뿐이다.

불안장애 학생의 행동 패턴

앞에서 불안한 학생의 행동 패턴은 일관성이 없다고 했지만 일부 예외가 있다. 공포로 인해 불안을 느끼고 완벽주의 성향을 보이는 학생이나 특정한 활동, 사람, 장소를 피하는 학생은 일관된 행동 패턴을 보이기도 한다. 수학 시험을 앞두고 꼭 복통을 일으키는 학생의 불안은 명확히 눈에 보인다. 거미를 볼 때마다 교실에서 뛰쳐나가는 학생도 마찬가지다. 이들의 행동 패턴은 교사가 충분히 파악할 수 있을 만큼 일관성이 있다. 하지만 대체로 불안한 학생들은 다음과 같은 상황에서 일관된 행동을 보여주기 어렵다.

| 불안을 경험하는 학생들이 일관성을 보이기 어려운 상황 |
- 구조화되지 않은 시간
- 전환
- 쓰기 과제
- 사회적 요구
- 새로운 사건
- 일과 중 발생한 예상치 못한 변화

구조화되지 않은 시간은 불안한 학생들에게 스트레스를 준다. 수업이나 환경의 전환, 급식 시간, 간식 시간, 휴식 시간 등 구조화되지 않은 시간은 학생이 어디에 있어야 할지, 무엇을 해야 하는지를 정확하게 말해줄 교사가 없기 때문에 예측하기가 어렵다. 구조화되지 않은 시간에 활동하기 위해서는 집행기능, 자기조절, 유연성, 문제 해결, 사회성 영역에서 능숙한 스킬이 필요하다. 임시 교사가 등장하거나 갑작스러운 소방 훈련처럼 예상치 못한 변화, 새로운 사건도 익숙한 일과를 깨뜨리기 때문에 스트레스를 주게 된다.

구조화되지 않은 시간을 잘 탐색하려면 다양한 스킬이 필요하기 때문에 불안감을 느끼는 학생이 많다. 예를 들어 급식 시간에 원하는 자리에 앉으려면 사회적 탐색이 필요한데 이를 감당하려면 학생 자신의 사회기술과 문제해결 능력에 의지해야 한다. 그러다 보니 어떤 아이들은 또래 친구와 이야기를 나누거나 점심을 먹을 수 있지만, 어떤 아이들은 화장실만 여러 번 들락날락하거나 벽만 바라보고 혼자 앉아 있는 것이다.

구조화되지 않은 시간에는 보통 사회적 요소들이 포함되기 마련이므로 누구와 대화를 나눌지 선택하거나, 대화를 시작하고 이야기를 주고받거나, 좋아하는 친구와 함께 앉지 못하는 식의 암묵적 거절을 견뎌낼 수 있어야 한다. 또 적당한 거리를 유지할 줄도 알아야 하고 정해진 곳에 머무는 자기조절도 중요하다. 너무 많이 움직이거나 너무 큰 소리로 말하지 않도록 주의할 필요도 있다. 이 모든 것들이 사회기술에 해당한다.

불안이 높은 학생들은 예측 가능한 것을 선호한다. 구조화는 이런 학생에게 안정감을 주고 불안을 가라앉히는 효과가 있다. 이들은 구조화된 수업 환경, 즉 일정과 할 일이 명시되어 있고 각자의 자리가 정해진 교실에서 '그래픽 오거나이저로 내용을 표현한 다음 초고를 쓸 것'과 같이 명확한 요구사항과 계획이 주어진 수업을 할 때 더 좋은 성과를 낸다. 교사가 내용에 관해 질문하며 수업을 진행하면 개인이 알아서 대처해야 할 사회적 요구가 줄어들게 된다. 학생은 자신에게 무엇을 기대하는지, 이 활동이 얼마나 오래 진행될지, 다음에 어떤 일이 일어날지 예측할 수 있고 안정감을 느낄 수 있다.

캐럴은 수업 중 종종 교사를 바보라고 부르고, 까마귀 소리를 내거나 춤을 추며 돌아다니고 화를 내곤 한다. 수업을 참관한 우리는 교사가 소그룹 협력학습을 중시하는 성향이며 캐럴의 문제 행동은 소그룹 협력학습에서 주로 일어나고 있음을 간파했다.

소그룹 협력학습은 구조화되지 않고 사회적 요구가 많은 활동이다. 소그룹을 선택하게 하면 캐럴은 학생 수가 적고 성인의 지원을 받지 않는 소그룹을 선택하는 편이었다. 캐럴은 사회불안, 자기조절 부족, 집행기능 문제로 힘들어했다. 좋아하는 친구들이 자신을 끼워주지 않을까 봐 두려워했고 소그룹을 탐색하는 데 늘 어려움을 겪었다. 이것이 부적절한 행동의 원인이었다.

회피 행동과 불안

특정 사건이나 활동에 불안을 느끼는 학생은 가능하면 회피하거나 그러한 상황을 벗어나려 할 것이다. 사회불안을 겪는 학생들의 경우, 카페에 들어가서 친구들과 함께 있고 싶어하면서도 막상 무리지어 앉아 수다를 떨며 웃는 친구들을 보면 불안감을 느끼고 자신을 고립시키곤 한다. 혼자 앉아 있으면 다른 사람들과 어울리는 데서 오는 불안이 줄어들기 때문이다. 이러한 회피 행동은 즉각적으로 불안을 줄

여주면서도 강력하게 작용하는 부정적 강화(negative reinforcement)에 해당한다.[25]

회피 행동을 통해 피하고 싶은 사건(다가올 사회적 상황 등)을 벗어나는 데 성공할 경우 그 행동은 효과를 거두었다고 생각할 수 있다. 그 결과 학생은 불안을 유발하는 상황 자체를 회피하거나 관련된 사회적 상황을 계속해서 피하게 된다. 회피 행동은 교실에서 뛰쳐나가거나 가구 밑에 숨는 것처럼 명백히 눈에 보일 수도 있고, 과제를 회피하려는 의도로 대화를 중단하지 않고 계속 이어가는 것처럼 명확히 감지하기 힘들 수도 있다.

불안이 높은 학생들은 유연성이 부족하다. 그들은 예측 가능하고 통제하기 쉬운 상황을 바란다. 마커 펜을 똑바로 정렬시키거나 서류철을 한 치의 어긋남 없이 쌓아두는 등 물건을 특정 방식으로 배열하려 들기도 한다. 자기가 최고라고 우기고 자기 마음대로 하려는 성향이 강해진다. 특정한 책을 먼저 읽어달라고 요구하고 자신을 제일 먼저 불러주기를 바란다.

표 3.2는 학교 생활 속에서 불안이 어떻게 드러나는지 대표적인 특성과 함께 명확히 파악하기 힘든 특성을 정리했다. 불안장애 학생들을 위한 전략의 하나로 '일정표 작성하기, 그리고 미리보기'가 있는데 이는 그들이 상황을 더 잘 예측할 수 있도록 환경을 조성하는 일이다. 선택이 포함된 개입은 학생이 하루 일과 중 일정 부분을 통제할 수 있도록 만들어준다.

표 3.2 학교에서 나타나는 불안 행동의 특성

대표적 특성	명확히 파악하기 힘든 특성
• 불만을 잘 느낀다.	• 과제를 끝내지 못한다.
• 복통, 두통, 호흡 곤란 같은 신체적 증상이 있다.	• 안절부절못한다.
• 공포를 드러낸다.	• 화를 낸다.
• 위험을 경계하는 것 같다.	• 학교 규칙을 지키지 않는다.
• 실수에 쉽게 흥분한다(완벽주의).	• 선행사건에 일관성 없는 행동 패턴이 있다.
• 울음을 보인다.	• 틀에 박히거나 반복적인 행동을 한다.
• 놀라는 경우가 잦다.	• 융통성이 없다.
• 당황해 얼굴이 붉어지고 몸을 떤다.	• 우울해 보이고 과장된 행동을 한다.
• 걱정을 자주 한다.	

전환과 불안

학교에서는 일과 중에 여러 차례 전환이 발생한다. 전환은 유연성과 집행기능 스킬이 필요하기 때문에 불안을 겪는 학생이 무척 힘들어한다. 이런 학생이 교사에게 협조하지 않는 상황, 즉 컴퓨터를 멈추지 않겠다고 거부하거나 다른 활동을 하지 않으려는 일을 방지하려면 성공적으로 전환을 감당할 수 있도록 도와야 한다. 전환에는 수학 수업을 마치고 급식 시간을 맞이하는 커다란 전환도 있지만 컴퓨터 수업을 마치고 수학 수업으로 이동하는 작은 전환도 있다.

한 가지 접근 방식만으로 모든 전환 문제를 해결할 수는 없다. 전환을 예고하는 방식만 보더라도 "청소 시간까지 5분 남았어요."와 같이 카운트다운을 하는 보편적인 방법이 있지만, 이는 전환의 일부 측면에만 효과를 발휘한다. 불안장애 학생을 지도하는 교사는 전환을 구성하는 다음 네 가지 요소를 충실히 이해할 필요가 있다.

- 첫 번째 활동의 중단
- 다음 활동으로의 인지 이동
- 다음 활동의 시작
- 전환 시간 동안의 구조화와 구체적 기대 부재

달리아의 사례를 통해 앞에서 말한 전환의 네 가지 요소를 구체적으로 살펴보자. 달리아는 컴퓨터 게임을 하다가 수학 문제를 풀려고 다시 책상에 앉았다. '첫 번째 활동의 중단'은 달리아가 컴퓨터 게임을 중단하는 일이다. '다음 활동으로의 인지 이동'은 달리아가 컴퓨터 게임에서 수학 과제에 대한 생각으로 정신의 변속기를 바꾸는 일이다. '다음 활동의 시작'은 달리아가 책상 앞에 앉아 연필을 쥐고 수학 문제를 풀기 시작하는 일이다. 네 번째 요소는 전환에서 학생들이 느끼는 불안과 혼란에 관한 것이다. 달리아의 경우, 컴퓨터 게임은 명확한 예상치와 물리적 변수(physical parameters, 어떤 활동을 하는 데 필요한 상황이나 조건—옮긴이)가 있는 구조화된 활동이다. 책상에서 수학 문제를 푸는 것도 마찬가지다. 그러나 두 활동 사이의 전환은 걸리는 시간도 불분명하고 물리적 변수도 거의 없는데다 예상하기도 어렵기 때문에 불안과 혼란을 느낄 수 있다.

초등학교에서 학급 전체의 전환은 대개 긴 시간을 필요로 한다. 하지만 2학년 학생 20명에게 청소를 마치고 급식 줄을 서게 할 경우 어느 때는 예상보다 훨씬 오래 걸리고 어느 때는 5분만에 끝나기도 한다. 이 시간 동안 어떤 아이들은 친구와 조용히 이야기하거나 독서, 공상 같은 독립적인 활동을 하면서 자신을 조절할 수 있다. 그러나 불안을 겪는 아이에게는 구조화되지 않은 시간에 자신을 조절하는 것이 쉬운 일은 아니다.

전환을 이루는 요소 각각에 대하여 적절한 예고를 선택하는 것 또한 매우 중요하다(**표 3.3** 참고). 이때 학생이 재미있게 하고 있던 활동을 자연스럽게 끝내고 나서 다른 활동으로 넘어갈 것이라 예고하는

표 3.3 전환의 네 가지 구성 요소에 대한 적절한 예고

전환의 구성 요소	적절한 전환 예고
첫 번째 활동의 중단	자연스럽게 마무리할 수 있는 중단 지점을 찾고, 그 지점에서 할 수 있는 구체적인 예고를 사용한다. 【예】 5쪽 더 읽기, 스티커 메모까지 읽기, 유튜브 동영상 하나 더 보기 등
다음 활동으로의 인지 이동	시각화된 일정표나 다음 활동을 위한 준비 상태를 보여주는 이미지를 활용한다.
다음 활동의 시작	기존 카운트다운 유형의 예고를 사용한다. 【예】 5분 남았음 / 타이머 사용
전환 시간 동안의 구조화와 구체적 기대 부재	정지시간(휴식 및 재충전 시간)을 포함하는 작업이나 활동을 제안한다. 【예】 의자 밀어넣기, 종이 나눠주기, 연필깎기 등

것이 좋다. 어떤 학생은 좋아하는 활동을 중간에 멈추게 될까 봐 무척 불안해하기 때문이다. 읽기 시간이 5분 남았다고 말해주는 것보다는 읽고 있는 책의 장(chapter)이나 내용의 끝부분(자연스러운 종결 지점)에 '여기까지 끝'이라고 쓰인 스티커를 붙여놓는 편이 더 좋다. 이렇게 하면 학생의 저항을 막을 수 있고, 읽기를 계속하면서 기다려 달라고 소리치거나 전환을 무시하는 행동을 방지할 수도 있다. 전환을 알리는 신호의 또다른 구체적인 예로는 "다섯 번만 더 하고 그만할게요.", "저 사람만 다 그리고 나서 청소합시다.", "이번 회가 끝나면 이제 컴퓨터 야구게임을 마쳐야 해요." 등이 있다.

전환을 앞두고 대부분의 학생이 다음에 일어날 활동 장면을 머릿속에 그려보곤 한다. 불안한 학생은 이러한 시각화가 어렵기 때문에 전환이 한층 더 힘들다. 이 경우 저학년 학생에게는 다음 활동을 수행하는 사진을 보여주고, 고학년 학생에게는 다음 활동에서 할 일이 담긴 목록과 일정표를 미리 제시한 다음 어디서 시작되는지에 대해 이야기를 나누어본다.

학급 전체를 대상으로 전환이 실행될 경우 대기 시간이나 정지 시간이 발생할 가능성이 높다. 이때 학생들에게 구체적인 과제를 주면 구조화된 전환이 되게 할 수 있다. 구체적 과제나 활동은 시간을 빨아들이는 스펀지가 되어줄 것이다.[26] '자기진정 상자(sponge box)'는 하루 중 대기 시간이나 정지 시간이 발생할 때 할 수 있는 활동들을 나열한 것으로, 전환에서 사용할 과제 목록으로 유용하게 사용할 수 있다.

- 학생들의 우편함에 안내문 넣기
- 안내문이나 종이 접기
- 화이트보드나 칠판 닦기
- 제자리에 의자 놓기
- 책 정리하기
- 출석 확인 또는 점심 주문하기
- 연필 깎기
- 색연필과 크레용 분류하기
- 다른 교실에서 하는 일 알아보기
- 반 전체를 대상으로 모방 게임(주최자의 동작을 따라하는 게임—옮긴이) 하기

구조화된 과제는 불안을 약간이나마 덜어줄 수 있다. 전환에는 학생이 있어야 할 곳, 필요한 물건, 걸리는 시간 같은 명확한 요구사항이 포함되어야 하며, 이를 통해 학생의 행동이 격해지는 것을 막을 수 있다. 우리와 함께한 교사들은 사전에 예고된 전환이 어떤 차이를 만들어내는지 보고 놀라워했다. 다음은 한 학생의 사례다.

| 성공적으로 전환 지원을 받은 학생의 예 |

아블라는 4학년 가을 학기에 폭발적인 행동을 했고 수업에 지장을 주었다. 외상후스트레스장애를 겪고 있던 아블라는 주말을 보내고 학교로 돌아올 때면 특히 힘들어했다. 아블라를 관찰하고 ABC 기록을 작성하면서 우리는 아블라가 좋아하는 활동에서 좋아하지 않는 활동으로 옮겨가는 전환을 무척 어려워한다는 것을

파악했다. 더 자세히 분석한 결과 아블라는 특히 좋아하는 첫 번째 활동을 중단하는 데 어려움을 겪고 있었다. 이에 따라 교사는 전환 예고를 단순하게 변경하여 첫 번째 활동을 좀 더 자연스럽게 끝내도록 했다. 아블라의 폭발적인 행동은 조금씩 줄어들기 시작했고, 이제는 첫 번째 활동을 어디서 멈출지 찾아보라는 신호에 따라 스스로 활동을 중단하는 방법까지 배웠다.

불안장애 학생을 위한 지원

"그 애는 도무지 예측할 수가 없어." 불안한 상태의 학생은 어떤 상황에서 어떻게 행동할지 알 수 없다. 이런 학생을 상대해야 하는 교사는 학생을 흥분시키지 않으려고 애쓰며 살얼음판을 걷는다. 자신이 무기력하다고 느끼고 언제, 어떻게 개입해야 할지 막막해한다. 폭발적인 행동을 피하는 데 급급하다 보니 학생에게 요구하는 것은 갈수록 줄어든다. 어느새 학생은 간섭 없이 온종일 컴퓨터 게임만 하고 있게된다. 학생에게 아무런 요구도 하지 않거나 최소화하는 것은 단기적인 개입 또는 단시간에 학생이 처한 환경을 재조직해야 할 때 필요할 수도 있다. 하지만 그 외의 경우라면 학생의 일과가 방치 상태로 흐트러졌음을 뜻한다. 불안한 학생은 구조화되지 않은 일과에서 스트레스를 느끼며, 이는 장기적으로 역효과를 가져온다.

　학교에서는 학생의 행동과 관련된 선행사건을 제대로 파악하지 못하는 경우가 많다. 행동과 선행사건 사이에 뚜렷한 일관성이 없기도 하거니와 불안한 학생들은 더욱 그러하다. 그러다 보니 학생에게 주어진 요구가 문제 행동의 원인이라고 일반화하고 요구 자체를 줄이거나 없애는 식의 대응이 이루어진다. 하지만 이는 마지막 수단이어야 한다. 요구가 없거나 최소화되는 기간이 길어질수록 학생은 요구를 받아들이기 점점 더 힘들어지고, 행동 개선을 위한 높은 기대치를 설정하기도 어려워진다.

우리가 관찰한 케이스 중 일 년 내내 컴퓨터 게임과 레고만 하면서 보낸 학생이 있었다. 이는 학습과 사회성 발달에 심각한 악영향을 미쳤다. 불안하고 공격적인 학생에게 지나치게 요구를 줄이는 식의 대응 전략은 문제가 있다. 안드레아는 기분장애(mood disorder, 기분 조절이 어렵고 비정상적인 기분이 장시간 지속되는 장애ー옮긴이)와 불안을 겪고 있는 12세 소녀이다. "선생님이 무언가 해야 한다고 말하면 화가 치밀어오르고 폭발하게 돼요." 안드레아는 자신에 대해 이렇게 말했다. 학교 상담사는 안드레아가 걸핏하면 시간표를 무시하고 자신의 행동을 되돌아보지 않는 데다 행동의 결과에도 무관심하다고 보았다. 그 결과 안드레아는 대부분의 시간을 상담실에서 그나마 좋아하는 그림 그리기를 하며 보냈을 뿐, 학교 생활에는 아무런 변화가 일어나지 않았다.

학생에게 아무런 요구도 하지 않는 것은 학생이 불안에 대처하고 자신을 조절할 스킬을 배울 기회를 놓치는 것과 마찬가지다. FAIR 플랜에서 제공하는 많은 전략들은 이와 같이 '요구 없는 상황'을 예방할 수 있음을 참고하라. 요구가 전혀 없거나 적은 프로그램에서 나타나는 심각한 부작용이 있다. 학생의 행동이 개선된 것처럼 보일 경우

안정을 찾았다고 오해할 수 있다는 점이다. 사실 학생은 단지 좋아하는 활동을 하고 있기 때문에 사고를 덜 치고 있을 뿐이고 내재된 불안은 없어지지 않았으므로, 만약 괜찮아졌다고 생각하고 다시 요구할 경우 학생이 거부하고 받아들이지 않을 수 있다.

앙이란 이름의 3학년 학생이 있다. 앙은 4개월 동안이나 교실을 벗어나 자기가 좋아하는 활동을 하며 돌아다녔다. 구슬팔찌를 만들고, 작업치료실에서 기구를 가지고 놀거나 상담사를 찾아가 음악을 듣는 식이었다. 교사의 방에서 하루를 보내도록 한 시기에는 행동이 개선될 기미를 보였고 소리를 지르거나 공격적인 행동을 하지 않았다. 그러자 교사는 앙에게 언제, 어떤 방식으로 요구를 도입할지 고민한 끝에 아주 서서히 신중하게 요구를 추가해나갔다.

3주 정도 지나자 앙은 하루에 두 시간 정도는 과제를 감당할 수 있게 되었다. 이러한 과정은 '노출(exposure)'이라 불리는 중요한 행동 중재기법으로, 불안을 유발하는 자극에 서서히, 규칙적으로 직면하게 하는 것이다. 노출은 익숙해질수록 자극에 대한 불안을 줄여준다. 과제가 학생의 준비 상태에 맞게 조정될 경우 학생은 반복된 노출을 통해 과제를 습관처럼 받아들일 수 있고 불안도 줄어든다. 학교의 정신건강 담당자는 교사가 이런 방식의 개입을 수업에서 실행하게 도울 수 있다.[27] 앙의 경우 교사는 수학 활동 네 가지 중 하나를 고르도록 허용했고, 10분의 휴식 시간을 주되 그 전에 공부시간을 5분, 10분, 15분 중 무엇으로 할지 선택하게 했다. 이처럼 활동이나 작업시간을 선택하게 하는 형태는 '내재된 통제(embedded control)'에 해당한다. 이후 앙은 25분간 과제를 하고 5분간 휴식하는 식으로 과제 시간을 늘릴 수 있게 되었다.

불안한 학생을 독려할 때와 그러지 말아야 할 때를 결정하기란 어려운 일이다. 학생이 감당할 수 있는 노출이나 요구의 가장 쉬운 수준을 찾는 것부터 시작하기를 권한다. 그로부터 점차적으로 안전하게 높여나가면 되기 때문이다. FAIR 플랜은 교사가 개입의 기본 전략으로 '요구 없는 계획'을 설정하는 위험을 막아줄 수 있다.

불안 관리에서 휴식의 중요성

불안 관리를 계획할 때 휴식을 하루 일과 속에 어떻게 넣을지 고려하는 일은 매우 중요하다. 어떤 경우에는 조건 없는 휴식을 하루 종일 부여하는 것만으로도 불안에서 나오는 회피동기 행동을 줄일 수 있다. 학생들이 부적절한 행동으로 요청하기 전 먼저 휴식을 부여하라. 일과 중 규칙적으로 휴식을 제공함으로써 학생들이 불안에 사로잡히지 않도록 하라. 일부 학생들의 경우 하루 일과를 여러 단위로 잘게 쪼개어 한 단위마다 과제 하나씩만 생각하게 하면 좋다. 그렇게 되면 학생들은 한 단위씩 통과하는 것만 생각하면 되므로 인내심을 기를 수 있다.[28] 학생이 학교에 도착하는 시간부터 하루의 중간, 그리고 끝날 때까지 일과를 정해 두기를 권한다. 일과가 정해져 있으면 불안을 최소화하고 부적절한 행동을 막을 수 있다. 특히 오전보다 오후에 분노를 더 자주 표출하며 폭발적 행동을 하거나 부적절한 행동을 하는 학생에게는 규칙적인 휴식이 큰 도움이 된다.

| 보상이 늘 성공적일 수 없는 이유 |

전통적인 행동중재계획에서는 학생이 부적절한 행동을 하지 않았거나 적절한 행동을 했을 때 보상을 했다. 예를 들어 "조용히 하면 스티커를 받을 수 있어요. 스티커를 10개 모으면 상을 줄 거예요."와 같이, 학생은 '소리를 지르지 않음'으로써 보상을 받는 것이다.

그러나 불안한 학생의 경우 이러한 접근법은 대개 실패하기 쉽다. 행동을 보상하는 기준이 불안에 대한 고려 없이 동일하기 때문이다. 즉 "수업을 방해하지 않으면 수업 시간마다 5점을 받게 될 거예요."와 같은 목표는 편안할 경우라면 대부분의 수업 시간에 달성할 수 있지만 불안 상태에 있을 때는 그렇지 않다.

이런 학생들을 위해 교사가 매일 또는 매 시간 행동 기준을 다르게 설정할 수는 없다. 교사들은 불안이 학생들의 성과를 매일, 심지어 매순간 달라지게 만들 수 있다는 것을 알고 있다. 수학 시간에 무사히 5점을 얻은 학생이 있다. 그런데 그로부터 10분 후 과학 시간이 되었을 때 이 학생은 친구와 사회적 상호작용을 하면서 사소한 문제를 일으켰다. 그러고 나자 조절이 어려워져 자리에 앉지도 못하고 소리지르는 것을 멈출 수도 없게 되었다. 힘들게 수업을 마치고 나서도 보상을 받지 못해 낙담할 것이고 시간이 지날수록 악순환은 반복된다. 학생은 자존감이 낮아지고 열패감을 느낄 수 있다.

보상 프로그램을 만들 때에는 이처럼 일관되지 않은 수행 능력을 반드시 고려할 필요가 있다. 그러지 않으면 교사도 모르는 사이에 불안을 부추기고 학생에게 부정적인 자아상과 열패감을 갖게 만들 위험이 있다.

불안이 높으면 그로 인해 특정 순간에 학습 성과가 떨어질 수 있다. 이 경우 무심코 학생을 벌 주지 않는 것이 중요하다. 학생은 불안 때문에 제대로 수행을 못한 것이지 학습 자체를 거부한 것은 아니다. 학생이 연습할 필요가 있는 특정 전략에 목표를 두고, 학생이 실패하더라도 이 전략을 사용했는지 여부에 따라 보상하도록 하라. 예를 들어 다섯 차례 심호흡하기, 피젯(불안이나 긴장 완화를 위해 손으로 만지작거리는 작은 장난감—옮긴이) 꼭 쥐기, 근육에 힘을 주었다가 서서히 풀기, 힘들다고 말로 표현하기 등이 있다. 이러한 대응을 통해 전략을 잘 사용하도록 격려하고, 부당한 기준을 충족하지 못해 좌절하는 일을 막을 수 있다.

불안을 유발하는 특정 활동에도 휴식을 사용할 수 있다. 쓰기는 종종 학생에게 스트레스를 유발하는 활동이다. 쓰기 전, 쓰는 중, 쓰고 난 후에 휴식을 주도록 계획하라. 휴식 타이밍은 학생 개개인에게 잘 맞추어야 한다. 대부분의 학생들은 불안을 유발하는 활동 이후에 휴식이 필요하다. 그러나 어떤 학생에게는 활동 중, 활동 전에 휴식하는 것이 좀 더 효과적일 수도 있다. 수업 중 소리내어 읽기를 하기 전 잠깐의 휴식을 주는 이완 기법 같은 것이 그러한 예다. 이렇게 하면 해당 활동에 대한 조절이 어느 정도 가능하다.

불안은 학생의 수행에 영향을 미치기 때문에 과제를 하기 전 불안을 완화할수록 도움이 된다. 불안을 유발하는 활동을 해야 할 경우 활동 이전, 도중, 이후 중 어느 때 휴식을 주어야 할지 결정해야 한다. 적절한 타이밍에 휴식이 주어지면 요구에 더 잘 대처하고 불만이나 스트레스도 잘 이겨내게 될 것이다. 단, 회피동기 행동을 하는 학생의 경우 부적절한 행동을 한 이후에 휴식을 취하면 과제를 회피할 수 있게 되므로 행동이 더욱 강화될 위험에 주의한다.

불안을 줄이는 휴식은 5분 정도의 짧은 시간 동안 교실 안팎 어디서나 가능하다. 단 학생이 주도하는 대로 따르되 불안을 진정시키는 아이디어를 강요하지 않도록 한다. "소파에 앉아서 잠깐 이야기 좀 해요."라는 말은 편안하게 들릴 수 있지만 모든 학생에게 그런 것은 아니다. 만약 잘 모르겠다면 말하지 않는 편이 낫다. 학생이 대화에 참여하는지 확인하고 지켜보라. 학생과 일대일로 상호작용할 경우 어른은 종종 침묵의 시간을 채우려고 말을 하지만 학생에게는 안정을 위해 침묵할 시간이 필요할 수 있다.

학생에게 필요한 것이 무엇인지 생각하라. 휴식 시간 중에 너무 많은 말을 들으면 압박감으로 오히려 불안이 높아질 수 있다. 사회불안을 겪고 있다면 휴식 시간에도 다른 사람과 상호작용하지 않는 편이 더 적절하다. 친구를 데려오라고 요청할 필요도 없다. 큰 소리를 좋아하지 않는 학생이라면 휴식을 위해 시끄러운 급식실에 가지 않도록 하라.

학생이 부정적인 생각에 빠져 있다면 휴식 시간만이라도 그런 생각에서 벗어날 수 있는 활동이 필요하다. 음악을 듣거나 그림을 그리는 소극적 활동보다는 집중력이 많이 필요한 동영상 시청이나 게임이 더 좋을 것이다. 휴식은 학생에게 스트레스를 줄 수 있는 모든 것으로부터 자유로워야 한다. 학생이 저항하지만 않는다면 휴식 중에 자기안정 전략을 적극적으로 실행하기 바란다. 물론 이러한 전략을 학생에게 강요해서는 안 된다. 다툼이나 더 큰 불안을 일으킬 수 있기 때문이다. 요가를 하라는 요구에 학생이 불안해하고 좌절감을 느낀다면 바람직하지 않을 것이다.

학생이 지나치게 휴식을 요구하고 남용할까 봐 우려하는 교사도 있다. 물론 그럴 수도 있다. 그러나 이는 단기적인 문제일 뿐이다. 한계에 달할 때까지 휴식을 요구할지도 모르지만 대개 1~2주 정도면 이런 행동도 줄어든다. 만약 학생의 요구가 지나쳐 수업에 지장을 줄 정도가 된다면 하루에 최대로 사용할 수 있는 휴식 횟수 같은 기준을 정해 준다. 예를 들어 학생에게 하루 동안 언제든 쓸 수 있는 휴식 쿠폰 다섯 장을 준다고 하자. 처음에는 학생이 1교시나 2교시 이내에 다섯 장을 모두 써버릴지 모른다. 그러나 시간이 갈수록 학생은 휴식이 꼭 필요한 때를 위해 쿠폰을 남겨 두는 방법을 배울 것이다.

잦은 휴식이 주는 긍정적인 부수효과도 있다. 학생이 휴식을 요청할 때마다 어떤 방법이 적절한지를 역할놀이 형태로 연습할 수 있다는 점이다. 역할놀이는 자신의 내면을 인식하고 필요한 것을 요청하는 방법을 배우는 데 활용된다. 설령 스트레스를 받더라도 이러한 스킬은 학생이 연습하고 사용하면서 자동화될 수 있다.

휴식을 취하면 학업에 지장을 받을까 봐 걱정하는 학생도 있다. 이미 뒤처진 학생일수록 이런 걱정이 많다. 이런 상황에서는 수업을 길게 가져가면서 중간중간 휴식을 일정 간격으로 배치하는 것이 좋다. 예를 들어 1시간의 독서 수업 중간에 10분 정도 휴식하는 것이다. 이때의 휴식은 학습이 끝나고 10분 휴식하는 것보다 유용하다. 휴식을 염두에 둔 집중독서 시간은 학생과 교사 모두가 편하게 도입할 수 있는 학습 시간이다.

교사가 흔히 저지르는 실수가 있다. 학생이 개선되기 시작하면 휴식과 같은 예방적 전략을 중단하는 것이다. 학생이 최근 2주 동안 한 번도 분노를 표출하지 않았다면 교사는 불안 조절을 위한 휴식이 더는 필요하지 않다고 여길 수 있다. 그러나 폭발적인 행동을 예방하려면 매일 일정한 휴식 시간이 필요하며 교사는 이 전략을 일관성 있게 실시해야 한다.

휴식을 줄이는 것은 정말 신중해야 한다. 학생의 행동이 개선되어 더 이상 휴식이 필요하지 않다고 교사가 판단할 경우라도 그렇다. 바람직한 행동이 6주 이상 지속된 이후 점진적으로 휴식 시간을 줄여나가는 것은 고려할 수 있다. 다만 학생의 삶에 큰 변화가 있을 때, 방학 전후 또는 어머니의 병환처럼 커다란 전환이 일어날 때에는 휴식을 줄이지 않는 것이 좋다. 모든 일이 그렇듯이 이 또한 데이터를 기반으로 결정해야 하고, 문제 행동이 발생하면 휴식을 다시 도입해야 한다.

학생이 겪는 불안의 주요 원인이 사회적 요구에 있다면, 그리고 학생의 행동이 몹시 파괴적이라면 이를 대체할 대안적 점심(alternative lunch)을 제공하는 것도 고려할 수 있다. 급식실은 워낙 시끄럽고 차분히 있기 어려운 장소다 보니 그렇지 않아도 어려운 사회적 상호작용을 수행하기가 한층 더 어려워진다. 쉽게 말해 어디에 앉을까, 누구와 이야기할까, 아무도 나와 음식을 나누어 먹지 않으면 어떡할까, 음식을 쏟거나 흘리면 어떡할까 등등을 고민해야 하기 때문이다. 급식실은 사회적 따돌림과 무리짓기가 두드러지는 공간이다. 대부분은 교사의 도움을 받아 상황을 무난히 탐색할 수 있지만 어떤 학생들은 그럴 수 없다. 아무 일 없이 그럭저럭 점심 시간을 넘기더라도 정서적으로 압도당할 수 있다.

불안한 학생에게는 한두 명 정도의 또래 친구와 어른 보호자가 함께하는, 조용한 환경의 구조화된 점심 시간이 더 나을 수 있다. 보드게임이나 만화 그리기 같은 보편적인 활동을 할 때도 교사가 '점심친구 소그룹' 같은 것을 정하면 함께할 친구들이 더 쉽게 모이고, 점심을 따로 먹는 것에 대한 불안도 줄어든다. 실제로 '점심친구 소그룹'은 매우 인기가 있어서 많은 교사들이 놀라워하는데 이 사실만 봐도 급식실이 불안장애가 없는 아이들에게조차 상당한 스트레스를 주는 곳임을 알 수 있다. 우리는 "자, 점심 시간에 너와 함께하고 싶어하는 친구들이 얼마나 많은지 볼까?"와 같이, 시간을 같이 보내고 싶은 친구들이 있음을 구체화하기 위해 이 방법을 활용했다.

초등학교에서는 보통 점심 후 휴식 시간에 대략 80여 명의 학생들이 운동장으로 몰려나온다. 이 시간은 누구에게든 스트레스를 줄 수 있지만 특히 불안한 학생에게는 더욱 그러하다. 이런 학생에게는 가능하면 소집단 규모로 언제든지 함께할 수 있는 휴식이 더 좋다. 이를테면 나중에 체육관이 비었을 때 놀거나, 붐비는 운동장 대신 교정 한쪽 구석 마당에 가서 노는 식이다.

점심 시간이나 휴식 시간에 작은 변화를 주는 것만으로 학생들에게 얼마나 큰 행동 변화가 일어나는지 알면 놀랄 것이다. 그런 날이면 오후 시간에도 학생들은 더 차분해지고 덜 불안해하며 폭발적인 행동이 일어날 가능성도 줄어든다. 또한 급식실 때문에 스트레스를 받지 않아도 되므로 이른 일과 시간에도 불안이 덜할 수 있다.

| 대안적 점심 시간 및 대안적 휴식 시간으로 행동 변화를 보여 주는 예 |

5학년생 마크는 지금 다니는 학교에 전학 오기까지 해마다 8~9차례 정학 처분을 받은 학생이다. 마크는 행동이 거칠었다. 농구를 하다가 친구의 얼굴을 때린 적이 있고, 합창 시간에는 교사의 목소리가 꽥꽥대는 거위 소리 같다고 소리를 지르며 의자를 열네 개나 마구 쓰러뜨렸다. 마크는 갑자기 소리를 지르고, 의자를 넘어뜨리고, 이상한 소리를 내며 수업에 지장을 주었다.

마크의 ABC 기록에는 일관된 행동 패턴이 나타나지 않았다. 그러다 우리는 마크가 별 이유 없이 자주 양호실을 찾아간다는 사실을 발견했고 이것이 회피 기능의 행동임을 알아차렸다. 그 뒤부터 우리는 마크가 불안 문제를 겪고 있다고 생각하며 그 원인을 찾는 데 집중했다.

10월부터 마크의 일과에는 매일 두 번의 휴식 시간이 새로 생겼다. 첫 번째 휴식 시간은 마크가 종종 소리를 질러대는 오전 쓰기 수업 직전에, 두 번째 휴식 시간은 점심 시간 바로 뒤에 주어졌다. 휴식 시간 덕분에 마크는 하루 일과를 두 부분으로 구분하게 되었고(오전 휴식 뒤는 오전 일과, 오후 휴식 뒤는 오후 일과로 생각하게 되었다는 뜻―옮긴이) 자기 페이스를 유지할 수 있었다.

휴식 시간 중에 우리는 마크와 다양한 활동을 시도했다. 친구를 부르자고 제안하기도 했다. 그렇게 해서 우리는 마크가 트램펄린에서 혼자 뛰어놀면서 어른들의 개입을 최소화했을 때 가장 안정감을 찾게 된다는 사실을 깨달았다. 이렇게 휴식을 취하고 나면 부적절한 행동이 확실히 줄어들었기 때문이다. 게다가 마크는 휴식을 취하는 동안 혼잣말을 멈추지 않았다. 이에 우리는 함께 있는 어른들이 마크에게 말을 거는 대신 최대한 귀 기울여 잘 들어주도록 격려했다.

마크는 종종 "난 생일 파티 같은 건 싫어. 가고 싶지 않아." 처럼 거부감과 고립감을 드러내는 말을 던지곤 했다. 그는 사회불안을 겪고 있었고 친구가 필요 없다고 여겼다. 이에 우리는 대안적 점심 시간 계획으로, 급식실 대신 별도의 공간에서 마크가 좋아하는 친구 두 사람과 점심 식사를 하도록 했다. 담당 교사는 이 계획을 듣고 마크와 친한 아이들이 만화 그리기를 좋아한다는 사실을 알려주었다. 이렇게 해서 '점심 만화모임'을 만들어 친구들을 초대하게 되었다. '점심 만화모임'은 워낙 인기가 좋아서 여러 친구들이 돌아가며 참여해야 할 정도였다. 마크는 이 모임의 중심 회원이었다. 얼마 안 가 마크는 "이번에는 미셸이 나와 함께하기로 했어요!"와 같이 말하며 친구들이 자기를 좋아한다는 자신감을 갖게 되었다.

마크는 달라졌다. 하루 일과 중 단 두 번의 휴식 시간과 대안적 점심 시간만으로 큰 변화가 일어난 것이다. 마크는 이제 90퍼센트 이상 규칙을 준수하게 되었고 폭발적 행동으로 수업을 방해하는 일도 사라졌다. 화가 났을 때도 소리를 지르는 대신 정확한 단어를 써서 자신의 감정을 표현하려고 노력 중이다(소리를 지르며 징징거리는 행동은 주당 두 번 정도로 줄어들었다). FAIR 플랜을 도입한 그해 학기 말 무렵에는 완전히 달라져서, 학업에도 집중하며 다른 학생들과 함께 어울려 놀 수 있게 되었다.

이제 회피동기 행동과 부적절한 행동을 하는 불안장애 학생에게 적합한 FAIR 플랜에 대해 구체적으로 알아보자.

불안 행동

F 행동기능가설 수립

학생이 부적절한 행동을 했을 때, 그 행동이 학생 자신의 학습이나 교사의 수업, 다른 학생의 학습에 방해가 되었을 때는 행동을 포함한 앞뒤 사건을 ABC 기록으로 남기는 것이 중요하다.

행동에서 패턴을 파악하려면 기록이 많을수록 좋은데 불안한 학생의 경우 일관된 패턴을 보여주지 않기 때문에 10~15가지 이상의 사건을 기록해야 할 수도 있다. **표 3.4**는 불안장애가 있는 3학년 학생의 ABC 기록지다. 이 학생의 전형적 특징은 행동과 후속결과 사이에 일관성이 없다는 점이다. 제시된 ABC 기록을 보면 이를 짐작할 수 있을 것이다.

이때 배경사건을 반드시 기록하고 주의 깊게 살펴야 한다. 학생들은 일상생활 속의 여러 사건과 변화로부터 많은 영향을 받기 때문에 불안 수준은 이들 요인과 직접적으로 관련된다. 불안한 학생은 종종 회피동기 행동을 보인다. 후속결과 칸을 보면서 교사나 교직원의 반응이 학생의 회피동기를 더욱 강화한 것은 아닌지, 그게 아니라면 다른 기능이 나타나고 있지 않은지 살펴볼 필요가 있다.

행동 각각의 지속 시간을 기록하고 점검하는 것도 중요하다. 행동 개선 여부는 행동사건이 일어나는 빈도가 줄어들었는지를 살피는 것이 가장 쉬운 방법이지만 문제 행동의 지속 시간이 점차 줄어들고 있는지도 살펴보아야 한다. 문제 행동의 지속 시간이 줄어든다는 것은 학생이 자기안정전략을 학습하고 적용할 수 있으며 문제 상황에서 빠르게 자신을 조절할 수 있다는 신호이기도 하다.

중요한 것은 불안한 학생들이 경험하는 수많은 사건들 중에서 패턴을 찾는 일이다. 얼핏 보면 아무 관련 없는 사건들로 보일 수도 있으므로 주의를 기울여야 한다. 특히 선행사건에서 구조화되지 않은 시간, 전환, 글쓰기 요구, 사회적 요구, 새로운 사건, 일상적 일과 속 예기치 않은 변화 등에 초점을 두어 패턴을 찾도록 한다. 선행사건에 대하여 이런 점들을 잘 기록해 두면 이후 정보를 검토할 때 도움이 될 것이다.

도표 3.1을 살펴보자. 구조화되지 않은 시간(휴식, 과학 관찰, 점심)에 3건, 전환 시간(읽기, 미술, 작가 연구, 쓰기)에 4건의 사건이 발생했다. 선행사건에서 패턴을 발견하면 개입 방법을 좁혀나가는 데 도움이 된다. 분명 케빈은 전환(특히 활동 중단) 및 구조화되지 않은 시간을 포함해 전반적인 불안 관리 지원이 필요한 상황이다. 후속결과 열을 보면 케빈은 주어진 요구에 대하여 회피하거나 벗어나려 했고 대부분 의도한 대로 되었다.

표 3.4 불안장애가 있는 3학년 케빈의 ABC 기록

날짜, 시간, 지속 시간	배경사건	활동	선행사건	문제 행동	후속결과
1월 10일 오전 11:15 3초	지난밤 엄마의 남자친구가 떠났다.	혼자 읽기	교사가 학생들에게 책을 집어넣고 휴식 시간이니 줄을 서라고 말했다.	케빈이 "바보, 난 끝나지 않았어!" 하고 외쳤다.	교사는 케빈의 말에 대응하지 않았다. 케빈은 계속해서 책을 읽었다.
1월 14일 오전 10:45 5초		수학	케빈은 반 친구가 돌아올 때까지 기다렸다가 화장실에 가라는 말을 들었다.	케빈은 "엿이나 먹어!" 하고 소리치며 화장실로 달려갔다.	교사가 케빈에게 다음에는 예의바르게 부탁하라고 말했다.
1월 17일 오전 11:45 3분		휴식	케빈이 운동장에서 혼자 나뭇조각을 가지고 놀고 있는데 학생 두 명이 웃으면서 뛰어갔다.	케빈이 나뭇조각을 아이들에게 던지고 "들었어. 비웃지 마!" 하고 소리쳤다.	학생들이 관리자에게 케빈에 대해 말했다. 그는 케빈에게 벤치에 앉으라고 지시했다.
1월 17일 오후 1:00 15분	케빈이 활동 참여 허가서를 깜빡 잊고 가져오지 않아 교사가 집에 전화를 걸었다.	과학 관찰	케빈이 친구와 강가를 산책했다.	케빈이 갑자기 학교를 빠져나가 강가를 향해 달려갔다.	친구가 교사에게 케빈의 행동을 알렸다. 교사가 멈추라고 외치며 케빈을 뒤쫓았다. 이후 케빈은 교무실로 보내졌다.
1월 18일 오후 2:15 5분		미술	교사가 케빈에게 작업을 중단하고 그림 재료를 치우라고 두 차례 말했다.	케빈이 "잠깐만요."라고 말하더니 물감통을 기울여 바닥에 물감을 모두 쏟아버렸다.	케빈은 선생의 꾸중에도 불구하고 계속해서 그림을 그렸다.

Source: adapted from Sidney W. Bijou, et al. Journal of Applied Analysis 1, no. 2 (1968);
Beth Sulzer-Azaroff and G. Roy Mayer, *Applying Behavior-Analysis Procedures with Children and Youth*.

날짜, 시간, 지속 시간	배경사건	활동	선행사건	문제 행동	후속결과
1월 21일 오후 12:25 3분		점심	케빈이 남자아이 세 명과 앉아 있었다.	케빈이 식탁과 남자아이의 셔츠에 케첩을 뿌렸다.	점심 관리자가 케빈을 교무실로 보냈다.
1월 24일 오전 10:15 1분		사회	케빈이 친구에게 지도책을 함께 쓸 수 있는지 물었는데, 친구는 안 된다고 했다.	케빈이 지도책을 집어 벽에 던졌다.	교사가 그를 복도에 있는 책상으로 보냈다.
1월 25일 오전 9:30 2분	아침에 아빠가 케빈을 데려다 주었다. 케빈은 전날 아빠와 마지막 밤을 보냈다.	읽기	케빈이 밥과 자리를 바꾸라는 말을 들었다. 밥이 다른 친구와 공부할 수 있게 하기 위해서였다.	케빈이 "왜 내가 움직여야 해? 왜 밥이 가면 안 돼? 이건 밥의 문제야!"라고 외치며 책상을 발로 찼다.	교사가 케빈과 밥 모두에게 뒷자리로 가라고 말했다.
1월 25일 오후 12:45 12분		쓰기	교사가 짧은 이야기를 쓰게 하고 교실을 돌아다니며 글 쓴 종이를 직접 걷으러 다녔다.	케빈이 으르렁거리며 교사를 물려는 동작을 했다. 케빈은 교사에게 종이를 주지 않고 계속 글을 썼다.	교사는 케빈을 무시하고 나머지 아이들의 종이를 걷었다.
1월 28일 오후 2:00 4분		작가 연구	교사가 영화를 멈추고, 반 아이들에게 휴식 시간이니 겉옷을 입으라고 말했다.	케빈이 DVD 플레이어 앞으로 걸어가 교사를 밀치고 영화를 다시 켰다.	교사가 보조 교사에게 반 아이들을 데려가라고 부탁하고, 케빈에게 영화를 끈 이유를 설명했다.

도표 3.1 케빈의 ABC 기록에서 선행사건과 후속결과의 집계

선행사건		후속결과	
구조화되지 않은 시간 (휴식, 과학 관찰, 점심)	///	교무실, 복도 또는 벤치로 보내짐 (과학 관찰, 점심, 사회, 휴식)	////
전환 시간 (읽기, 미술, 작가 연구, 쓰기)	////	학급 아이들이 나감 (영화)	/
기다리라는 요구 (수학)	/	교사가 요구를 계속하지 않음 (혼자 읽기, 화장실, 미술, 읽기, 쓰기)	////
또래의 거절 (사회)	/		
이동하라는 요구 (읽기)	/		

　　케빈은 교실에서 다섯 차례 쫓겨났다. 혼자 읽기, 미술, 쓰기 시간에는 교사가 더이상 과제를 요구하지 않고 케빈을 내버려 두었다. 이를 포함한 다섯 가지 상황에서 케빈은 결과적으로 교사의 요구를 피해 자신이 하던 일을 계속할 수 있었다. 이 같은 결과로 볼 때 아마도 케빈의 행동은 회피 기능에 가까울 것이다.

🅐 조정

불안을 줄이기 위해서는 가능한 한 구조화되고 예측 가능하며 안정된 환경을 만들어야 한다. 불안한 아이들을 위한 FAIR 플랜의 90퍼센트는 선행사건 관리에 집중한다. 교사는 ABC 기록의 선행사건 목

록을 꼼꼼히 분석하여 학생에게 필요한 조정 영역을 파악하고 적절한 지원을 제공해야 한다. 예를 들어 전환 중에 부적절한 행동 패턴을 보이는 학생에게는 전환에 대한 사전 고지를 구체적으로 하는 것 등이 포함된다. 2장에서 소개한 네 가지 영역, 즉 환경, 집행기능, 교육과정, 미숙한 스킬을 고려하여 학생의 학교 일과를 수정 및 조정할 필요가 있다.

환경

불안을 겪는 학생에게는 일과 속에 계획된 휴식이 중요하다. 교실 안에 휴식을 위한 공간을 작게나마 마련하도록 하고(유치원생부터 초등 2학년까지의 어린 학생들에게 특히 필요하다) 이 공간이 다른 학생들로부터 시각적으로 분리되게 한다. 파티션과 서류 캐비닛, 책장 등을 이용해 벽면을 구분하고 푹신한 소파와 매트를 두어 편안하게 꾸며 두면 더욱 좋다. 교실 밖 공간에 운동이나 자기안정을 위한 활동을 할 수 있게 만들면 모든 연령대에 유용하다.

만약 학생이 심각한 사회불안을 겪고 있다면 대안적 점심 시간을 고려해야 한다. 가능하면 학년 초, 이상적으로는 새 학년 시작 전에 공간을 마련하고, 이를 위한 논의에 교장과 관리자도 함께 참여하도록 한다. 부록 C는 학생들이 급식실이 아닌 다른 공간에서 점심친구 소그룹 모임에 참여할 수 있도록 허락을 구하는 가정통신문 서식이니 참고하기 바란다.

점심 모임이나 기타 사회적 모임을 함께할 학급 친구들을 선택할 경우 친구 관계를 맺고 잘 유지할 수 있는지 고려한다. 또 최소한 둘 이상의 학생이 함께 갈 수 있도록 한다. 불안을 겪는 학생에게 소그룹으로 운영되는 모임이 바람직한 이유는, 첫째, 친구와 일대일로 있기에는 지나치게 가까워서 부담스러울 수 있고, 둘째, 불안을 겪는 학생이 과거에 비난받을 만한 행동을 했을 경우 일대일로 함께하는 것은 그 친구에게도 유쾌하지 못한 일이 될 수 있기 때문이다. 하지만 또래 친구 여럿이 함께하는 소그룹 모임은 부담이 적고 친구와 어울릴 가능성도 높다.

집행기능

불안한 학생은 집행기능에 문제가 있는 경우가 많다. 주변 환경을 관찰하고 인식하는 데 서툴고, 필요에 따라 행동을 점검하고 변경하는 것을 힘겨워한다. 사고가 유연하지 않고 시야도 좁은 편이다. 받아쓰기 시험을 걱정하면서 걸어가다가 다른 친구와 부딪쳐 넘어질 수도 있다. 앞으로 다가올 일에 너무 집착한 나머지 주위를 돌아보지 못하기 때문이다. 그러면서도 어떤 특정 과제에는 지나치다 싶을 만큼 무신경한 모습을 보이는데 유연하지 못한 사고와 조절장애 때문에 주변을 잘 인식하지 못하는 편이다.

유치원 및 초등학교 학생에게 유용한 환경인식 전략의 하나로 '교실읽기(read the room)'가 있다.[29] 학생이 교실에 들어가기 전 일단 멈추어 서게 한 다음 교실을 '읽도록' 신호를 보낸다. 그러면 학생은 천천히 교실 환경을 관찰하면서 행동을 적절히 조절하는 방법을 배울 수 있다. 예를 들어 모든 학생들이 조용히 앉아 각자 책을 읽고 있는 교실이라면 "퀴즈는 몇 시에 시작하나요?"라고 소리지르며 들어오지 않고 다른 학생들의 행동을 주의 깊게 관찰하면서 조용히 자기자리에 앉게 될 것이다. 이때 "교실읽기!"라는 말로 신호를 주어도 좋고 다른 신호를 사용해도 좋다. 중요한 것은 환경을 둘러보고 관찰하는 일이 무엇인지 개념을 가르치는 일이다.

시간관리 전략 역시 중요하게 가르칠 필요가 있다. 불안한 학생은 대개 완벽주의자(특히 강박장애와 범불안장애의 경우) 성향으로 과제를 끝내는 데 스트레스를 받는다. 시간 경과에 대한 왜곡된 감각은 이런 상황을 악화시킬 수 있다. 학생이 5분이라는 시간의 길이를 이해하지 못하고 있다면 교사가 "걱정 마세요. 5분 안에 끝날 거예요."라고 말했을 때 "뭐라고요? 안 돼요!" 하고 울면서 분노를 터뜨리는 반응을 보일 수 있다. 불안을 유발하는 과제를 견디고 있는 학생에게 시간은 끝없이 길게 느껴질 수 있다. 대부분의 사람들은 치과 진료 때나 혈액검사 결과를 기다릴 때 시계를 반복해서 쳐다보며 5분이 어느 정도의 시간인지 짐작할 수 있지만 말이다.

시간을 시각화하고 구체화하는 것은 불안 관리에 중요하다. 시각 타이머는 이럴 때 매우 유용한 도구다. 하지만 타이머라고 해서 모두 괜찮은 것은 아니다. 디지털로 된, 숫자가 빠르게 변화하는 타이머나 똑딱똑딱 소리가 나는 타이머는 둘 다 학생에게 스트레스를 줄 수 있다. 많이 사용되는 타이머는 시간이 경과함에 따라 색으로 된 부분이 점점 줄어드는 모양이다(**도표 3.2** 참고).[30]

이러한 기기는 전환을 힘들어하거나 활동을 빨리 끝마치길 바라는 학생에게 도움이 된다. 불안을 유발하는 과제나 학생이 좋아하지 않는 과제를 할 때 타이머를 사용하면, 학생이 과제가 끝나는 시점을 눈으로 확인하면서 참고 견딜 수 있게 도와준다. 타이머를 사용할 때도 학생이 추론하기 바라는 것, 즉 시간 개념을 교사가 서술해주면 효과적이다. "우아, 5분이 정말 빨리 갔구나!" 또는 "10분이 벌써 지났다니 믿기지 않아요. 진짜 빠르네요!"와 같이 말이다. 이렇게 학생은 시간이 얼마나 빠르게 지나가는지, 5분이 어느 정도 길이의 시간인지 현실적인 감각을 갖게 될 것이다.

고학년 학생에게는 이 방식을 좀 더 확대할 수 있다. 일반적인 벽시계를 사용, 활동 순서에 따라 서로 다른 활동에 대응하는 시간 부분을 각각 다른 색으로 칠한다. 이렇게 하면 색이 칠해진 부분을 지나는 분침을 보면서 실제 시간을 볼 수 있다(도표 3.3 참고). "9시 45분입니다. 이제 글을 최종적으로 다듬기 시작해야 합니다."라고 말하며 속도 조절을 도울 수도 있다.

도표 3.2 타이머

Source: Photo from Time Timer, LLC, used with permission

불안한 학생에게는 시간이 제한된 시험이나 게임을 피하게 해야 한다. 시간 제한이 없는 시험은 대부분의 학교에서 시행하는 익숙한 조정 방법으로, 개별화교육계획(IEP)에 명시될 경우 표준화시험에서도 허용된다.

시각화된 일정표는 불안한 학생에게 매우 중요하다. 이 학생들은 새로운 변화나 전환을 힘들어하기 때문에 하루 일정을 미리 살펴볼 수 있게 해줄 필요가 있다. 지금 무슨 일이 일어나고 있으며 다음에 무슨 일이 일어날지 미리 알려주면 불안감을 덜 수 있기 때문이다. 만약 학생의 일과에 변화가 있을 경우 언제든, 가능하면 빨리 학생에게 미리 예고해주도록 한다. 불안 관리를 위해 휴식 시간을 가질 예정이라면 이 시간도 일정표에 포함시켜 전환으로 인한 문제를 완화할 수 있도록 한다.

불안을 겪는 고학년 학생에게 조직화(organization)는 커다란 도전이다. 조직화 스킬은 명시적으로 배워야 한다. 이들에게는 **도표 3.3**에 제시된 시간 분배표에서처럼 '혼자 읽고 나서, 답을 적고, 그다음

도표 3.3 시간 분배표

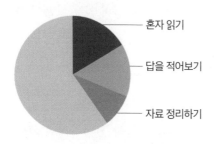

혼자 읽기

답을 적어보기

자료 정리하기

에는 자료를 정리하기' 식으로 과제를 착수하거나 언제 어떻게 시작할지 여부를 판단하는 일 자체가 험난한 도전이다. 지각하는 것에도 스트레스가 심하기 때문에 다음 활동으로 넘어가기 전 조직화를 위한 시간을 갖자고 하면 거부할 경우가 많고 스킬도 부족하다. 따라서 일정표에서 각 활동의 마지막 5분을 이를 위한 시간으로 할애하여 부담을 줄여주고 조직화 스킬을 명확히 가르치도록 한다. 책상이나 사물함을 제대로 정리하지 않는 학생들을 위해 하루 한 번씩 정리하도록 격려하고 이 시간을 일정표에 써 넣는다. 학생이 좋아하는 활동 직전에 조직화 시간을 배치하면 저항도 줄어들고 빨리 진행할 수 있으므로 좋은 전략이다.

교육과정

글쓰기는 불안한 학생에게 꽤 스트레스를 가중시키는 일이다. 개방형 글쓰기 과제나 자기성찰 등 개인적인 주제로 쓰는 일반적인 작문은 물론이고 수학 과목의 서술형 답안을 작성하는 일, 종이에 연필을 끄적여 간단히 작성하는 소소한 과제까지도 모두 글쓰기에 해당한다. 불안한 학생은 글감을 떠올리고 내용을 조직하거나 다듬는 일, 문법과 구두점 등을 어려워한다. 완벽주의 성향이 있는 학생의 경우 맞춤법도 힘겨워한다. 시험지의 빈칸을 채워 쓰라고 하거나 개인적인 에세이를 쓰라고 요구할 경우 이들의 머리는 굳어지고 생각은 멈춰버린다.

회피동기 행동을 방지하고 글쓰기를 원활히 진행하려면 그래픽 오거나이저와 브레인스토밍 기법을 이용, 도움을 주는 시각 자료를 추가하는 것이 좋다. 글쓰기를 진행할 때 흔히 볼 수 있는 모습은 교사가 학생에게 "무엇을 좋아하니?" "지금 들려주는 이야기 중 어떤 것이 흥미롭니?" 같은 식으로 질문하거나 글쓰기 주제를 제안하면서 학습을 돕는 방식이다.

하지만 이렇게 도움을 받아 글쓰기를 시작한다고 해도 학생 스스로 아이디어를 계속 써내려가기는 쉽지 않고 교사에게도 적잖이 부담스럽다. 시각 자료를 사용하면 이런 부담을 덜고 학생의 독립심과 인내심도 키울 수 있다.[31] 고학년 학생에게는 사진이 든 잡지나 책 또는 인터넷 이미지를 빠르게 출력하여 제공하면 첫 문장 쓰기가 쉬워질 뿐 아니라 글을 완성해나가는 데 도움이 된다. 어린 학생에게는 학생의 가정생활 사진이나 학교에서 찍은 사진을 학부모로부터 제공받아 사용할 수 있다.

불안한 학생에게는 컴퓨터를 이용해 글을 쓰게 하면 매우 효과적이다. 완벽주의 성향이 있는 학생(예를 들어 강박장애 학생 등)의 경우 철자나 단어 선택, 손글씨 쓰기 실수를 하면 무척 힘들어한다. 종이에 연필로 쓸 경우 실수할 때마다 지우고 다시 쓰기를 반복해야 하는데, 지운 자국이 너무 많거나 줄이 심하게 그어져 있으면 결국 처음부터 다시 쓰기를 시작해야 할 수도 있다. 컴퓨터를 이용하면 이런 문제를 쉽게 해결할 수 있다. 실제로 고학년이 되면 학교에서도 긴 글을 써야 할 경우 컴퓨터를 이용하도록 하고 있는데, 불안한 학생은 짧은 글쓰기를 할 때도 컴퓨터를 사용하는 편이 좋다.

완벽주의 성향이 아닌 사람도 이미 쓴 내용을 다시 들여다보고 다듬는 일은 쉽지 않다. 유연하게 사고하는 능력이 부족한 사람에게는 더더욱 힘들다. 글쓰기는 초안을 쓴 다음 그것을 읽어보고 다듬어 가면서 최종 원고를 만드는 순서로 이루어진다. 하지만 불안한 학생은 초고를 다시 들여다보며 다듬어야 한다는 사실을 이해하지 못하고 그냥 "다 썼어요." 하고 끝내버릴 수 있다. 따라서 글쓰기를 시작하기 전 이와 같은 단계와 순서를 미리 보여주면 도움이 될 것이다. 불안한 학생에게는 '종이 그 자체가 장애'[32]가 될 수 있으므로 부록 D에 수록된 자료를 참고하기 바란다.

불안한 학생은 철자를 쓸 때 실수할까 봐 몹시 긴장한다. 친구의 답안지를 베끼려 들거나 철자를 아예 모르는 경우 시험을 포기해버리는 학생들을 우리도 종종 봐왔다. 완벽주의 성향이 있는 학생은 철자를 정확히 쓰는 것에 아주 엄격하다. 작문을 방해할 위험이 없다면 교사가 중간에 철자를 직접 알려주거나 맞춤법 검사기를 이용하도록 허용하면 좋다. 고학년 학생은 교사의 직접적 도움을 창피하게 여길 수도 있는데 학생의 마음을 배려하면서 정확한 철자를 알려줄 수 있는 보다 섬세한 방법이 있다. 바로 스티커 메모지에 단어를 써서 학생의 책상에 살짝 붙여주는 것이다. 필요할 경우 스티커 도움을 요청하라고 말해둔다. 만약 학생이 이마저 회피하려 들거나 투덜댄다면 '소리내어 철자읽기(sound it out, 단어를 발음하면서 소리나는 대로 철자를 써 가며 확인하는 방법—옮긴이)' 같은 전략을 적용해보고, 효과가 있을 경우 계속 지원하면서 작문을 이어나갈 수 있다. 이 활동은 수업 목표에 따라 달라진다. 글 한 편을 완성하는 것이 목적이라면 철자법은 최우선 과제가 아니므로 조정이 필요하다. 그러나 철자 시험이나 어휘 수업처럼 정확한 철자를 쓰는 것이 중요한 경우라면 다른 식의 조정이 필요해진다.

학생을 위한 체크리스트를 만드는 것도 유용한 방법이다. 교사나 상담사가 체크리스트를 만들 경우 학생이 취약한 영역을 왼쪽에 놓고 오른쪽에 그에 맞는 전략을 적어넣는다(표 3.5 참조). 학생에게 어렵게 느껴지는 글쓰기 요소를 정확히 알려주기 때문에 글쓰기에 대해 갖는 불안감을 예방하는 데 효과적이다. 즉 학생들이 "난 글쓰기가 싫어요." "난 글을 잘 못 써요." 같은 말보다 "난 철자를 정확히 쓰는 것이 어려워요."라는 말을 하게 된다는 뜻이다. 학생이 자신의 특정한 취약점을 인식하게 되면 보다 효과적으로 학생을 지원하고 개선 전략을 도입할 수 있다(3~5학년 이상 고학년 학생들에게는 그림을 뺀 체크리스트를 만들도록 한다).

글쓰기를 포함, 모든 교과에서 과제는 한 번에 조금씩, 적은 양으로 제시하는 것이 좋다. 그래야 불안한 학생이 과제에 짓눌리는 부담을 줄일 수 있다. 기대치를 낮추라는 것이 아니라 한 번에 할 수 있는 분량을 제시하라는 뜻으로, 수학 문제지 전체를 학생에게 한꺼번에 건네지 말고 한 번에 한 장씩 주는 식이다. 또 수학 문제지 한 장 전체를 보는 것이 학생에게 과도한 부담을 줄 경우 절반을 끝낼 때까지 나머지 절반은 가려놓는다. 그렇게 하면 학생이 아예 포기해 버리는 것을 방지할 수 있다.

표 3.5 글쓰기 전략에 관한 체크리스트 (학생용)

세부 단계	글쓰기 전략	사용 후
아이디어 떠올리기	• 책을 본다. • 아이디어 목록을 살펴본다. • 컴퓨터로 그림을 찾아본다. 선생님, ＿＿＿＿ 에 관해 그림을 찾으려고 하는데 도와주실래요?"	
그림으로 나타내기	• 그리기 안내카드(How-to-draw card) 또는 스티커 메모지를 활용한다. 선생님, ＿＿＿＿ 에 관해 그림을 그리려고 하는데 도와주실래요?"	
문장쓰기	• 문장에 들어갈 단어 수만큼 밑줄을 긋는다. 선생님, ＿＿＿＿ 에 관해 어떤 문장을 써야 할지 도와주실래요?"	
철자쓰기	• 자주 사용하는 단어 카드를 이용한다. • 컴퓨터를 이용해 입력한다. • 스티커 메모지를 활용한다. 선생님, 단어 ＿＿＿＿＿의 철자 쓰기를 좀 도와주실래요?"	

시간이 지날수록 과제 분량은 조금씩 늘여나가되 가능하면 학생이 선택할 수 있도록 하라. 예를 들어 과제를 푸는 순서를 선택할 수 있게 하는 것처럼 말이다. 선택권을 주면 학생이 상황을 통제하는 힘을 기를 수 있고, 안정감을 주어 요구사항을 더 잘 따르게 된다.

사전 예고는 불안한 학생이 하루를 좀 더 원활히 보낼 수 있게 해주는 전략이다. 교사들은 종종 사전 예고에 소요되는 시간과 그것을 정해진 스케줄 속에 어떻게 맞춰야 할지 우려하곤 한다. 하지만 사전 예고는 오전 첫 수업 시간의 단 5분만으로도 충분하며, 이를 통해 이후에 일어날 수 있는 학생의 회피동기 행동이나 감정적 붕괴를 방지할 수 있다. 일정을 미리 살펴보는 것 외에도 "이건 오늘 수학시간에 풀 문제지입니다. 첫 번째 문제를 함께 풀어봅시다."와 같이 학생이 그다지 좋아하지 않는 과목에서 나중에 직면하게 될 실제 과제를 보여주는 것도 도움이 된다. 과제를 미리 살펴본 상태이므로 학생은 나중에 같은 과제를 볼 때 부정적 반응을 하지 않을 것이다.

몇몇 전문가들은 심한 불안 상태에 있는 학생에게는 과제를 내지 않는 편이 낫다고 주장한다.[33] 이런 학생은 학교에서 공부하는 것만으로도 너무 힘들기 때문에 집에 돌아올 때까지 다른 활동에 거의 참여하지 못한다. 일부 학생에게는 과제를 줄여주거나 아예 없애는 조정을 고려할 필요가 있다. 우리가 상담했던 어느 학교의 경우 2학년 학생들에게 과제를 온라인으로만 진행하게 했다. 그 결과 학생과 부모 모두에게서 부담스러운 과제를 회피하려는 모습이 줄어들었고 참여 동기는 높아졌다.

미숙한 스킬

대체 행동을 가르치는 일은 중요하다. 불안한 학생에게서 나타나는 부적절한 행동은 보통 회피 기능, 즉 회피동기 행동이다. 기능적 의사소통 전략은 도움이 필요하거나 도망치고 싶을 때 이를 알리고 소통하는 방법을 통해 적절한 대체 행동으로 이끌어준다.[34]

대체 행동은 도망칠 필요 자체를 없애는 스킬을 배울 때 가르치게 된다. 우선 부적절한 행동 대신 적절한 대체 행동을 통해 상황을 벗어날 수 있도록 하고 이후 더 이상 도망치거나 도망칠 필요를 느끼지 않도록 스킬을 갖추어나가야 한다. 예를 들어 어떤 학생이 수업 시간에 교사의 지도에서 벗어나고 싶어 소리를 지른다고 하자. 대개의 경우 교사는 부적절한 행동을 한 학생을 교실에서 내보낸다. 이는 교사의 지도에서 벗어나려던 학생의 회피동기를 강화하는 대응이다. 반면 학생이 휴식을 요청하거나 휴식 카드를 가리키는 등의 적절한 대체 행동을 취하면, 교사의 지도에서 벗어나 교실에서 나갈 수 있도록 허락받을 수 있다. 이렇게 교사의 지도에서 벗어날 수 있는 적절한 방법을 배우게 되면 이후 행동 개선을 기대할 수 있다.

미숙한 스킬을 계발하는 것은 행동을 변화시키는 데 중요하다. 부록 B에는 이러한 스킬을 가르치는 데 필요한 정보를 수록했다. 불안 상태에 있는 학생은 흔히 유연한 사고, 집행기능, 사회기술, 불만 관리, 자기옹호(self-advocacy), 긍정적 사고, 동기부여, 자기조절과 자기점검(self-monitoring, 학생이 활동 중에 자신의 행동을 알아차리고 평가하는 일)에 어려움을 겪는다.[35] FAIR 플랜의 핵심은 미숙한 스킬을 가르치기 위한 명시적 전략에 있다. 새로운 스킬을 배우지 못한다면 학생은 행동을 개선하거나 변화시키지 못할 것이다.

자기조절은 예방적 차원에서, 그리고 실제로 필요한 순간에 적절히 지도해야 한다. 안타깝게도 불안에 짓눌리거나 세부적인 문제에 너무 매달린 나머지 자신이 어떻게 느끼는지를 인식하지 못하고 서서히 좌절감이 쌓여가는 것을 알지 못하는 학생들이 많다. 불안 상태의 학생에게는 자신이 언제 불안을 느끼는지, 그 순간 신체적으로 어떤 증상이 나타나는지(예를 들어 심박수 증가 등)를 인지하는 방법을 가르쳐야 한다. 학생이 자신의 불안을 인식할 수 있다면 자신을 진정시키는 전략을 언제 사용해야 할지 쉽게 알 수 있을 것이다. 자기조절의 핵심은 화를 내기 전 자신이 화가 났음을 깨닫고 그 시점에서 자신을 진정시키는 일이다. 물론 격렬하게 화가 났을 때는 자신을 진정시키는 것이 훨씬 어렵지만 말이다.

| 인지행동치료(cognitive behavioral therapy)의 기본 원리 |

> 정서장애는 부적응과 왜곡된 사고에서 비롯되며 일상생활에 방해가 된다는 생각을 기반으로 한다. 10세 이상의 학생은 자신의 감정을 인식하고 점검할 수 있으며 사고 패턴과 자동화된 생각을 식별할 수 있다. 그리고 이를 적극적으로 분석하여 적절한 기능적 대응방법을 개발할 수 있다.

Athena A. Drewes, *Blending Play Therapy with Cognitive Behavioral Therapy: Evidence-Based and Other Effective Treatments and Techniques* (Hoboken, N. J.: John Wiley & Sons, 2009); Patrica Romanowski Bashe and Barbara L. Kirby, *The Oasis Guide to Asperger Syndrome: Advice, Support, Insight, and Inspiration* (New York: Crown Publisher, 2005)

교사는 일과 내내 인지행동치료에서 쓰이는 도구를 사용해 학생의 자기조절과 자기점검을 도울 수 있다. 여기에는 학생의 감정이나 흥분 수준이 어느 정도인지 인식하는 것을 도와주는 척도(예를 들어 5점척도, 감정온도계(표 3.6), 경계프로그램 등)가 포함된다.[36] 이러한 도구의 사용 방법을 처음 가르칠 때는 학생의 감정에 '화가 남'과 같이 이름을 붙여주고, 관련된 시각 자료를 가리키며 설명하면 좋다.

학생이 감정에 대한 신체 반응을 인식하고 불안과 관련된 신체 반응을 식별할 수 있도록 특별한 수업을 진행할 수도 있다.[37] 즉 학생이 자신의 몸을 살펴볼 수 있게 도와주고, 해당 단서를 짚어내고, "화가 나 있어요. 어깨가 올라가고 얼굴을 찌푸리며 주먹을 꽉 쥐고 있네요."와 같이 서술함으로써 학생이 자신의 감정에 따른 신체 반응을 인식하게 돕는 것이다. 또다른 유용한 방법으로 교사가 학생과 함께 바디체크(body check)를 하는 것도 있다. 이를 통해 학생은 자신의 감정과 신체 반응을 인식할 수 있고, 시간이 지남에 따라 그 감정이 다양한 상황에서 어떻게 달라지는지 배울 수 있다.

휴식, 요가, 운동, 독서, 호흡, 점진적 근육이완 등 특별한 자기진정 전략을 가르치는 것도 중요하다.[38] 이러한 활동은 부록 E에 제시된 소도구를 이용하여 진행하면 효과적이므로 참조하기 바란다. 학생이 화가 나서 폭발적인 행동을 하고 별도의 공간(타임아웃 교실이나 안전공간)으로 옮겨지기 일쑤라면 최소한 하루에 한두 번씩 자기진정 전략을 연습할 공간이 필요하다. 이때 공간이 분리되었든 아니든 관계없다.

표 3.6 감정온도계

감정		전략
화가 남		휴식하기, 심호흡하기
불만		음료수 마시기, 자기진정 상자 사용하기
흥분		심호흡하기
불안		자기진정 상자 사용하기
슬픔		나만의 단어, 자기진정 상자 사용하기
만족		나만의 단어 사용하기
행복		나만의 단어 사용하기, 미소 짓거나 웃기

Source: Pics for PECS™ images are used and adapted with permission from Pyramid Educational Consultants, INC. (www.pecs.com). Pyramid Educational Consultants, INC. reserves all rights to the Pics for PECS™ images. Adapted from Kenneth W. Merrell, *Helping Students Overcome Depression and Anxiety: A Practical Guide* (New York: Guilford, 2008)

평소에 자기진정 연습을 많이 할수록 화가 났을 때에도 무의식적으로 자기진정 전략을 사용할 가능성이 높다. 심장 박동수가 증가할 때마다 자기진정 전략을 연습하게 해보자. 심장 박동수 증가를 시뮬레이션하려면 팔벌려높이뛰기나 제자리뛰기 같은 운동을 하게 한 다음 자기진정 전략을 사용하면 된다. 이를 통해 학생은 자기진정 전략이 심장박동수를 줄이고 기분을 진정시킨다는 것을 직접 경험할 수 있다.[39] 우리의 경우 거친 욕설을 내뱉으며 화를 내고 있는 학생들을 안전공간으로 이동시킨 다음 진정될 때까지 요가 자세를 취하고 팔굽혀펴기를 하도록 했는데, 이렇게 하니 더이상 어른의 개입이 필요하지 않게 되었다.

불안한 학생이 스트레스를 받고 있을 때 분리된 공간을 사용하지 못할 경우가 있다. 이럴 때 '자기진정 상자'를 제공하는 것도 효과적이다. 이 상자에는 묵직한 담요나 베개, 손가락 장난감, 소음을 줄여주는 헤드폰, 봉제인형, 향기로운 로션, 음악 재생기 등 감각을 안정시키는 여러 물건들이 들어 있다. 내용물은 개인에 맞게 조정할 수 있는데, 예를 들면 강박적 사고가 있는 학생에게는 음악을 듣거나 헤드폰을 사용하게 하는 것이 도움이 되지 않는다. 그렇게 하면 그들은 사람들로부터 자신을 고립시키고 안 좋은 생각에 더 집중하는 경향이 있다.

자기진정을 위한 물건을 사용한 전후 앞에서 언급한 검사 척도를 사용하여 그 효과를 학생 스스로 평가하게 하라. 이를 통해 교사는 학생에게 어떤 것이 도움이 되는지 파악할 수 있다.

| **자기진정 상자에 들어갈 물건** |

이 물건들은 불안을 겪는 학생들이 자신을 진정시키는 데 도움이 된다.

- 묵직한 담요, 무릎담요, 공, 조끼
- (전자레인지를 사용할 수 있다면) 온열 넥워머, 작고 부드러운 담요
- 동물 봉제인형, 작은 캐릭터 인형
- 소음을 줄여주는 헤드폰, 휴대용 음악재생장치
- 휴대용 칸막이(자기만의 공간을 만들어주는 용도)
- 요가 카드, 테라퍼티(theraputty, 긴장 완화용 손장난감—옮긴이)

감정을 표현하는 방법, 자기진정 방법, 그리고 안정적인 상태에서도 자기진정 전략을 적절히 선택하는 방법을 가르치고 나면 학생이 화가 나거나 불안에 빠졌을 때 이 모두를 결합할 수 있는 코칭이 필요하다. 학생이 불안해할 때는 최소한의 간결한 언어를 사용하라. 말을 너무 많이 하면 불안을 가중시켜 행동을 악화시킬 수 있다. **표 3.6**에 제시된 전략을 활용, '불안할 때 ……하기'와 같은 방식을 사용하면 효과적이다.

불안에 빠진 학생들은 종종 자신을 패배자라 여기고 힘겨워한다. 인지행동치료는 불안을 일으키는 생각의 함정(thinking traps)을 인식하고 이런 생각이 정확한지 확인하기 위한 증거 평가에 기반하고 있다(**표 3.7** 참고).[40] 생각멈추기(thought-stopping) 또한 상담사가 불안을 겪는 학생을 위해 교실에서 가르치고 강화할 만한 중요한 개입방법이다. 이 기술은 학생으로 하여금 불편한 생각을 통제하고 다른 것에 집중할 수 있다는 것을 보여준다. 시험에서 실수한 것에 대해 속상해하며 자신을 계속 비난하는 학생에게는 생각멈추기가 유용하다.

불쾌한 사건이나 아이디어에 대해 생각을 멈추는 방법(때로 정지 신호를 시각화하는 것을 포함)을 배울 것이기 때문이다. 이때는 긍정적인 자기진술이나 자기진정 이미지와 함께 사용하는 것이 좋다.[41]

파워카드(power cards)는 불안한 학생을 위해 널리 사용되는 개입 방법이다.[42] 주머니에 쏙 들어가는 야구카드(유명 야구선수의 사진과 특징을 담아 팬들이 간직하는 용도의 카드—옮긴이) 크기로, 동기 부여가 될 만한 멋진 캐릭터가 그려져 있고 '난 괜찮아', '곧 좋아질 거야', '깊이 숨을 쉬어봐.'와 같은 혼잣말 메시지가 들어 있어서 학생이 자신감을 갖게 도와주며 긍정적인 자기대화를 촉진한다. 이 카드는 구입해도 되지만 교사나 상담사가 컴퓨터를 이용해 만들 수도 있다.

이 외에 자기점검 전략에 대한 더 많은 정보는 반항 행동을 하는 학생에 관한 4장을 참조하기 바란다.

표 3.7 생각의 함정

함정	정의
눈 가리고 걷기 함정	어떤 상황에서든 부정적인 면만 보고 좋은 면은 지나치는 것
회피하는 이의 함정	두려운 상황은 부딪쳐 보지도 않고 일단 멀리하는 것
그래야만 하는 함정	자신은 완벽해야 한다고 여기며 스스로를 다그치는 것

Source: Philip C. Kendall, Cognitive-Behavioral Therapy for Anxious Children: Therapist Manual (Ardmore, Pa.: Workbook Pub., 2006); Kenneth W. Merrell, Helping Students Overcome Depression and Anxiety: A Practical Guide (New York: Guilford Press, 2008).

▮ 상호작용 전략

불안한 학생과의 관계 구축을 위해서는 시간을 투자해야 한다. 바쁜 일정 속에서 이를 추진해야 하는 교사들을 위한 몇 가지 쉬운 방법이 있다. 복사나 팩스, 우편 업무를 할 때 학생과 함께하고, 가끔 그 학생과 함께 점심을 먹는 것이다. 이렇게 함께하는 짧은 순간 속에서 학생은 교사를 신뢰하게 되고 함께 있을 때 안전하다고 느낄 수 있다. 이는 학생의 불안 관리에 꼭 필요하다.

불안을 인식하기는 매우 어렵다. 그러므로 학생의 행동이 공격적으로 바뀌기 전 미리 파악할 수 있도록, 교사가 평소 관찰 가능한 수준에서 불안을 규정해 두는 것이 좋다. 그래야만 학생의 행동이 갑작스럽게 변화되었을 때 빠르게 대처할 수 있다. 예를 들어 학생이 조용히 앉아 있다가 갑자기 큰 소리로 말하는 것처럼 행동이 급격히 변화될 때, 이를 불안의 신호로 감지하고 교사가 "안녕, 어떻게 지내니?"라고 물으며 점검하는 것이다. 점검을 통해 교사는 행동에 관련된 정보를 얻고 학생에게는 휴식이나 심호흡 같은 자기조절 전략을 사용하도록 촉구할 수 있다.

학생이 부적절한 행동을 할 때에는 몇 가지 상호작용 전략이 도움을 줄 수 있다. 이때 "넌 이미 15분이나 컴퓨터를 썼어. 재닛은 한 번도 차례가 안 왔지. 그러니 이제 재닛이 컴퓨터를 쓰게 하자."라고 길게 말하는 것보다 "이제 컴퓨터 사용 끝." 하고 간결히 말하는 편이 낫다. 너무 많은 말은 상황을 악화시키고 학생을 압박할 수 있다. 특히 정보 처리에 어려움을 겪는 학생이라면 더욱 그러하다.

자신감을 주는 발언은 이런 상황에서 꽤 도움이 된다. "어려운 일이라는 건 알아. 하지만 넌 어제도 세 번, 천천히 심호흡을 하고 글쓰기를 잘 끝마칠 수 있었지." 이전에 그 학생이 비슷한 상황에서 성공했음을 상기하고 현 상황에도 대처할 능력이 있음을 일깨우는 말을 해준다.

불안한 학생은 종종 소리지르고 폭발하며 울음을 터뜨리는 등 낙인찍힐 행동을 한다. 그러고는 타인의 시선을 의식하며 불편해하고 성과를 내지 못한 것에 좌절한다. 이런 학생에게는 자존감 구축이 매우 중요하다. 자존감을 키우는 효과적인 방법의 하나로 비조건적 강화(noncontingent reinforcement)가 있다.[43] 학생이 적절한 행동을 했을 때 이를 칭찬하고 보상하는 것은 긍정적 강화(positive reinforcement)이며 교사라면 대부분 익숙할 것이다. 이를 통해 학생은 어떻게 행동하면 칭찬이나 관심을 받을 수 있는지 배운다. 반면 비조건적 강화는 이와 다르고 학교에서 잘 도입하지 않는 방식이다. 비조건적 강화는 학생의 행동과 관계 없이 교사가 일정 시간마다 무작위로 하는 친절한 행동으로 이루어진다. "여기 스티커가 있어. 네가 좋아할 거라 생각해서 주는 거야." 또는 "컴퓨터 시간을 10분 더 늘리면 어떨까?" 이는 학생의 자존감을 높이는 강력한 방법이다. 교사의 관심이나 친절이 자신의 특정 행동에 대해서가 아니라 자신에게 주어지기 때문이다.

학교생활 중에 학생에게 리더 역할을 맡게 하거나 책임감을 부여하는 것도 자존감을 높일 수 있다. 학교에서 심부름하기, 유치원생들에게 책을 읽어주는 등 어린 학생들을 돌보기, 새로 전학온 학생에게 학교 안내하기 등이 그러한 예다.

R 대응 전략

불안 행동의 FAIR 플랜에서는 예방적인 선행사건 관리를 매우 강조한다. 교사의 대응 전략과 후속결과에 대해서는 앞으로 좀 더 깊이 논의하겠지만 학생의 행동 변화를 위해서는 선행사건 관리와 미숙한 스킬을 가르치는 것이 매우 중요함을 기억하자. 부적절한 행동에 대한 대응 전략으로 학교에서 흔히 취하는 것들, 즉 타임아웃, 교실에서 내보내기, 긴 휴식 시간 주기, 교사의 요구에서 벗어나도록 허락하기 등은 회피동기를 지닌 행동 개선에 도움이 되지 않는다. 오히려 부적절한 행동을 더욱 강화할 위험이 있다. 그보다는 학생에게 휴식을 포함한 적절한 대체 행동을 가르치면 좋다. 좋아하지 않는 활동이라도 참여하게 하고 새로 습득한 전략을 사용하여 추가로 휴식 시간을 받을 수 있게 하라. 예를 들면 활동에 5분간 참여하면 20분간 휴식 시간을 부여하는 것부터 시작하여 시간이 지날수록 활동 시간을 늘려 나가는 식이다.

때로 전통적인 행동계획에서 벗어날 필요가 있다. 보상이나 포인트를 부여할 경우에도, 부적절한 행동을 하지 않았을 때 주는 대신, 자기진정 전략을 사용했을 때 주도록 한다. 이렇게 함으로써 일관된 수행을 보이기 어려운 학생들의 행동 기대치에 대해 고정된 기준을 갖지 않게 된다.

라울이라는 학생이 어느 날 수학 문제를 풀다가 갑자기 소리를 질렀다. 이때 라울에게 휴식을 주거나 점수를 깎는 등의 벌을 주면 회피동기를 강화할 위험이 있다. 그보다는 라울에게 그가 불안해하고 있음을 일깨우고 "할 수 있어. 심호흡 좀 하고."와 같이 자기진정 전략을 사용할 것을 상기시키도록 한다. 그리고 전략을 사용하면 보상을 받을 수 있다는 사실도 함께 알려준다. 이러한 방법은 학생에게 상당한 동기 부여가 될 수 있다. 전략을 가르칠 때에도 적절한 행동에 근접한 것이라면 적극적으로 강화하라. 학생이 손을 살짝 들어올리면 "도움을 청하려고 손을 들었구나. 잘했다!" 하고 말해준다.[44]

부록 F는 학생이 전략을 사용하여 획득한 점수를 스스로 기록하고 자신을 점검할 수 있도록 사용하는 서식이다. 학생은 자신의 행동을 정확히 평가하기 어려우므로 교사가 평가하고 등급을 설정한 이유를 알려주도록 한다. '일관되게 수행함'과 '수행하지 못함'으로 쏠리지 않도록 적어도 세 가지의 등급평가 기준이 있어야 한다. 획득한 점수는 자신의 행동에 대한 평가로, 전략을 사용했을 때만 획득할 수 있다. 평가 기준은 부록 F처럼 1~3등급을 사용하는 것이 좋다. '노력이 부족함'과 같은 감정적 단어를 사용하거나 웃는 얼굴 또는 슬픈 얼굴 등의 기호를 사용하게 되면 학생은 호된 비판을 받는 것처럼 느낄 수 있다. 학생의 행동을 평가할 때 교사와 학생 사이에 갈등이 있다면 숫자로 된 등급 평가를 사용하지 말고 먼저 깊이 있게 대화한 다음 그 내용을 기록하도록 한다.

넬리를 위한 FAIR 플랜

이 장의 첫 부분에 소개한 넬리의 행동을 돌아보자.

| 행동기능가설 수립 | 넬리를 관찰한 교사는 여러 사건들을 ABC 기록으로 작성했다. 이 과정에서 전환과 비구조화된 시간 동안 벌어진 부적절한 행동 패턴이 관찰되었다. 넬리는 부적절한 행동을 통해 자신이 처한 상황과 교사의 요구를 회피하려 하고 있었다.

| 조정 | 몇 가지 조정이 이루어졌다. 넬리는 등교 후 일과를 시작하기 전 10분간 휴식 시간을 가졌다. 일과 중간과 마지막에도 15분씩 휴식했다. 넬리의 감정 조절 및 사회불안을 지원하기 위해 대안적 점심 시간이 마련되었다. 좋아하지 않는 과제를 할 때에는 타이머를 사용하여 과제가 끝나는 시간을 알 수 있게 했다. 넬리가 하루 일과를 미리 알 수 있도록 시각화된 일정표가 주어졌고 교사는 특정 날짜에 예정된 일정을 미리 예고해주었다. 철자법에 완벽주의 성향을 보이는 넬리를 위해 휴대용 맞춤법 검사기가 제공되었다. 교사는 필요한 단어를 스티커에 써서 책상에 붙여주었다. 그림 그리는 방법을 적은 안내카드와 프린트도 제공했다. 일주일에 두 번씩 사회복지사가 사회기술과 유연한 사고에 대한 수업을 진행했다. 넬리는 매일 학급보조 교사 및 점심친구 소그룹 학생들과 함께 사회기술을 익혀나갔다. 그리고 상담사로부터 자기진정 전략(보통 요가 자세)을 배우고 연습했다. 그곳은 넬리가 폭발적인 행동을 할 때마다 이동 조치되었던 곳이었다. 교사가 하루에도 몇 번씩 넬리에게 바디체크를 실시했고 불

안 수준에 대해 피드백을 주었다. 감정온도계 자료도 사용했는데 여기에는 구체적 행동 전략이 나와 있었다. 이 자료도 넬리의 책상에 붙여졌다. 넬리는 향기 좋은 로션, 작은 요정 피규어, 휴대용 음악재생기, 작은 담요를 골라 자기만의 진정상자를 만들었다. 자기진정상자나 다른 진정전략을 사용할 때마다 그 보상으로 카드놀이 할 수 있는 시간을 얻었다.

| 상호작용 전략 및 대응 전략 | 교사들은 넬리가 갑작스럽게 행동이 달라질 때도 지지적인 태도로 대응했다. 비조건적 강화를 위해 요정을 다룬 그림과 잡지를 주고, 점심을 같이 먹고, 체육관에서 함께 농구를 했다. 넬리는 일주일에 한 번씩 유치원생들의 체육 도우미로 활동했고, 전환 시간 동안에는 온전히 휴식하거나 좋아하는 활동을 멈추는 데 요긴한 스펀지 활동을 했다.

이상의 FAIR 플랜을 넬리는 잘 수행했다. 한 달도 못 되어 넬리의 폭발적인 행동은 눈에 띄게 줄어들었고 모든 교과 수업에 무리없이 참여할 수 있었다. 과제가 힘들면 넬리는 작은 담요를 덮고 과제를 끝낼 수 있었으며 화가 날 때마다 자기진정 전략을 사용, 부적절한 행동 없이 2분 이내로 회복될 수 있었다. 어머니에게 학교가 좋다는 말까지 했을 정도였다. 교사들도 넬리를 좋아하게 되었다. 한 교사는 "넬리와 함께 있으면 정말 기분이 좋아요." 하고 말할 정도였다.

3장 요약

| 불안은 겉으로 드러나는 일관된 징후가 거의 없어 인식하기 어렵다. |

| 불안한 학생의 행동 및 선행사건에는 일관된 패턴이 거의 없다. |

| 불안한 학생은 회피동기 행동을 하는 경우가 많다. |

| 불안한 학생은 유연성이 부족하고 이성적이지 않다. 또 충동적이고 감정에 치우치거나 과잉 반응을 하기 쉽다. |

| 불안한 학생을 다루는 첫 번째 단계는 불안에 대해 관찰 가능한 정의를 내리는 것이다. |

| 불안한 학생에게 하루 중 가장 힘든 시간은 구조화되지 않은 시간과 전환 시간이다. |

| 불안한 학생들을 특히 불안하게 만드는 것은 글쓰기 과제, 사회적 요구, 예상하지 못한 새로운 사건과 일정의 변화이다. 필요하다면 이러한 영역에서 조정이 고려되어야 한다. |

| 불안한 학생에게는 일과 중 비조건적 휴식이 중요하다. |

| 불안한 학생에게는 대안적 점심과 휴식이 고려되어야 한다. |

| 교사가 전환의 네 가지 요소를 이해하고 각각의 요소마다 적절한 예고를 주는 것이 중요하다. |

불안 문제를 위한 FAIR 플랜 체크리스트

이름		날짜	년	월	일

목표 행동

F 행동기능가설 수립

☐ ABC 기록지를 이용해서 모든 목표 행동의 예를 기록한다. (최소 10건)

☐ ABC 데이터 및 계획에 따른 관찰에서 나온 선행사건 목록을 만든다.
(구조화되지 않은 시간, 전환, 쓰기, 사회적 요구, 새로운 일, 일과 중의 예기치 않은 변화에 대해)

☐ 행동기능에 관한 가설을 설정한다. (하나 또는 그 이상에 동그라미 치기)
관심 / 회피 / 보상 / 감각　*불안한 학생들의 행동은 흔히 회피기능인 경우가 많다.

☐ ABC 데이터를 이용해서 후속결과의 패턴을 목록으로 만든다.

☐ 중요한 배경사건 목록을 만든다.

A 조정

환경

☐ 교실에 안전한 공간을 만들어 제공한다.

☐ 규칙적인 휴식을 계획한다.

- ☐ 교실 밖의 휴식을 허용한다.
- ☐ 대안적 점심 시간을 마련한다.
- ☐ 대안적 휴식을 마련한다.

집행기능

- ☐ '교실 읽기'를 가르친다.
- ☐ 타임 타이머를 사용한다.
- ☐ 시간 경과에 대해 알려준다.
- ☐ 시간분배표를 사용한다.
- ☐ 시간 제한이 없는 시험을 고려한다.
- ☐ 시각화된 시간표를 사용한다.
- ☐ 시간표에 조직화 시간을 넣는다.
- ☐ 한 번에 한두 가지 문제나 항목만 제시한다.
- ☐ 학생이 좋아하지 않는 과제는 아침에 미리 보여준다.
- ☐ 조정을 거쳐 수정된 과제를 고려한다.

교육과정

- ☐ 글을 쓸 때 주제를 생각하고 유지할 수 있도록 그림을 보여준다.
- ☐ 워드프로세서를 사용하게 한다.
- ☐ 철자 조정을 고려한다.
- ☐ 쓰기 전략 체크리스트를 스스로 점검하게 한다.
- ☐ 그 밖의 기술 자료 목록을 참고한다.

대체 행동(회피동기 행동의 예)

- ☐ 적절하게 휴식 요청하는 법을 가르친다.
- ☐ 요구를 받았을 때 적절하게 도움을 요청하는 법을 가르친다.
- ☐ 그 밖의 기술 자료 목록을 참고한다.

미숙한 스킬

☐ 긍정적 사고

☐ 집행기능

☐ 자기조절

☐ 생각의 함정(인지행동치료)

☐ 사회기술

☐ 파워카드

자기조절과 자기점검

☐ 학생이 조절척도(감정온도계 등)를 사용하게 한다.

☐ 일과 내내 바디체크 신호를 확인한다.

☐ 매일 교실 안팎에서 하는 자기진정 연습을 격려한다.

☐ 학생이 자기진정 상자를 만들어 사용하게 한다.

☐ 학생이 화가 날 때 할 일에 관한 자기진정 전략을 기록하게 한다.

☐ 회피 행동을 예방하기 위한 탈출구로 일과에 휴식을 넣는다.

(활동 전, 중간, 이후, 그리고 하루에 휴식하는 횟수 명시하기)

☐ 자기점검을 위한 모바일 기기를 사용하게 한다.

☐ 자기점검 서식을 사용한다(부록 F)

▌*I* 상호작용 전략

☐ 갑작스러운 행동 변화를 보일 때도 지지적인 태도로 대응한다.

☐ 간결한 언어를 사용한다.

☐ 비조건적 강화를 한다.

☐ 리더십과 자존감을 키울 수 있는 활동을 한다.

☐ 명시적 관계 구축을 위해 노력한다.

☐ 전환 예고 전략을 개발한다.

R 대응 전략

회피동기 행동을 위한 대응

☐ 타임아웃, 교실에서 내보내기 등은 피한다.

☐ 휴식이나 탈출을 위한 조건부로 요구하는 행동을 허용하지 않도록 한다.
휴식은 비조건적으로 제공한다.

☐ 불안의 징후를 보일 때 학생 스스로 적절한 전략을 사용하도록 유도한다.

☐ 학생이 자기진정 전략을 사용할 때 보상이나 점수를 준다.

☐ 특정 행동이나 기준에 따라 고정된 보상이나 결과를 제공하지 않는다.

☐ 불안의 징후를 보이면 그 불안 수준을 표시하는 라벨을 붙인다.

☐ 이전에 성공적으로 자신을 진정시켰던 경험을 학생에게 상기시킨다.

☐ 학생이 과제를 너무 힘들어할 경우 일단 작은 활동부터 시작하고, 중간중
간 휴식을 주어 과제로부터 벗어나게 한다. 그렇게 점차적으로 과제에 대
한 노출을 늘려나간다.

4

"이래라 저래라 하지 마!"
반항 문제

그레이브스 선생은 반 아이들에게 수학 문제지를 나눠주다가 에밀리의 모습이 오늘따라 유난히 단정하지 않다는 걸 알았다. 머리는 빗지 않았고 얼굴은 아침에 먹은 시럽 비슷한 음식 흔적으로 더러웠다. 선생은 에밀리에게 문제지를 주기 전에 숨을 깊이 들이쉬고 머뭇거리다 "어서 시작하세요." 하고 말했다. 에밀리는 종이에 이름을 쓰기 시작했다. 선생은 안도의 한숨을 내쉬었다.

그러고 나서 5초도 지나지 않아 갑자기 에밀리가 수학 문제지를 발기발기 찢더니 한 조각을 입에 넣었다. 옆에 앉은 학생이 "얘가 종이를 먹었어요!" 하고 외쳤다. 급히 달려온 선생은 에밀리를 달랬다. 그리고 종잇조각들을 치워 쓰레기통에 버리고 나서 다시 문제를 풀자고 말했다. 에밀리는 싫다고 크게 소리치고는 책상 밑으로 들어가더니 책상 다리를 쳐들고 바닥에 찧어댔다. 큰 소리가 교실에 울려퍼졌고 한 학생은 귀를 막았다. 학생 둘이 일어나 화장실에 가겠다고 말했다. 옆반에서 보조 교사가 그레이브스 선생을 도우러 왔다. 하지만 책상 밑에 웅크려 앉은 에밀리는 무슨 말을 해도 계속 싫다고만 소리쳤다. 소동이 커지자 교장이 내려왔다. 교장은 그레이브스 선생과 2분 정도 귓속말을 한 다음 다른 아이들을 도서관으로 데려갔다. 교실에는 그레이브스 선생과 보조 교사, 에밀리만이 남았다. 에밀리의 행동은 점점 더 격렬해졌다. 보조 교사가 "카슨 선생님 방으로 갈까? 거기엔 멋진 소파가 있잖아." 하고 말을 걸며 달래보려 했지만 에밀리는 "선생님은 뚱뚱하고 못생겼어!", "이래라 저래라 하지 마!", "얼굴을 때릴 거야!" 하고 계속해서 소리질렀다. 결국 몇몇 어른들이 와서 에밀리를 교무실로 데려갔고 반 아이들은 교실로 돌아왔다. 두 시간 뒤 에밀리도 교실로 돌아왔지만 수학 문제지는 여전히 보려 하지 않았다.

반항 행동은 교실에서 가장 다루기 힘든 유형이다.[1] 학생이 수업을 방해하면 교사는 학생의 행동을 진정시키는 데 많은 시간을 보내야 한다. 교사의 권위를 떨어뜨리는 학생을 상대하느라 계속해서 요구를 반복하다 보면 학습은 어느새 뒷전으로 밀려난다.

전국적인 조사에 따르면 수업 방해 행동을 하는 학생들은 400만 명에 달하며 전체 학생의 5퍼센트가 넘는다.[2] 특수학급에는 그런 학생이 더욱 많은데 학생들의 3분의 2가 주의력결핍장애(attention disorder, ADD)나 파괴적행동장애(disruptive behavior disorder)로 진단받고 있다.[3] 어릴 때 반항적인 행동을 하는 아이들은 청소년기에 공격적이고 범죄행동을 할 위험이 크기 때문에 조기 개입이 매우 중요하다.[4]

이 장은 반항 행동을 하는 학생이 학교에서 잘 생활할 수 있도록 도울 방법을 살펴볼 것이다. 반항 행동의 정의에는 쉽게 짜증을 내고, 고의로 다른 사람을 화나게 만들고, 폭발적인 행동을 하고, 교사의 지시에 따르지 않고, 자신의 행동에 책임지려 하지 않고, 걸핏하면 규칙을 어기고, 또래 친구들과의 관계에 어려움을 겪는 행동이 포함된다. 불안한 학생들 중 일부에게서도 반항 행동이 나타날 수 있는데 이에 대응하는 전략은 3장을 참고하기 바란다. 우울하고 위축되어 있거나 짜증이 심한 학생들에게서는 '조용한' 반항 행동이 나타날 수 있는데 이 경우는 5장의 전략이 도움이 될 것이다.

반항 행동을 개선하고 고립을 막는 데에는 교사의 역할이 매우 중요하다. 문제 행동 개선을 위한 다른 노력과 마찬가지로 여기서도 바람직하지 않은 행동을 예방하고 행동 패턴을 변화시키기 위한 조기 개입을 강조한다.[5] 전통적인 행동 계획은 반항 행동을 개선하는 데 도움이 되지 않을 때가 있다.[6] 반항 행동을 위한 FAIR 플랜은 먼저 지지적인 교실 환경을 만드는 것부터 시작하며, 선행사건 분석 및 학생과의 강력한 관계 구축에 중점을 둔다. 우리는 이런 학생들과 더욱 효과적으로 의사소통하고 미숙한 스킬을 가르침으로써 반항 행동이 악화되는 것을 예방하고자 한다.

반항 행동은 왜 일어나는가

반항 행동의 원인은 하나로 단정할 수 없다. 그러나 반항행동장애 (oppositional behavior disorder)로 진단받은 학생들을 보면 그렇지 않은 학생들과 비교할 때 부모로부터 가정 폭력이나 혹독한 훈육을 받았다고 보고되는 경우가 많고, 위탁 시설에서 양육되거나 너무 잦은 이사를 경험했을 가능성이 높다.[7] 따라서 교사가 학생의 가족과 좋은 관계를 형성하고 공감어린 지원을 하고자 노력한다면 부모들 또한 자발적으로 자신들의 행동을 바꾸기 위해(예를 들어 칭찬하기, 긍정적 행동을 강화하기, 효과적으로 의사소통하기 등) 도움을 청할 것이다.[8]

혹시 이 학생들이 우울증, 불안, 주의력결핍장애 등 치료 가능한 정신과적 장애를 겪고 있는 것은 아닌지 검사를 의뢰할 필요도 있다. 일부 연구에서는 반항 행동을 하는 학생 중 3분의 1가량이 주의력결핍장애를 갖고 있다고 말한다. 물론 반항 행동을 하는 모든 학생이 주의력결핍장애를 겪는 것은 아니다.[9]

표 4.1은 반항 행동과 관련된 여러 장애를 정리하고 있다. 교사들은 때로 학생에게 주의력결핍장애 약물치료가 필요하다는 결론을 성급하게 내리곤 한다. 실제로 주의력결핍장애가 있는 학생이라면 정신과적 치료를 통해 행동에 변화를 가져올 수 있다. 하지만 그렇지 않은 경우라면 치료 효과는 거의 없거나 미미할 것이다. 반항 행동은 정신과적 장애 여부보다는 교사와 부모의 대응에서 원인을 찾아야 하고, 이것이 훨씬 강력한 영향을 미칠 경우가 많다.

표 4.1 반항 행동과 관련된 장애

구분	특성
적대적반항장애 (oppositional defiant disorder)	권위에 대해 일관되게 반항적이고 적대적인 행동 패턴을 보이기 때문에 학교나 가정에서의 행동 기능을 심각하게 방해한다. 주요 특징으로는 빈번하고 잦은 분노, 화, 무례하고 혐오스러운 말투가 있다. 또한 어른들과 지나친 언쟁을 벌이고 규칙에 불만을 제기하며 자신의 실수를 다른 사람의 탓으로 돌리는 경향을 보인다.
품행장애 (conduct disorder)	타인의 기본적인 권리 또는 연령별로 중시되는 사회적 규범이나 규칙을 무시하는 행동 패턴을 보인다. 사람과 동물에 대해 공격적이며 타인의 재산을 고의로 파괴하고, 사기, 절도, 그리고 방화, 도둑질, 거짓말, 무단결석 등 심각한 위반 행위를 저지른다.
주의력결핍장애 (attention deficit disorder, ADD) 및 주의력결핍과잉행동장애 (attention deficit hyperactivity disorder, ADHD)	규칙을 무시하는 반복적이고 지속적인 행동 패턴으로 주의집중과 조직화에 어려움을 겪으며 대체로 7세 이전에 충동적인 행동이 시작된다. 이 증상은 최소 두 곳 이상의 환경, 즉 학교와 가정 등에서 동시에 관찰되고 가족력과도 관계된다.

Source: adapted from American Psychiatric Association. *Diagnostic and Statistical Manual of Mental Disorders* 4th ed., text revision (DSM-IV-TR) (Washington, D.C.: American Psychiatric Association, 2000).

반항 행동을 하는 학생의 전형적인 특성

불응(noncompliance)이란 어른이 아이에게 무언가 요구했을 때 아이가 이를 적극적으로든 소극적으로든 무시하고 수행하지 않는 것을 말한다.[10] 보통의 아이들에게서도 이따금 말을 듣지 않는 정도는 흔히 볼 수 있다(여러 연구에서 부모의 25~65퍼센트가 이렇게 보고하고 있다).
특히 부모의 인내심의 한계를 시험하는 시기인 두세 살 무렵, 그리고
부모에게서 분리되는 청소년기 초기에 불응 가능성이 가장 높다. 그
러나 대개의 경우 불응은 자주, 심각하게 일어나는 편은 아니며(자주
심각하게 일어난다고 보고한 부모는 1~9퍼센트에 불과하다), 아이들은 성숙해
질수록 점점 더 협조적으로 된다.[11] 우리가 관심을 갖는 것은 지속적
으로 불응하고 반항적이며 교사에게 공공연히 적대감을 보이는 행동
이다. 이런 행동이 지속되면 교사의 지시와 수업에 제대로 적응할 수
없으므로 학업 수행도 어려워진다. 또한 사회기술의 미숙, 유연하지
못한 사고, 통제 욕구(need for control, 자신이 처한 상황과 주변 사람들을 자
기 마음대로 통제하고 싶어하는 것—옮긴이) 때문에 현장체험학습처럼 구
조화되지 않은 활동에 참여하기도 힘들다.[12]

　　학생이 계속 말대꾸를 하면서 언쟁을 이어가면 교사의 부담과
좌절감도 커진다. 학생의 경직된 태도나 반항 행동의 원인이 다른 데
있다고 생각지 못한 채 그저 자신을 무시한다고만 여길 수 있다. 심리
학자 로스 그린(Ross Greene)은 저서 『The Explosive Child(폭발하는 아
이들)』에서 '할 수 없는 것'과 '하지 않는 것'을 구분하는 것이 중요하
다고 말한다.[13] 더 나은 행동을 '할 수 없는 것'이지 '하지 않는 것'이
아니다. 할 수 있다면 학생은 더 나은 행동을 했을 것이다. 학생에게
부족한 스킬을 파악하여 가능하면 선택할 수 있게 해야 한다. 교사와
강한 신뢰관계를 구축하게 되면 학생은 자신이 언쟁을 하고 있음을
인식할 수 있고, 태도를 바꿀 가능성도 높아진다.

반항 행동을 하는 학생은 인지적으로 유연하지 않고 해결 방법은 오직 하나뿐이라는 생각에 사로잡혀 있다.[14] 이전에 저지른 잘못을 계속해서 반복하기 때문에 학교의 체벌이나 조치 또한 효과가 없어 보인다. 충동적으로 행동하므로 쉽게 싸움에 휘말리고 반항 행동 수위도 빠르게 올라간다. 앞에서 살핀 에밀리의 예를 보자. 수학 문제지를 풀라는 요구를 받자 에밀리는 문제지를 찢어 입에 넣는 것으로 반응했다. 그리고 찢어진 종이를 치우라는 요구에 소리를 지르고 책상 밑으로 숨어버렸다. 수학 문제를 푸는 게 힘겨웠던 나머지 수학이 너무 싫다는 생각에 사로잡혔고, 그 결과 부적절한 행동으로 빠르게 진행된 것이다.

반항 행동을 하는 학생은 극단적으로 '모 아니면 도'라고 생각한다. 중간은 없다. 교사는 자기 편 아니면 적이고, 나를 좋아하거나 싫어하거나 둘 중 하나다.[15] 한번 불친절하다거나 공정하지 않다고 판단하면 그 생각을 쉽사리 바꾸지 않는다. 이들을 상대하는 교사는 학기 내내 매일같이 힘겨운 싸움을 벌여야 한다. 가정에서 혹독하고 일관성 없는 훈육을 받고 자란 학생의 경우 학교의 권위 있는 어른들과 갈등을 빚을 가능성이 높고 통제 욕구는 더욱 극심해진다. 가정에서 학대를 경험한 학생은 집에서 훨씬 더 가혹한 처분에 노출되었던 터라 학교의 처분에는 상대적으로 무감각할 수 있다.[16] 또래 친구들과도 갈등을 겪기 쉽다. 또래로부터 외면당하거나 다른 학생들을 괴롭힐 위험이 있다.[17] 사회적 정보의 해석에 서툴다 보니 실수도 잦은 편이며, 더욱 공격적으로 굴고 또래 집단에서 고립되곤 한다. 사회적 관계에 대한 욕구를 채우는 방법으로 또다른 반항 행동을 하는 친구들과 어울린다.

이들에게는 사회기술 훈련을 실시하여 또래 집단에 참여하는 방법, 질문하며 대화를 이끄는 방법, 분노 조절 방법을 가르쳐야 한다.[18] 그러나 친구들은 여전히 이런 학생들을 껄끄러워할 것이고 과거에 받은 부정적 행동의 인상을 떨쳐버리기 힘들 수 있다. 결국 이 학생들에게는 나쁜 평판이 낙인찍히게 된다.

반항 행동의 기능

반항 행동의 기능을 이해하는 것은 매우 중요하다. 그래야만 교사가 의도치 않게 문제 행동을 강화하는 대응을 피할 수 있다. 적절히 구조화된 환경에서라면, 즉 바람직한 행동을 하는 것이 더 나은 환경에서라면 학생은 적절한 행동을 더 많이 하게 될 것이다. 다만 반항 행동의 기능은 관심, 회피, 보상 등 매우 다양하게 나타나므로 적절한 개입 방법을 선택하는 데 어려움이 따른다.

학생의 모든 행동이 늘 교사의 관심을 끌기 위한 것은 아니다. 하지만 부정적 관심을 끌려는 의도로 규칙을 어기거나 다른 사람을 화나게 할 때가 있다. 이런 학생은 교사가 무언가 지시하거나 요청할 때 반항적으로 대들며 부정적 관심을 받는 데 성공한다. 책상에 있던 물건을 내던지면 즉각 교사가 달려오는 것도 마찬가지다. 부정적이지만 어쨌든 갈망하던 교사의 관심을 얻는 데 성공하는 것이다.

교사의 요구에서 벗어나기 위해 반항 행동을 하는 경우도 있다.

문제지를 완성하라는 요구를 듣고 종이를 찢어버리거나, 활동이 끝나면 청소를 하라는 요구를 피해 교실에서 도망치는 식이다.

어떤 물건을 가지려고 반항 행동을 할 때도 있다. 장난감을 움켜쥐거나 훔치는 등의 행동은 보상 기능에 해당하는데, 보상 기능은 학생이 자신의 생각, 즉 '내가 원할 때 원하는 것을 갖고 싶다'는 생각에 집착함으로써 하게 되는 부적절한 행동에서 흔히 볼 수 있다. 놀고 싶어서 교사에게 숙제를 마쳤다고 거짓말을 하는 것, 친구와 이야기하려고 제자리에 앉으라는 교사의 요구를 무시하는 것, 게임에서 이기려고 속임수를 쓰는 것도 보상 기능에 해당하는 행동이다.

반항 행동의 경고 신호

학생은 대부분 폭발하기 전에 행동이 점점 격해지고 있다는 신호를 보여준다. 교사는 각각의 사건과 관련하여 이를 관찰하고 기록해야 한다. 경고 신호는 학생마다 어느 정도 한정된 레퍼토리를 갖기 마련인데, 대개 폭발 행동에 앞서 나타나는 작은 행동 변화와 여러 신호들이 있다. 몇 차례 사건을 겪다 보면 교사는 어떤 시점에서 학생이 폭발 지점에 가까워지고 있는지 파악할 수 있을 것이다. 이를 '경고 신호 목록'으로 작성해 두자. 대개 반항 행동의 경고 신호에는 툴툴거리기, 주먹을 꽉 쥐기, 어금니 악물기, 큰 소리로 말하기, 거칠게 숨 몰아쉬기, 앞뒤로 몸 흔들기, 갑자기 일어나 서성거리기 등이 있다.

경고 신호가 감지되면 최대한 신속히 대응해야 한다. "쉬고 싶니?" 또는 "자, 심호흡을 해보자."라고 하면서 조절 전략을 상기시키고, 이전에 학생 스스로 안정을 찾았던 경험을 떠올리게 해도 좋다. 일부 학생의 경우 감정이 가라앉기 전까지 가급적 언어적 상호작용을 하지 않게 두는 편이 나을 때도 있다.

반항 행동의 유형은 다양하다. 가만히 아무것도 안 하고 있기, 책이나 물건 집어던지기, 때리기, 깨물기, 발로 차기 등, 교사들이 경험한 반항 행동의 모습도 제각각일 것이다. 만약 폭력적이고 위협적인 행동을 한 적이 있는 학생이라면 학교 행정가나 정신건강 전문가와 협력하여 안전 계획을 세워야 한다. 심각한 상황이 발생하기 전, 학부모와의 사전 합의를 통해 교직원 대상의 사전 대응 교육, 학부모와 경찰의 참여 시점, 이동 수단, 평가를 위한 지침 등이 모두 포함된 체계적 계획 수립이 필요하다. 잠재적 위험을 지닌 학생과 함께하는 교사와 교직원에게는 사전에 위기예방기술(crisis prevention techniques) 훈련도 실시하도록 한다.

반항 행동은 정서행동 위기학생에게서 흔히 볼 수 있기 때문에 지금부터 소개하는 전략들은 교실에서 다양하게 사용될 수 있을 것이다. 또한 집행기능, 자기조절, 인지적 유연성 미숙과 관련된 스킬은 불안 행동과 반항 행동 모두에 관련되므로 3장에서 설명한 일부 전략들도 추가로 함께 언급하기로 한다.

행동기능가설 수립

학생이 부적절한 행동을 했을 때, 즉 학생 자신의 학습, 교사의 수업 지도, 다른 사람의 학습을 방해하는 행동을 한다고 판단될 때마다 ABC 기록을 작성하면 좋다. **표 4.2**는 에밀리의 교사가 작성한 ABC 기록이다.

행동에서 패턴을 파악하려면 최소 다섯 건 이상의 사건 기록이 필요하다. 배경사건은 학생의 행동에 영향을 주었다고 생각되면 최대한 파악할 수 있는 대로 상세히 기록한다.

쉽게 포기하고 좌절하는 학생들의 경우, 문제 행동의 선행요인을 파악할 때 우선적으로 기본적 욕구를 점검할 필요가 있다. 배고픔, 목마름, 피로, 화장실 가기, 불쾌한 기분 등이 폭발적인 행동의 주요 원인이 될 수 있기 때문이다. 학생이 혹시 배가 고픈 것은 아닌지, 제대로 잠을 못 자서 피곤해하지는 않는지 등 기본적 욕구에 관한 것을 주기적으로 확인하라. 특히 반항 행동의 경고 신호를 보이고 있을 경우라면 반드시 확인해야 한다.

표 4.2 반항 행동을 하는 에밀리의 ABC 기록

날짜, 시간, 지속 시간	배경 사건	활동	선행사건	문제 행동	후속결과
9월 12일 오전 9:00 7분	새 학기 첫 번째 정규수업 주간	수학	그레이브스 선생이 아이들을 짝지어 수학 게임을 하게 했다.	에밀리가 연필 두 자루를 손에 쥐고 드럼스틱처럼 책상을 시끄럽게 두드리며 짝이 있는 테이블로 가려 하지 않았다.	그레이브스 선생이 에밀리에게 하던 것을 멈추고 짝에게 가지 않으면 짝이 혼자 남게 된다고 말했다. 그러나 에밀리는 움직이지 않았다.
9월 13일 오전 10:00 5분		글쓰기	그레이브스 선생이 에밀리와 반 아이들에게 일기장을 주고 여름방학에 대해 쓰라고 했다.	에밀리는 교실 한 구석으로 걸어가서 책장을 발로 차고 그 위에 앉았다.	그레이브스 선생이 에밀리에게 쓰기를 시작하라고 세 번이나 말했다. 그리고 에밀리를 돕기 위해 다가갔다. 쓰기 시간 내내 선생은 에밀리 곁에 앉아 있었다.
9월 14일 오전 8:37 11분		급식실 로의 전환	그레이브스 선생이 반 아이들에게 점심을 먹기 위해 줄을 서라고 했다.	에밀리가 색연필 하나를 부러뜨렸다. 이유를 물어도 대답하지 않고 나머지 색연필들도 모두 부러뜨렸다.	그레이브스 선생이 에밀리를 제외한 반 아이들을 급식실로 데려갔다. 그리고 보조 교사에게 에밀리와 교실에 함께 있어 달라고 부탁했다.
9월 20일 오후 2:15 8분	12:15분경 학급 사진 촬영	미술	미술 선생이 에밀리에게 코트를 치우라고 엄하게 말했다.	에밀리는 후드를 뒤집어쓰고 책상에 엎드려 "안 해!" 하고 소리치며 욕했다.	미술 선생이 상담사를 불렀고 상담사는 에밀리를 교무실로 데려갔다.
9월 27일 오후 1:45 3분		철자	그레이브스 선생이 첫 번째 단어를 따라 써 주며 연필을 바로 꺼내라고 말했다.	에밀리는 복도로 걸어나가 복도 반대편 의자에 앉았다.	그레이브스 선생이 에밀리를 따라나가 교실로 돌아오라고 계속 말했다.

Note : adapted from Sidney W. Bijou, et al. Journal of Applied Behavior Analysis 1, no. 2 (1968)
; Beth Sulzer-Azaroff and G. Roy Mayer, Applying Behavior-Analysis Procedures with Children and Youth.

반항 행동을 하는 학생과 함께하는 교사가 주목해야 할 선행사건으로는 다음과 같은 것들이 있다.

- 어른의 촉진 없이 이루어지는 또래간 상호작용
- 구조화되지 않은 활동(예: 휴식, 점심 시간)
- 권위적인 어른 또는 갈등 관계에 있는 어른과의 상호작용
- 학생이 참고 기다려야만 하는 상황
- 교사가 학생에게 무언가 요구하는 경우
- 전환
- 학생이 '안 돼'라는 말을 듣는 경우
- 학생이 또래와 게임을 하게 될 때

행동 패턴을 검토할 때에는 관심, 회피, 보상(학생이 자기 마음대로 원하는 물건을 가져가는 행동)을 제공한 대응을 찾는 것이 가장 중요하다. 그것이 바로 반항하는 학생들이 보이는 행동 기능과 관련되기 때문이다.

도표 4.1은 **표 4.2**의 에밀리의 행동에 대한 선행사건의 패턴을 찾아 작성한 것이다. 이처럼 ABC 기록에서 선행사건을 분석할 때 패턴에 해당하는 사건들을 별도로 집계해 두어도 좋다. 어떤 사건은 둘 이상의 범주에 포함될 수도 있다. 에밀리의 경우 사회적 요구나 글쓰기 요구를 받았을 때, 급식 등 사회적 활동으로 전환할 때, 권위적이고 직접적으로 지시를 받을 때 어려움이 있었다.

도표 4.1 에밀리의 ABC 기록에서 선행사건과 후속결과의 집계

선행사건		후속결과	
사회적 요구 (수학)	/	요구 회피 (수학, 급식실로의 전환, 미술, 철자)	////
글쓰기 요구 (철자, 글쓰기)	//	단순한 요구 회피 (글쓰기)	/
전환 (급식실로의 전환)	/	일대일로 어른의 관심을 받음 (모든 사건)	////
직접적 지시받기 (미술, 철자)	//		

후속결과 칸에서도 패턴을 찾아본다. 사건을 집계하면 에밀리는 다섯 건의 행동 사건을 통해 교사의 관심을 끌고 요구를 회피하는 데 성공했다. 교사가 에밀리에게 필요한 개입을 선택하려면 선행사건에 담긴 정보가 필요하며, 후속결과 데이터는 에밀리의 행동에 어떻게 대응할지 선택하는 데 도움을 준다. 분석 결과 그레이브스 선생은 에밀리에게 부정적 관심을 주지 않고 에밀리가 요구를 회피하지 않도록 대응해야 함을 알 수 있다.

A 조정

반항 행동을 하는 학생들과 함께할 때 구조화되고 예측 가능한 수업 환경을 조성하는 것은 중요한 일이지만 동시에 학생의 선택권도 유연하게 허용해야 한다. 반항 행동이 일어나기 이전 선행사건을 잘 식

별하면 학생이 겪는 어려움에 맞게 조정해 나갈 수 있다. 예를 들어 휴식 시간에 부적절한 행동 패턴이 나타난다면 휴식에 대한 좀 더 특별한 조정을 시행할 필요가 있을 것이다.

학생이 적절히 행동할 수 있으려면 학교 일과 내내 수업을 조정해야 한다. 조정과 수정은 반항 행동을 하는 학생의 환경, 집행기능, 교육과정, 미숙한 스킬 등에서 모두 이루어진다.

환경

가능하면 반항 행동을 하는 학생을 위한 매일의 일과를 계획하되 좋아하는 활동과 좋아하지 않는 활동을 번갈아가며 포함시킨다. 이렇게 하면 좋아하지 않는 활동에 대해 인내심을 기르고 유연성을 갖게 도울 수 있다. 물론 학교 일정은 전문가 활용 여부 등 여러 가지 고려사항들이 필요하기 때문에 이 제안이 현실적이라고 말할 수는 없다. 만약 불가능하다면 학생이 좋아하지 않는 활동을 시작하기 직전 과목 내에 강화 활동을 포함시키는 방법도 있다. 즉 수학을 시작하기 전, 읽기 시간 끝 부분에 학생이 컴퓨터 프로그램을 사용해 읽기를 할 수 있도록 허용하는 식이다.

반항 행동을 하는 학생에게 있어서 하고 싶은 일 대신 좋아하지 않는 활동에 참여해야 한다고 요구받거나, 권위에 따르라고 지시받는 것은 무척 힘든 일이다. 이들에게는 휴식 시간을 주어 폭발적인 행동을 막고 재충전할 수 있게 도와주면 좋다. 가능한 한 사후 대응이 아닌 예방적 차원에서 휴식 시간을 일정에 포함시킨다.

휴식은 요구로부터 벗어날 수 있어야 한다. 이를 위해 우리는 욕구불만 내성(frustration tolerance)이 아주 낮고 폭발적인 행동을 자주 하는 학생들에 대해서는 일정에 한두 번의 중간 휴식을 넣고 그 시간을 예를 들어 '테렌스가 대장인 시간' 또는 '테렌스 왕의 시간'이란 이름을 붙였다. 학생은 이 시간 동안 어떤 활동을 할지 선택하고, 교사는 관심을 기울이되 특별한 요구는 하지 않는다. 다만 학생에게 "우리 이제 뭐할까?" "나는 어디 앉을까?" 정도로 물어볼 수는 있다.

안타깝게도 반항 행동을 하는 학생은 휴식을 충분히 활용하지 못하는 경우가 많다. 유용하고 즐거운 휴식 시간을 오히려 부담스러워하는 학생도 있다. 잘못된 행동을 했을 때 교실에서 내보내져 강제로 '휴식하도록' 요구받았던 경험 때문이 아닐까 싶다. 이런 학생에게는 '휴식' 대신 '자유시간' 또는 '선택시간' 등의 용어를 써서 휴식을 즐길 수 있게 격려한다.

관심을 원하는 학생에게 휴식의 효과를 좀 더 확실히 하려면 학생 개개인마다 일대일로 다소 과장된 관심을 주는 편이 낫다. 하지만 학급 내 모든 학생에게 휴식을 부여할 경우 구조화된 휴식, 즉 시작과 끝이 명확하고 활동 내용과 장소가 합의된 형태가 효과적이다. 관심을 그다지 원치 않는 학생이라면 짧은(5분 내외) 시간 동안 조용한 공간에서 휴식하거나, 책상에서 할 수 있는 그림 그리기, 휴대 전화 게임, 음악 듣기, 퍼티 활동 정도를 할 수 있다. 만약 휴식 시간이 더 길게, 20분 정도까지 주어질 경우 좋아하는 스포츠 팀의 동영상 보기, 그림 그리기와 만들기 등 학생이 매우 좋아하여 쉽게 포기하지 않을 만한 활동, 그네타기나 트램펄린, 체육관에서 트랙 달리기, 컴퓨터나 전화로 간단히 할 수 있는 게임도 적절하다. 다만 승부에서 지면 더 화가 날 수 있기 때문에 지나치게 공격적이거나 경쟁적이어서 통제하기 힘든 활동은 넣지 않도록 한다.

반항 행동을 하는 학생은 구조화되지 않은 시간이나 또래들과 함께 노는 데 어려움이 있기 때문에 대안적 휴식 시간을 고려할 필요가 있다. 이들은 대개 혼잡하고 붐비는 전형적인 휴식 시간보다 작은 공간에서 조용하고 구조화된 휴식 시간을 가질 때 또래와 긍정적으로 상호작용할 가능성이 높다. 따라서 대안적 장소에서 어른의 감독하에 휴식하게 하는 편이 훨씬 효과적이다. 만약 대안적 휴식이 어렵다면 정규 휴식 시간 동안 어른이 감독하는 방안을 고려한다.

대안적 점심 시간 또한 고려할 만하다. 반항 행동을 하는 학생에게는 지속적인 모니터링이 필요할 뿐 아니라 게임, 음수대 줄서기 같은 사회적 상호작용 내내 어른의 코칭이 따라야 한다. 대안적 환경에서 소그룹으로 점심 식사를 하게 되면 모니터링하기도 쉽고 명확한 지시를 통해 상호작용을 촉진하기에도 좋다. 또한 이 시간 동안 상대방의 관점에서 이해하는 조망수용(perspective-taking, 타인의 생각과 감정을 이해하고 입장을 바꾸어 상황을 바라보는 것—옮긴이) 등 사회기술 지도를 위한 게임이나 활동도 진행할 수 있다. 3장에서 소개한 자기진정 상자를 교실에 마련하는 것도 도움이 된다. 불만스러울 때 이 상자의 물건들을 사용해 자신을 진정시키는 방법을 배울 수 있다.

반항 행동을 하는 학생은 대체로 전환에 서툴다. 이들은 좋아하는 활동에서 싫어하는 활동으로 옮겨가는 것을 무척 어려워하므로 중간에 과제를 주거나 목표를 제시해주면 도움이 된다. 예를 들어 학생이 도서관에 가는 것을 거부한다면 책을 사서에게 전해주라고 요청함으로써 도서관으로의 이동과 과제 완수 모두를 성공할 수 있다. (전환 전략에서 참고할 만한 요소들은 3장에서 이미 살펴본 바 있다.)

좋아하는 활동에서 좋아하지 않는 활동으로 전환할 때의 첫 단계는 첫 번째 활동을 잘 중단하는 일이다. 한 가지 활동에 집착하고 하던 일을 중간에 멈추려 들지 않는 학생에게는 쉽지 않다. 앞에서 하던 활동을 자연스럽게 중단할 수 있도록 전환을 미리 예고해주는 것이 중요하다. 이때 "컴퓨터를 꺼. 이제 철자법 시작할 시간이야."라고 하지 말고 "컴퓨터를 어디서 끝낼지 잘 찾아보렴." 하고 말해보자. 또는 앞의 과제가 끝나는 것을 예상할 수 있도록 "자, 이제 단어 다섯 개 정도 할 시간이 남았어." 같은 말을 할 수도 있다.

전환의 또 다른 요소인 '다음 과제 시도하기' 또한 매우 힘든 일이다. 이들에게 "자, 이제 사회시간이다!"와 같이 말할 경우 부적절한 행동이 나올 수도 있다. "로봇 그리기를 마치고 나면 2분 있다가 수학을 시작할게요."와 같이, 필요할 경우 전환의 두 구성 요소, 즉 처음 활동의 중단과 다음 활동의 시작을 모두 넣어 예고해준다.

정지시간 또한 전환의 일부다. 반항 행동을 하는 학생은 자기통제와 자기조절이 어려우므로 구조화되지 않은 이런 시간이 힘겨울 수 있다. 이 시간을 대기 시간이라 여길 수도 있지만 유연성이 부족하고 만족 지연에 어려움을 겪는 학생에게는 기다리는 것이 매우 어렵다. 그들이 원하는 것은 '지금 바로'이다.

많은 교사가 학생에게서 이 '기다리는 능력'을 과대평가한다. 대부분의 학생들이 유치원에서 이 스킬을 배우고 올라오기 때문이다. 그러나 기다림이 힘겨운 학생은 생각보다 훨씬 많다. 이런 학생들과 함께하려면 '대기시간용 가방'이 꼭 필요하다. 이 작은 가방 속에는 기다리는 시간 동안 쉽게 꺼내 쓸 수 있는 여러 가지 물건들을 담아 둔다. 태블릿, 수시로 썼다 지웠다 할 수 있는 작은 칠판, 재미있는 이야기 만들기, 레고 등 머리를 식힐 수 있는 작은 오락이나 원하는 활동을 기다리며 참고 기다릴 수 있는 재미있는 과제를 주면 학생이 자기조절에 익숙해질 때까지 도움이 된다.

집행기능

불안 행동을 다루며 소개한 집행기능은 반항 행동을 하는 학생에게도 적용할 수 있다. 여기에 추가하여 가르칠 만한 몇 가지 집행기능을 소개한다.

자기대화는 문제 상황을 식별하고 궁극적으로 적절한 전략을 사용하도록 학생이 자기 자신에게 신호를 주며, 궁극적으로 자기조절을 배워나가는 데 필수적인 스킬이다. 교사가 "힘들어 보이네요. 어떻게 할까요?"와 같이 질문해주면, 학생들은 그 순간 이전에 배웠던 전략을 떠올려 적용할 수 있을 것이다.

시각화된 일정표는 교사의 요구가 무엇인지 잘 이해하지 못할 때 위축되거나 굳어버리는 학생에게 매우 유용하다. 어린 학생을 위한 그림 일정표든, 모바일 기기에서 시시각각 알려주는 디지털 일정 표든 상관없다. 하루 일과를 시작할 때 학생 스스로 일정표를 미리 살펴보며 점검하게 하면, 이후 자기 마음대로 하려 들거나 경직되지 않게 예방할 수 있을 것이다.

교육과정

학업 기대치는 학생에게 심한 스트레스를 준다. 특히 많은 학생들이 상대적으로 어려워하는 영역인 쓰기, 지필과제 등은 반항 행동을 하는 학생에게 더욱 어려울 수 있다.

열린 마음을 갖자. 그들은 유연성이 부족하다. 학업을 위해 무언가 요구해야 할 때 학생의 선택권을 포함시키면 학생도 잘 따를 수 있다. 즉 과제물의 순서, 사용할 자료, 공부할 장소 등을 학생이 선택하게 허용하라는 뜻이다.

분량이나 결과를 중시하는 과제보다 진행 과정과 품질을 강조하는 과제, 학생이 어느 정도 통제할 수 있고 정답이 없는 개방형(Open-ended) 과제가 이들에게는 더욱 효과적이다. 우리의 경우 전통적인 방식의 에세이 쓰기, 즉 어떤 주제로 몇 자 분량의 글을 써 오라는 식의 과제 대신 파워포인트 프리젠테이션이나 랩으로 가사를 만들어오게 하는 방식의 과제를 진행했다. 보고서 작성 대신 과학 실험, 사회과학 포스터 제작, 동영상 제작 같은 체험형 프로젝트 또한 좋은 대안이 될 수 있다. 학기 중 일정 기간 동안 학급 전체를 대상으로 진행하면 별도의 프로젝트를 계획하는 부담을 줄일 수 있을 것이다. 어떤 스토리를 상상하여 써오기 같은 전통적 방식 대신 만화나 노랫말로 쓰게 할 수도 있다. 이런 방식은 준비하는 데 교사의 품이 들고 아이디어가 많이 필요하지만, 학생들이 선호할 뿐만 아니라 효과가 큰 편이다.

학습에 부담을 덜 수 있도록, 적합하다고 판단되는 선에서 쉬운 과제와 어려운 과제를 번갈아 배치해도 좋다. 그룹으로 과제를 진행할 경우가 아니라면 개인별 학습 시간에는 조금 더 쉬운 과제로 시작하게 한다. 예를 들어 고학년 수학 시간에 저학년용 수학 문제지를 구해 문제 사이에 배치하며 지도하는 식이다.

반항 행동을 하는 학생은 자칫하면 공부를 포기하거나 폭력적인 행동을 할 위험이 있다. 컴퓨터와 모바일 기술을 적절히 활용하면 이런 학생이 공부를 계속하는 데 도움이 된다. 어떤 경우에는 교사보다 컴퓨터의 지시가 학생에게 더 큰 학습동기를 부여할 수도 있다. 반항 행동을 하게 되는 이유의 하나인 회피동기 행동, 즉 실패할까 봐 두려워 과제를 회피하기 위해 저지르는 부적절한 행동은 기술을 활용하는 학습에서는 줄어드는 경향이 있다. 교과서에 수록된 장문의 글을 그대로 읽고 말하고 쓰는 대신, 동영상, 파워포인트 프리젠테이션, 전자책, 웹사이트를 활용해보자. 이를 통해 학생들은 내용과 형식에 대한 부담을 덜고 즐겁게 접근할 수 있을 것이다. 부록 D를 참조하여 수업에 활용할 다양한 기술지원 방법을 살펴보기 바란다.[20]

교사와 팀은 교육과정에서 어떤 부분을 기술을 통해 조정할지, 어떤 형태로 창의적인 프로젝트를 완성할지 목표를 결정하고 이에 맞게 학생을 이끌어야 한다. 예를 들어 학생이 3학년에서 요구되는 모든 기준을 충족하는 것이 목표라면, 기준을 충족한다는 가정 하에 학생이 배우는 방식을 좀 더 유연하게 운영할 수 있다. 반면 교과에 대한 학습 능력을 향상시키는 데 목표를 둔다면 전통적인 방식인 지필과제와 함께 개별화된 프로젝트 및 컴퓨터 기반 수업의 조합을 고려할 수 있을 것이다.

미숙한 스킬

3장에서 설명했던 자기조절 전략은 반항 행동을 하는 학생에게도 적용될 수 있다. 격렬한 감정을 스스로 조절하는 법을 배워야 하기 때문이다.

반항 행동을 하는 학생은 자신의 행동이 적절한지 여부를 스스로 점검하고 평가하지 못하며 책임을 회피할 수 있다.[21] 자기가 한 일을 실제와 다르게 또는 과대평가할 가능성도 있다. 따라서 교사는 학생의 행동을 평가하되 그것에 대해 충분히 설명함으로써 학생이 자신의 행동을 점검할 수 있게 가르쳐야 한다.

문제를 일으켰을 경우 해결 방법을 배울 수 있도록 '선택에 대한 책임'이라는 제목의 서식(부록 G 참고)을 작성하게 하면 좋다. 단 서식 작성은 사건 후 학생이 어느 정도 감정을 가라앉힌 후, 또는 다음날 하는 것이 적당하다. 심리학자 앨런 카즈딘(Alan Kazdin)은 행동 프로그램에서 '긍정적 상반(positive opposites)'을 권장한다.[22] '하지 말아야 할 행동'을 언급하지 말고 성공을 위해 '해야 할 행동'을 격려하라는 것이다. "말을 끊지 마세요." 대신 "질문이 있으면 손을 드세요.", "때리지 마세요." 대신 "손을 조심해요."와 같이 말한다. 자기점검 서식을 작성할 때도 긍정적 상반을 사용하여, "친구를 때리지 않는다."라고 쓰는 대신 "손을 조심한다."와 같이 쓰게 한다.

반항 행동을 하는 학생은 자신의 부정적 행동에 대해 책임을 지기보다 다른 사람을 탓하는 경향이 있다. 이들에게는 그 행동이 성공과 실패에 어떤 영향을 미치는지 알려줌으로써 행동을 평가하는 방법을 배우게 해야 한다. 반항 행동을 하는 학생은 게임을 할 때 자신에게 유리하도록 속임수를 쓰거나, 순서를 바꾸거나 규칙을 변경하는 식으로 문제를 일으키는 경우가 흔하다. 따라서 스킬을 배우고 가르치는 동안 세심한 감독이 필요하다.

반항 행동을 하는 학생은 집단적 협업, 친구 사귀기, 갈등 해결에 관한 스킬이 미숙한 경우가 많다. 타인의 감정을 이해하고 적절한 방식으로 대응하는 스킬을 가르쳐야 한다. 학생 스스로 자신의 강점과 감정을 이해하고 분노와 불만을 다루는 스킬도 필요하다.[23]

반항 행동을 하는 학생은 자기 중심적이고 자신이 바라는 것 위주로 요구하는 편이므로 주변 사람들의 호감을 얻기 어렵다. 이들이 원만한 사회적 관계를 맺고 학교생활에 잘 적응할 수 있도록, 다른 사람을 칭찬하는 법, 고맙다고 인사하는 법, 공손하게 말하는 법 등 기본적인 사회기술을 배울 수 있게 도와야 한다.

◼ *1* 상호작용 전략

학교는 종종 학생의 반항 행동에 대응하는 조치를 취해야 한다. 반항 행동 예방을 위해 우리는 선행사건 관리 전략을 학교 일과에 포함하도록 권한다. 이 전략들은 관계 구축을 도와주고, 규칙적인 휴식 시간 및 전환 과정에 적절히 사용될 만한 지원 방안들을 포함한다. 불안이나 우울을 겪는 학생에게도 사용될 수 있지만 그럴 경우 반항 행동과 다른 이유로 도입될 수 있음을 감안하기 바란다.

반항 행동을 하는 학생에게 있어서 교사와의 관계 구축은 학업뿐만 아니라 문제 행동 개선을 위해서도 매우 중요하다.[24] 유치원 어린이를 예로 들면, 교사와의 관계가 부정적인 아이는 2년 후 긍정적 관계를 맺은 또래 친구들에 비해 문제를 더 자주 일으키고 행동역량은 더 부족한 것으로 나타났다.[25] 손드라 버치(Sondra Birch)와 게리 래드(Gary Ladd) 또한 교사와의 관계가 아주 부정적이었던 유치원생은 초등 1학년 내내 친사회적 행동(prosocial behavior)이 부족하고 공격적인 행동은 증가할 것으로 예측했다.[26] 행동 변화를 이끌어내는 데 있어서 부모와 협력하여 지도하는 편이 아이만 단독으로 지도할 때보다 큰 차이를 보여준다는 수많은 증거들이 있다.[27] 관계 구축을 위한 전략을 시행할 때 참고하기 바란다.

교사가 가장 먼저 해야 할 일은 반항 행동을 하는 학생에 대한 자신의 인식을 점검하는 것이다. 학생은 교사가 가진 부정적 감정을 쉽게 눈치챌 수 있으며, 이 때문에 종종 더 심하게 반항 행동을 하는 경우가 있다. 끊임없이 인내심을 시험하는 이 학생들은 교사의 입장에서는 함께하기 정말 힘들고 애정을 갖기도 쉽지 않다. 하지만 이들을 실질적으로 변화시키려면 교사가 긍정적인 관심을 주어야 하고, 짜증스러운 문제 행동에 대응하는 방법도 바꾸어야만 한다.

교사의 비언어적 메시지는 학생과의 상호작용에서 중요하다. 찰리 애펠스테인(Charlie Appelstein)은 저서 『No Such Things As a Bad Kid(나쁜 아이는 없다)』에서 학생에게 관대하게 대하고 최대한 인내해야 한다고 말한다. 책 제목에서 알 수 있듯이 저자는 세상에 나쁜 아이는 없으며 단지 운이 나쁘고 잘못된 선택만 있을 뿐이라고 말한다.[28] 그리고 이전에 반항적이었던, 거스라는 이름의 학생으로부터 얻게 된 통찰을 다음과 같이 이야기한다.

못된 것이 아니라 단지 망가졌을 뿐이다. 당신이 마음으로 밀어낸 그 아이는 어쩌면 당신을 가장 필요로 하는 아이였을지 모른다. 영악하다는 말을 들었을 때 그 아이는 분노하면서도 자아에 상처를 입고 그 말에 담긴 부정적 이미지를 내면화하여 자신을 부정적으로 인식하게 되었다.

그러나 당신이 영악하게 여기는 그 아이는 과거에 누군가로부터 얻어맞지 않기 위해 그래야만 했을지도 모른다. 그렇다면 영악하다는 말은 나쁜 의미가 아닐 수 있다. 즉 아이의 입장에서 상황과 행동을 이해할 필요가 있는 것이다. 그렇게 되면, 영악하다는 말은 더 이상 그 아이에게 쓸 필요가 없어진다.[29]

학생을 설명하는 단어를 달리하는 것도 학생을 좀 더 긍정적으로 바라보기 위한 방법이다(표 4.3 참조). 부정적 인식 대신 긍정적 기대를 반영한 비슷한 의미의 대체 용어들을 사용할 수 있다.

일과 중에는 일대일 관계 구축을 위한 활동 시간을 마련한다.[30] 이런 활동의 목적은 학생으로 하여금 교사가 자신을 존중하며 호감을 갖고 있음을 알게 하려는 데 있다. 반항적인 학생은 대체로 권위 있는 사람을 신뢰하지 못하기 때문에 교사가 자신의 편이라는 믿음을 주어야 한다.

표 4.3 긍정적 기대를 반영한 대체 용어

부정적 인식이 담긴 말	긍정적 기대를 반영한 대체 용어
짜증나게 한다	타인을 멀어지게 한다
오만하다, 남을 무시한다	남에게 강한 영향을 미친다
저항적이다	신중하다
게으르다, 무관심하다	위험이나 실패를 피하려 한다
남을 조종하려 든다	자신의 필요를 효과적으로 충족시킨다
관심을 끌려고 한다	자신을 좋아하고 소중히 여긴다
말수가 적고 무뚝뚝하다	가까운 사람들을 우선시한다
고집이 세다, 반항적이다	자신에게 충실하다
성질사납다, 격분한다	자신의 의도를 확실히 드러낸다
학습장애가 있다	넘어야 할 장벽이 있다

Note: adapted with permission from Charlie Appelstein, unpublished document (2011).

우리는 교사에게 학생과 일대일 관계 형성을 위한 크고작은 기회를 일 년 내내 최대한 많이 가지라고 제안하고 있다. 교사가 먼저 학생과 적극적으로 관계를 구축하려 노력해야 한다. 교사가 자신을 좋게 여기고 자신을 위해 최선을 다하고 있다고 학생이 생각해야 성공적인 개입이 가능해진다. 관계 구축을 위한 일대일 활동은 편안한 시간에 실시하는 편이 효과적이다. 학생이 부적절한 행동을 한 직후에 실시하면 오히려 부적절한 행동을 강화할 위험이 있다.

교사와 함께하는 공동의 활동은 학생의 안정감과 협력적 행동을 키워줄 수 있다. 일부 학생에게는 다소 과도해 보이더라도 일상적인 것을 넘어 기억에 남을 만한 활동이 관계 구축에 도움이 된다. 학년 초나 개학 직후와 같이 긍정적 관계 구축을 막 시작해야 할 때 고려할 필요가 있다. 학생이 이전보다 수업에 더 열심히 참여하고 학교생활을 잘해 나가는 모습을 보게 되면 정말 큰 보람을 느낄 것이다. 학생과 함께 학교 잔디밭으로 소풍을 가고, 음식을 포장해 와서 함께 나누어 먹어보라. 한 교사의 배우자는 학생과 함께 개를 산책시킬 수 있도록 집에서 개를 데려오기까지 했다.

학교 밖으로 나가는 활동은 학부모로부터 사전에 서면허가를 받아야 한다. 학교를 통해 지역 체험여행 교통편을 마련해도 좋고 도보로 이동할 만한 곳을 방문해도 좋다. 학생이 감정 폭발이나 난동, 공격적 행동을 한 이력이 있다면 학교를 벗어났을 경우 도움을 받을 방법에 대한 안전 계획도 반드시 필요하다.

요구 전략

반항 행동을 하는 학생에게 무언가 요구하여 지시를 따르게 하기란 정말 쉽지 않다. 의도치 않게 학생의 행동을 악화시키거나 반항을 부추기고 관계를 해칠 수도 있다. 하지만 교사가 요구하는 방식에 조금만 변화를 주면 힘겨루기를 피하고 학생이 지시를 따르도록 잘 이끌 수 있다. 반항 행동을 하는 학생에게는 상호작용 방식의 접근이 효과적으로 협조적인 반응을 이끌 수 있다.

캠브리지 사전에서는 '힘겨루기'를 '힘을 갖기 위한 불편하고 폭력적인 경쟁'이라고 정의하고 있다.[31] 교사가 "지금 바로 연필을 줘." "당장 웃는 걸 멈춰!" 하고 직접적으로 지시하거나 명령할 경우 학생이 이를 거부하면 힘겨루기가 발생하고, 교사는 당황한다. 이 시나리오에서 교사가 상황을 통제하려 들거나 우위를 차지하려 한다면 "내가 연필 달라고 했지!"와 같이 앞의 지시를 반복하고, 학생에게 벌을 주어 교실 밖으로 내보낼 것이다. 하지만 힘겨루기는 문제를 해결하는 데 실질적 효과가 없다. 교사가 힘을 가할수록 학생 쪽에서 더 고집스럽게 버티기 때문이다.

스페인 속담 중에 "하나가 싸우려 들지 않으면 둘이 싸울 수는 없는 법"이라는 말이 있다(교사가 힘겨루기 대신 다른 방식으로 접근하는 것이 현명하다는 뜻—옮긴이). 반항 행동을 하는 학생은 권위에 순응하지 않고 자기가 상황을 주도하려 드는 편이다. 엄격하고 권위적인 어조로 이야기할수록 교사의 말을 거부할 가능성이 높다. 아무리 화가 나도 가능한 한 평정심을 유지하며 차분한 어조로 말해야 한다.

부탁하는 말은 예의를 갖추면서도 상대를 존중하는 느낌을 준다. "부탁할게."라는 한 마디로 학생이 고개를 끄덕이게 만들 수도 있다. 반면 학생에게 무언가 지시하면서 "휴식 시간이 늦춰지길 바라는 거야?" "과학 수업 준비되었니?"처럼 '예/아니요'만으로 답변해야 하는 질문은 피해야 한다. 교사는 지시 내용을 질문 형식으로 바꾼 것이지만, 학생 입장에서는 선택권을 주는 것으로 오해하고 교사의 의도와 반대로 행동할 가능성이 있다. 이와 비슷하게 어떤 사람은 문장 끝에 습관적으로 "좋지?"라는 말을 붙여 "음악 시간이야, 좋지?" 하고 말하곤 한다. 반항적인 학생에게는 그리 적절한 방식이 아니다. '아니요'라고 대답해도 괜찮을 경우가 아니라면 말이다.

반항 행동을 하는 학생과 상호작용할 때는 최대한 학생이 선택할 수 있게 하면 좋다. 연구에 따르면 이처럼 선택권을 제공하는 것이 또래와 주변 어른과의 사이에서 적절한 행동을 하도록 촉진하고 문제 행동을 줄일 뿐만 아니라 의사소통 및 사회기술 향상을 도울 수 있다.[32] 가능하면 하루 일과 내내 학생이 선택할 수 있게 하라. 지시에 선택을 포함시키면 작은 부분이나마 학생 스스로 자신의 일과를 조정할 수 있다. 한 줄로 서라고 지시하는 대신 "줄의 앞쪽에 설래, 뒤쪽에 설래?"라고 묻거나, 수학 과제를 시작하라고 지시하는 대신 "수학 과제를 연필로 할래, 펜으로 할래?"와 같이 묻는 것이다. 약간의 창의성을 발휘해야 하지만, 학생과의 잠재적 갈등을 피할 수 있고 개선 효과도 기대할 수 있는 방식이다. **표 4.4**에서 이와 같은 예시를 추가로 확인할 수 있다.

표 4.4 선택할 기회를 주는 형태의 정의와 예시

형태	정의	예시
장소 (where)	학생이 공부나 놀이를 하는 곳	의자, 탁자, 깔개 위치 등을 선택하게 함 【예】 파란색 의자에 앉고 싶니? 아니면 빨간색?
시간 (when)	학생이 공부나 놀이를 하는 때	활동을 언제 시작할지를 선택하게 함 【예】 지금 바로 시작하겠니? 아니면 간식 후?
범위 (within)	학생이 공부나 놀이를 마치는 데 필요한 특별 한 재료	마커나 연필, 펜의 색깔 선택하기 컴퓨터로 쓸지 종이로 쓸지 선택하기 가위나 풀 등 무엇을 이용할지 선택하기
구성원 (whom)	학생이 공부나 놀이를 함께하는 사람	교사 또는 학급 친구들 선택하기
과제 (what)	학생이 제일 먼저 하게 될 것들	먼저 수학 학습지를 할지 수학 게임을 할지 선택하기
종료 (Terminate)	학생이 공부나 놀이를 끝마치는 때	학생이 활동을 마쳤는지 물어보기, 활동종료지점 함께 정하기
미래 (future)	학생이 다음에 하게 될 공부나 놀이	【예】 도미노 게임을 마친 다음엔 무얼 갖고 놀래?
물건 (tangible)	학생이 공부나 놀이를 하기 전, 중간, 끝마친 뒤 필요한 물건들	학생이 갖고 싶은 물건 선택하기 【예】 책상에서 혹은 소그룹 시간에 무릎에 놓고 만지작거릴 장난감 고르기
거절 (refusal)	공부나 놀이의 시작 및 종료 여부	활동을 계속하고 싶은지 끝낼지 묻기 【예】 1분 더 할래?
대안 (alternative)	공부나 놀이를 마치기 위해 사용할 방법	과제를 종료하는 방법 선택하기 【예】 그림 그리기, 스탬프 찍기

Source: adapted with permission from Kristine Jolivette et al., "Naturally Occuring Oppertunities for Preschool Children With or Without Disabilities to Make choices", Education & Treatment of Children (ETC) 25, no. 4 (2002).

권위형 언어(authoritative language) 대신 평서형 언어(declarative language)를 사용하면 학생이 요구를 수용할 가능성을 높일 수 있다. 평서형 언어는 생각한 내용을 그대로 서술하는 것으로, 어떤 상황을 있는 그대로 서술함으로써 학생 스스로 문제 해결 방안을 생각하도록 한다. 교사가 할 일은 사실을 간단히 전달해주고 학생이 그다음 단계에 취할 행동을 생각하도록 격려하는 것이다.

이때 교사와 학생이 공유하는 경험을 언급해주면 학생에게 필요한 정보를 제공할 수 있어 좀 더 효과적이다. 예를 들어 "지금 식탁 위가 정말 지저분해 보여요. 여기서 간식을 먹기는 어렵겠어요." 같은 문장은 "지금 당장 식탁 위를 깨끗이 치우세요." 같은 문장보다 수용적인 반응을 얻어낼 가능성이 높다. **표 4.5**는 평서형 언어의 또 다른 예를 제시하고 있다.

표 4.5 권위형 언어와 평서형 언어

권위형 언어	평서형 언어
줄을 서세요.	모두가 줄을 서고 있지요. 휴식 시간일 거예요.
종이에 이름을 쓰세요.	아, 이 종이가 누구 것인지 기억할 수 있으면 좋겠네요.
시험지를 제출하세요.	내 책상 위에 우리 반 거의 모든 학생의 시험지가 올려져 있는 것 같아요.
화장실에 가고 싶으면 미리 말하세요.	(학생이) 지금 어디로 가려는지 모르기 때문에 (교사가) 혼란스럽네요.
연필을 주우세요.	바닥에 연필이 떨어져 있네요.

직접적이지 않은 방식으로 요구사항을 제시하는 것도 반항적 대응을 피하는 방법이다. 요구를 말로 전하는 대신 서면으로 작성하는 것도 그중 하나다. "연필을 두드리는 것 이제 그만, 부탁해요."라고 쓴 쪽지를 책상에 붙여주면 학생과 얼굴을 맞대고 논쟁하는 일을 피할 수 있다. 학생 또한 반 친구들 앞에서 교사의 말에 물러나며 체면을 구기는 모습을 보이지 않게 된다. 만약 학생이 글을 못 읽을 경우 조용한 모습을 보여주는 그림이나 화면상의 아이콘을 눌러준다. 우리가 경험한 바로는 몇몇 학생들이 쪽지를 찢거나 뜯어버리긴 했지만 논쟁까지 이르지는 않았다.

직접적이지 않은 또다른 방법으로는 특정 학생에게 직접 지시하지 않고 그의 주변 학생들을 언급하며 규칙이나 기대치를 상기시키는 것이 있다. "앗, 아직도 문제지에 이름을 쓰지 않은 학생들이 있네요."라든가 "아이작(교사가 지시를 하려는 학생 주변의 다른 학생임—옮긴이), 맞춤법 검사기 사용하는 것 잊지 말아요."와 같이 말이다.

어떤 요구든 그것을 지시하고 나면 바로 그 자리를 떠나도록 하라. 학생 옆에서 맴돌지 말고 눈맞춤도 삼가도록 한다. 교사가 학생 앞에 서서 눈을 맞추며 "할 말 있으면 손을 드세요." 하고 말하는 것만으로도 학생은 말대답을 하고 언쟁을 시작할 가능성이 있다. 하지만 그 말을 하고 곧바로 몇 발자국 떨어져 자리를 뜨거나 다른 학생과 대화 또는 활동을 시작할 경우 학생이 반응할 가능성은 줄어든다. 학생의 협력적 반응을 최대한 끌어내고 싶다면 지시할 내용을 쪽지로 써서 책상에 붙이고 재빨리 자리를 뜨는 전략을 사용해도 좋다.

학생이 요구에 응할 시간을 충분히 주도록 하라. "점심 먹기 전까지 과제를 완성해 교탁에 놓아주세요."라고 말하는 편이 "지금 바로 과제를 교탁에 제출하세요."처럼 즉각적인 요구보다 훨씬 더 효과적이라는 뜻이다. 흥분하면 요구에 제대로 응할 수 없다. 이러한 접근은 학생이 차분히 안정될 수 있는 시간을 준다.

적절한 강화

반항 행동을 하는 동기 중 하나는 관심을 받는 데 있다. 교사는 이런 학생에게 긍정적 관심을 주는 방식으로 대응할 필요가 있다. 처음에는 어떤 상황에서 벗어나거나 보상을 얻기 위해 반항 행동을 했을 것이나, 이 과정에서 부정적 관심을 받게 되고, 그것이 자연스럽게 추가적인 반항 동기로 작용할 위험이 있다. 오랜 시간에 걸쳐 부정적 관심을 받다 보면 학생은 자신의 행동을 통해 처음 원했던 회피나 보상뿐만 아니라 관심까지 얻을 수 있다는 걸 배우게 된다.

우리가 제안하는 방식은 긍정적 관심에 간헐적이고 비조건적인 강화를 결합하는 것이다.[36] 학교에서 사용되는 긍정적 관심의 형태로 가장 효과적인 것은 칭찬일 것이다. H.K.리비스(Reavis) 등은 칭찬할 때 즉시, 자주, 열정적이고 구체적으로, 다양하게, 눈맞춤을 해 가며 칭찬하라고 말한다.[37] 반항적인 학생에게는 긍정적인 말(칭찬)과 부정적인 말을 2대 1 비율로 하는 것이 좋다.[38] 적절한 친사회적 행동을 한 뒤라면 온종일, 가능한 한 자주, 교사가 긍정적 관심을 보여주며 칭찬하도록 한다. "농구할 차례를 기다려주어서 정말 좋았어요." "앨리스를 위해 문을 잡고 있어주어서 정말 멋져요."처럼 말이다.[39] 적절한 행동을 했을 때는 정말 어려운 일을 해낸 것처럼 열정적으로 칭찬해준다. 평소 성적이 형편없던 학생이 어느 날 철자법에서 100점을 받았을 때처럼 말이다.

새로운 스킬을 가르치는 데 있어서 가장 좋은 방법은 적절한 행동을 한 직후 곧바로 긍정적인 강화를 하는 것이다. 이를 '연속적 강화(continuous reinforcement)'라고 한다. 역할놀이는 즉각적이고 연속적인 강화를 통해 새로운 스킬을 가르치는 좋은 방법이다. 학생들로 하여금 이렇게 상상해보게 하라. 휴식 시간에 누군가 자신에게 다가와 불친절하게 대했을 때 그와 어떻게 대화할지 말이다. 그런 다음 그 모습을 시연해 보이도록 한다. 학생이 새로운 스킬을 연습할 때 교사는 즉시, 풍성하게 칭찬해주도록 하라.

간헐적 강화는 교사가 제대로 사용할 수만 있다면 적절한 행동을 증가시키는 강력한 방법이다.[40] 이 방법은 사건 직후가 아니라 무작위로 강화가 이루어지기 때문에 학생이 잘하고 있을 때를 잘 포착하는 것이 핵심이다.[41] 즉 학생이 적절한 행동을 하려고 집중하고 있을 때, 특별히 좋은 행동을 하지 않더라도 부적절한 행동만 아니라면 어떤 행동이든 긍정적 강화 대상이 될 수 있다. "의자에 앉은 모습이 참 멋지구나." "패트릭, 문제지에 이름을 잘 썼구나. 잘했어." "코트를 아주 잘 걸어놓았네."와 같이 아무리 작은 행동이라도 칭찬할 수 있다는 뜻이다. 학생을 칭찬하는 것 말고도 집에 칭찬쪽지를 보내주거나 다른 교사들에게 학생이 보는 앞에서 자랑을 할 수도 있다. 우리는 일주일 동안 학생에게 무작위로 주는 '좋은 행동 포착' 인증서를 사용하기도 했다. 학생의 긍정적 행동에 가속도가 붙으면 교사는 바람직한 행동으로의 강화를 위해 기준을 더 높일 수 있다.

비조건적 강화의 추가 또한 필수다.[42] 앞서 말했지만 비조건적 강화는 학생의 특정 행동에 대한 것이 아닌, 단지 그 학생이라는 이유만으로 친절히 대하고 칭찬하는 것이다. 학생의 행동과 상관없이 온종일 긍정적 관심을 주면 학생은 교사의 관심을 받기 위해 일부러 부정적 행동을 할 필요가 없다. 이미 관심을 받고 있기 때문이다. 학년 초 또는 학생이 교사의 관심을 끌려고 문제 행동을 거듭할 경우 학생에게 최대한 자주 관심을 기울이도록 하라. 부정적 관심은 긍정적 관심에 비해 일관성도 있고 예측하기 쉬울 뿐만 아니라 관심을 얻는 데 필요한 시간과 노력 면에서 효율적이기까지 하다. 게다가 강렬하고, 극적이고, 명확하다(목소리 크기나 교사와의 거리, 고조된 감정 등에서 볼 때 그러하다). 교사의 입장에서 강화는 이처럼 강력한 경쟁자인 부정적 관심을 염두에 두고 여러 요소를 고려해야 하는 것이다.

한 4학년 학생이 있었다. 그는 학년 초부터 부정적 관심을 끌기 위해 갖가지 부적절한 행동을 계속했다. 걸핏하면 교사와 언쟁을 하고, 교사에게 욕을 하고 모욕하며 교사의 말을 따르지 않았다. 우리는 교사와 논의한 끝에 '친절로 결판을 내자!'라고 결정했다. 교사는 하루종일 그에게 관심을 기울였다. 심지어 관심을 기울이는 일을 잊지 않도록 2분 단위로 알람이 울리게 설정했을 정도였다. 마주칠 때마다 엄지손가락으로 '최고' 표시를 해 보이고, 어깨에 손을 올리고, 수

시로 말을 걸고("하늘에 구름이 많은 것 같은데 보이니? 난 창밖이 잘 안 보이거든."처럼 아주 간단한 말이라도), 농담하고, 칭찬하고, 눈을 맞추며 웃었다. 학생과 소풍을 나갔던 날에는 점심 도시락을 준비해 학교 앞 벤치에서 함께 먹었다. 이러한 관계 구축 활동과 함께 강한 관심을 보여주자 학생의 행동은 극적으로 달라졌다. 부적절한 말이 현저히 줄어들었고 교사를 욕하고 모욕하던 행동도 점차 사라졌다.

반항 행동을 하는 학생을 상대할 때 유머는 필수적이다. 유머를 통해 학생은 교사의 지시에 귀를 기울이게 된다. 학생이 "미술실에 안 갈래요."하고 말했을 때 "오, 그럼 널 업고 가야 할까? 제발 그러지 말아줘. 난 너무 늙었다고." 또는 "피곤한 거니? 이런, 혹시 밤새도록 춤춘 거야?" 이렇게 말하면 웃으면서 서로의 긴장을 풀어줄 수 있다. 상황에 맞게 신중히 사용할 수만 있다면 웃음과 미소를 유발하는 말은 반항적인 학생을 다룰 때 특히 도움이 된다. 주의할 점은 학생이 그 유머를 이해할 수 있는지 미리 확인하라는 것이다. 아스퍼거증후군 학생이나 극단적으로 반항적인 아이들은 미묘한 농담을 잘 이해하지 못한다. 오해를 부를 수 있으니 농담을 가장해 비꼬지 않도록 조심해야 한다.

게임의 형태로 교사의 지시를 따르게 하는 것도 도움이 된다. 예를 들어 "복도를 걸어갈 때 생쥐가 된 척 해보는 거야. 조용히 살금살금 걸어가서 사서 선생을 놀라게 할 수 있나 보는 거지!" 또는 "나보다 먼저 수학 문제를 풀 수 있단 말이야?" 와 같은 식이다.

R 대응 전략 (1)

한 학생이 수업 중에 교사와 계속 언쟁하며 무언가 얻어내려 하는 모습을 보였다. 수학 수업 시간이었다. 학생은 "짝이랑 함께 풀어도 돼요?" 하고 소리쳤는데 교사는 이 말을 외면하고 다들 수학 문제를 풀라고만 말했다. 학생이 다시 외쳤다. "어제는 짝이랑 함께 풀 수 있다고 그랬잖아요. 그래도 돼요?" 그러자 교사는 수업을 방해하지 말라고 말했고, 학생이 다시 대답했다. "방해하는 게 아니고 질문하고 있잖아요." 교사가 대답했다. "넌 지금 수업을 방해하고 있어. 다른 학생들이 기다리고 있잖니." 학생이 반박했다. "왜 절 매번 괴롭히는 거예요? 짝과 함께 풀 수 있다고 하고선 왜 거짓말을 했어요?" 교사는 학생을 교무실로 내보내면서 수업을 방해한 것에 대해 반성하고 사과할 맘이 생겼을 때 다시 돌아오라고 했다. 그러자 학생이 소리쳤다. "대체 뭘 내가 사과해야 한다는 거지? 난 그냥 질문했을 뿐인데!"

언쟁을 계속하는 학생과 교사 간의 상호작용에서 나타나는 전형적인 진행을 파악해 둘 필요가 있다. 먼저 알아야 할 것은, 이럴 때 학생이 하는 질문에는 정보를 구하는 것과 도전적인 것, 두 가지가 있다는 사실이다.[43] "캘버트 선생님, 우리 언제 쉬어요?" "몇 문제나 더 풀어야 해요?" "이건 왜 하는 건데요?" 등과 같이 정보를 구하는 질문은 교사와 대립하려는 의도는 별로 없다. 이런 질문에 대응하는 제일 좋은 전략은 간단히 대답을 주는 것이다. 학생은 자신의 말에 사로잡혀 있으므로 학생의 질문을 무시하거나 질문을 그만두길 기다리는 정도로는 끝날 가능성이 거의 없다. 교사의 답이 없을 경우 학생의 질문은 계속 반복되고 그 수위는 점점 심해질 것이며 질문에 대답하고 나서야 비로소 다음 단계로 옮겨갈 수 있다. 만약 학생이 정보를 구하는 의도로 질문을 계속할 경우 간단히 한 번만 대답하라. 그리고 나서도 학생이 고집스럽게 질문을 계속할 경우 "그 이야기에 대한 답은 이미 나왔어요."라고 대답하고 상호작용을 끝내도록 한다.

도전적 질문은 대립하려는 의도가 강하다. "제가 왜 그걸 해야 하죠?"와 같은 질문은 교사의 권위나 지시에 도전하려는 의도이다. 이러한 질문에는 대답할 필요가 없고 더이상 상호작용을 하지 않아야 한다. 학생이 원하는 것은 정보가 아니기 때문이다. 학생은 의도적으로 교사에게 도전하고 있는 것이다. 종종 학생의 도전적인 질문은 분노, 정의롭지 않은 느낌, 복종하지 않겠다는 생각에서 나온다.

하지만 이유와 상관없이 가장 좋은 대응은 교사가 한계를 명확히 하여 다시 지시하는 것이다. "자, 수학 시간이에요. 수업을 시작하죠. 안 그러면 간식 시간에 수학 공부를 해야 할 수도 있어요."[44] 이때 설정하는 한계는 논리적으로 타당한지, 강력한 시행이 가능한지, 그리고 명확한지 확인해야 한다.[45] 몸집이 큰 5학년 학생이 복도로 나가라는 교사의 지시를 거부할 경우 교사는 어떤 선택을 할 수 있을까? 먼저 교사가 정한 한계를 따를 수 있는지 확인해야 한다. 그런 다음 그것이 학생의 능력 범위 안에 있어 타당한지, 명확하고 구체적인지도 알아야 한다. '먼저, 그런 다음'은 명확하고 구체적인 한계를 설정하는 좋은 포맷인데 예를 들면 이렇다. "먼저 마지막 수학 문제를 풀도록 하세요. 그런 다음 휴식 시간을 가질 거예요."

보상과 결과

교사의 예방적인 노력에도 불구하고 학생은 여전히 폭발적인 행동을 할 수 있다. 보상 기준이 명확히 설정된 전통적인 접근은 반항 행동을 하는 학생들에게 잘 작동하지 않는다. '모 아니면 도' 식의 계획 또한 역효과를 부를 수 있기 때문에 피해야 한다. 예를 들어 "오늘 아침 시간에 조용히 하고 수업을 방해하지 않으면 점심 시간에 휴식을 줄게요." 같은 방식 말이다. 학생이 9시 15분에 수업을 방해했을 경우 점심 시간 휴식이 이미 없어져버린 상태가 되므로 나머지 오전 시간 동안 행동을 조심해야 할 아무런 동기가 없다.

이런 점에서 서서히 개선되는 체계가 훨씬 유연하고 좋다. 예를 들어 학생이 손을 들 때마다 자신이 선택할 수 있는 시간을 2분씩 벌게 된다거나, 말을 듣지 않았을 때 1분을 잃게 되는 방식 말이다. 이러한 형태의 대응은 학생이 '아무것도 잃을 것이 없는 상황'에 처하지 않게 되므로 여전히 무언가 해볼 동기가 남아 있게 된다.

우리는 학생이 적절한 친사회적 행동이나 순응적 행동을 했을 때 이를 보상하는 자기조절 전략이나 새로운 강화 스킬을 추천하고 싶다. 소리를 지르는 대신 휴식을 취하면서 자기조절을 배워나가는 학생은 그러한 전략을 사용했을 때 보상을 받을 수 있다. 새로운 스킬을 가장 효과적으로 가르치려면 친사회적 전략, 조절 전략을 보여준 직후 휴식이나 포인트 등으로 실질적인 보상을 제공하면 좋다.

R 대응 전략 (2)

다음으로는 학생의 반항 행동에 효과적으로 대응하기 위한 몇 가지 단계를 소개하려 한다. 여기서 대응은 학생의 ABC 기록에서 파악된 행동 기능과 일치해야 한다.

부정적 관심을 끌기 위한 행동에 대응할 경우

1. 부정적인 관심을 끌려는 학생에게는, 부적절한 행동으로는 결코 관심을 얻을 수 없음을 확실히 알려주어야 한다. 그러지 않으면 부적절한 행동은 더욱 강화될 것이다. 부적절한 행동을 하는 학생에게는 가급적 관심을 두지 말 것, 기대에 맞는 행동을 하는 학생들에게 관심을 둘 것, 이것이 적절한 대응을 위한 기본 단계다.

2. 기대에 맞는 행동이 무엇인지 학생에게 상기시킨다. 그리고 그러한 행동 변화가 일어났을 때 즉각적으로 칭찬한다.

3. 휴식을 요청하는 전략을 사용하면 보상을 받을 수 있다는 사실을 학생에게 일깨워준다.[46]

불응 행동에 대응할 경우

교사가 지시나 요구를 최선의 방식으로 잘 전달했더라도 여전히 일부 학생들은 불응할 수 있다. 이들은 교사를 무시하고, 책상에 머리를 박고 엎드리고, 고함이나 욕설을 하는 등 공개적으로 교사의 요구에 불응하는 행동을 한다. 이런 상황을 최소화하고 학생을 진정시키며 교사의 지시를 받아들이게 할 대응 방법이 필요하다.

우리가 제안하는 전략은 학생의 행동에 조금 덜 강렬하게 대응하되, 반항 행동이 계속될 경우 점진적으로 더 직접적인 대응을 해나가라는 것이다. 학생이 불응할 때에는 먼저 더 많은 정보를 찾는 것부터 시작하라. 그다음에는 자연스럽게 생겨나는 강화활동(학생 스스로 느끼게 되는 성취감과 자부심 등─옮긴이)을 상기시킨다. 마지막으로 보상과 결과가 통합된, 좀 더 적극적인 대응을 진행한다.

불응 또한 학생의 의사소통 방식임을 기억하자. 학생이 지시나 요구를 따르지 않으려 할 때 대응하는 첫 단계는 학생으로부터 최대한 많은 정보를 얻는 일이다. 읽기 소그룹에 참여하라는 요구에 반항하는 학생이 있을 때 교사는 왜 소그룹에 참여하기 싫어하는지부터 알아내야 한다. 경청하기, 학생의 감정 인정하기, 명확히 설명하기, 그리고 "아마 오늘은 네 자리를 고를 수 있을 거야."라든가 "시간을 기록하게 타이머 좀 눌러줄래?"와 같이 선택권 부여하기를 통해, 학생을 그 상황에서 벗어나게 도울 수 있다.[47]

학생이 완강히 버틸 때는 선택권을 주고 학생의 감정에 공감하며 경청하는 것, 그리고 여러 다른 교사들이 그 상황에 함께하려고 노력하는 것이 중요하다. 학생이 교사의 말을 듣지 않고 있을 때 다른 교사가 들어와 학생과 이야기를 나누려 시도하면 효과적인 경우가 꽤 있다. "안녕, 버디, 무슨 일 있니? 넌 책을 읽으러 가고 싶지 않은 거야?"와 같이 말이다. 이는 첫 번째 교사의 지시에 따라야 하는 상황에서 벗어나게 해주기 때문에 학생이 진정되는 효과가 있다.

가능할 경우 결과를 자연스럽게 동기부여 수단으로 사용해도 좋다. "휴식 시간에 코트를 입지 않으면 추울 거야."처럼 말이다. "철자 공부를 시작해."와 같은 권위형 언어 대신 "네가 오늘 철자 공부를 하지 않으면 철자 시험을 잘 볼 수 있을지 모르겠어."와 같이 평서형 언어를 쓰도록 한다. 어린 학생일수록 직접적이지 않은 방식으로 요구사항을 전하는 것이 좋다. 다른 어른에게 이야기하는 방식, 즉 "프라우트 선생님, 책상을 청소하지 않으면 교장 선생님께서 이 아이들이 특별 도우미가 되는 것을 허락하실까요?"와 같이 말해보자. 또다른 유용한 접근법으로 학생과 함께하면서 "난 네가 컴퓨터 시간을 갖게 되었으면 해. 너랑 함께 놀고 싶거든." 하고 말하는 방식도 있다.

불응하면서도 보상을 원하는 학생이 있다. 자신이 원할 때 갖고 싶은 물건을 가지려 드는 것처럼 말이다. 이런 학생에게는 결과가 서서히 드러나는 식으로 대응하는 것이 가장 효과적일 수 있다. 한 예로, 먼저 아무것도 필요없는 온전한 휴식 시간을 일과 중간에 한 번, 일과 마지막에 한 번 부여하도록 하고, 휴식 시간을 얻기 위해 무언가 노력할 필요가 있는 상황을 일과 내내 유지하도록 한다. 이 휴식 시간은 아무런 요구사항 없이 학생에게 온전히 집중하되 강력한 강화가 이루어지는 활동과 어른의 지나치리만큼 열정적인 관심이 포함되어야 한다. 휴식 시간 동안 학생은 우주의 중심이나 마찬가지다. 이 멋진 휴식 시간은 학생이 어떤 행동을 했을 때 그에 대한 보상으로 주어질 것이나, 사전에 학생이 이를 자연스럽게 느껴볼 수 있도록 세 번 정도의 비조건적 휴식을 준다. 이런 방식은 실제로 기업에서 제품의

판매를 위해 사용하는 좋은 마케팅 전략이기도 하다. (영화채널 운영 기업에서는 한 달 동안 무료로 채널을 이용하도록 하고 이후 그 혜택을 유지하려면 구독료를 지불하도록 하고 있다.)

이런 계획에서 중요한 것은 관심과 주도권을 원하는 학생의 욕구를 포함하여 강화해야 한다는 점이다. 그러지 않을 경우 별 효과가 없다. 일단 계획이 수립되면 이제 휴식은 학생이 요구를 따르는지 여부에 따라 달라진다. 이 과정은 다음의 여러 단계로 실행된다. (이 전략의 실행을 위해서는 초 단위의 타이머가 필요하다. 단 시간 감각이 부족한 유치원생들은 이 계획을 실행하기 어려울 수 있다.)

1. 학생에게 지시한다(【예】"종이에 이름을 쓰렴."). 앞의 전략대로 했음에도 학생이 따르지 않을 경우 그 지시를 반복한다(【예】"종이에 이름을 써야 해. 그러지 않으면 타이머를 시작할 거야.").

2. 그래도 학생이 따르지 않을 경우 말한다(【예】"좋아. 지금 타이머를 시작한다.").

3. 타이머가 작동되는 동안 학생을 격려한다(【예】"할 수 있을 거야. 오늘 아침에도 넌 잘 해낼 수 있었어.").

4. 학생에게 보상을 상기시킨다(【예】"난 휴식 시간에 너랑 꼭 놀고 싶은데. 우리가 함께 놀 시간이 충분하면 좋겠어.").

5. 학생이 마침내 지시를 따르면 타이머를 끈다. 단 학생은 지시를 따르지 않은 시간만큼을 보상 시간에서 차감해야 한다.

결과는 이렇지만 이는 다른 전략이 작동하지 않을 때도 효과적이다. 이 계획에서는 학생이 지시를 따르지 않아 차감되어 잃게 되는 시간이 서서히 줄어든다는 점이 중요 포인트다.

관심이나 보상을 원하는 행동에 대응할 경우

반항 행동을 하는 학생은 대개 자신이 언쟁을 하고 있다는 사실을 잘 깨닫지 못한다. 자신이 갇혀 있는 어느 지점에 지나치게 몰두하고 있기 때문이다. 따라서 언쟁을 그만두도록 가르치는 첫 번째 단계는 바로 학생 자신이 지금 언쟁하고 있음을 깨닫게 하는 것이다. 그러자면 학생이 언쟁하고 있을 때 "조애너, 지금 언쟁하고 있구나."와 같이 지적해주어야 한다. 그런 다음 "네가 좀 더 유연했으면 좋겠어." 하고 목표를 상기시킨다.

학생이 유연성을 발휘하는 데 어려움이 있다면 원하는 것을 분명히 짚어주고 난 다음, 적절한 전략을 사용하고 유연성을 발휘할 때마다 보상을 받게 될 거라고 말해준다. 여기서 말하는 유연성이란 감정을 가라앉히고 새로운 계획을 세워보는 일일 것이다. 학생이 새로운 계획을 세우려고 노력할 동안 심호흡을 하거나 마음을 안정시킬 전략을 사용하라고 신호를 준다. 그러면서 다시 보상을 상기시키거나 대안을 생각해낼 수 있게 도와준다. 지금 매달린 그 일을 잠시 내려놓거나, 나중에 이야기하거나, 다른 시간에 얻어내야지, 하는 식으로 말이다. 그리고 학생이 언쟁을 중단하고 유연성을 발휘했을 때 토큰이나 상표 등으로 칭찬해준다.

학교 과제를 거부하거나 회피하려고 부적절한 반항 행동을 할 수도 있다. 이 경우 공부를 마친 후에 휴식을 주는 방식으로 회피 흐름을 깰 수 있을 것이다. 요구를 조금도 받아들이지 못하는 학생이라면 아주 사소한 것부터 시작한다. 상대적으로 쉽고 학생이 좋아하는 과목을 잠깐 공부한 다음 휴식을 주면, 요구에 따라 행동한 것에 대한 강화가 될 수 있다. 처음에는 20분간 과제를 하고 나서 10분간 휴식하는 것으로 시작하고 이를 일주일 정도 잘 수행해나가면 점차 휴식을 줄이고 과제 시간을 늘려나갈 수 있다.

교사의 대응은 매우 중요하다. 반항 행동이 습관적 반응으로 굳어지게 만들 수도 있고, 반항 외에 다른 방식으로 자신의 요구를 충족할 수 있음을 깨닫게 만들기도 한다. 우리가 제안하는 여러 전략들, 즉 교육과정을 조정하고 지속적으로 칭찬하며 관계 구축을 위해 노력하는 일을 통해 학생은 교사의 권위를 인정하는 데 필요한 스킬을 배우고 신뢰를 형성하며 역량을 키워나갈 것이다.

에밀리를 위한 FAIR 플랜

이 장의 첫 부분에 소개한 에밀리의 행동을 돌아보자.

| 행동기능가설 수립 | ABC 기록으로 볼 때 에밀리의 행동은 회피 기능과 관심 기능이 혼재되어 있다. 에밀리는 글쓰기, 급식 같은 사회적 활동으로의 전환, 권위적이고 직접적인 방식의 지시에 어려움을

겪었다. 그리고 일련의 여러 사건들을 통해 부정적 관심을 얻고 회피하는 데 성공했다.

|조정| 우리는 에밀리를 위해 교실에 안전한 별도 공간을 마련하고 이곳을 이용할 때마다 포인트를 부여했다. 그리고 에밀리가 급우들과 긍정적 상호작용을 경험할 수 있도록 대안적 휴식 시간과 대안적 점심 시간을 마련했다. 매번 어른이 함께하여 에밀리가 또래들을 괴롭히거나 게임에서 속임수를 쓰지 않도록 상기시켰다. 이렇게 함으로써 에밀리는 서서히 친사회적 기술을 연습할 수 있었다.

일과의 중간과 끝에는 휴식 시간을 주었다. 교사의 말을 듣는 것이 스트레스라고 자주 불평했던 에밀리는 휴식 시간 덕분에 그나마 온종일 체력을 유지할 수 있었다. 보조 교사가 부족했기 때문에 교장은 하루 두 번, 15분간의 휴식 시간 동안 다른 교실의 보조 교사가 에밀리를 보살피게 했다. 즉 이 시간 동안에는 에밀리 혼자 교사와 함께 있을 수 있었던 것이다. 만약 다른 아이들이 더 있었다면 이 휴식 시간에 에밀리가 아무런 요구를 받지 않고 지나갈 수 없었을 것이다(에밀리는 양보하거나 차례를 지키는 일이 무척 힘든 아이였다). 휴식 시간 동안 에밀리는 지금까지 본 중에서 가장 차분해 보였다. 보고에 의하면 자기 마음대로 무엇이든 할 수 있었고 차례를 지킬 필요도, 게임에 질까 봐 걱정할 필요도 없었기 때문이라고 했다.

에밀리는 안내를 받아 수업 분위기를 파악하는 법을 배워나갔다. 글쓰기처럼 시간이 오래 걸리는 과제는 교사들이 시간분배표를 사용해 작업을 모니터링했다. 매일 사용하는 시각화된 일정표를 통해 에밀리는 휴식 시간이나 컴퓨터 실습 휴강 등 세부 일정이나 예상 못한 변동사항들을 미리 파악할 수 있었다.

에밀리를 위한 교육과정으로 교사들은 '20-5 스케줄(20분 공부, 5분 휴식)'을 고안했다. 그리고 수학시간을 분할하여 앞 시간에는 아이들과 함께 수학 공부를 하고 나머지 시간에는 컴퓨터 게임 형태로 수학을 공부하게 했다. 글쓰기 시간에는 워드프로세서를 이용하거나 파워포인트 슬라이드를 만들게 했다. 교사는 글쓰기 체크리스트를 작성해 개방형 글쓰기 과제를 주었다. 에밀리는 모든 과제를 컴퓨터로 작성했다. 에밀리의 어머니는 에밀리가 과제를 마칠 때마다 교사에게 이를 보고했다.

교사들은 에밀리에게 자기점검 및 사회기술을 명확히 가르쳤고 파워카드(3장 참고)를 이용해 불만이 생길 때마다 심호흡을 하고 주변에 도움을 청하도록 지도했다. 감정지표를 사용, 온종일 에밀리의 몸이 느끼는 긴장감 레벨을 점검하여 불만 수준을 체크하도록 했다. 다른 교실의 보조 교사가 하루에 한두 번 상담실에 들러 에밀리가 자기 진정 연습을 하는 것을 도왔다.

| 상호작용 전략 | 에밀리와의 상호작용에서 교사는 예/아니요 방식의 질문을 하지 않으려 노력했다. 교수 과정에 선택을 포함하고 가급적 평서형 언어와 유머를 사용하려 애썼다. 긍정적이고 비조건적인 강화 비중을 높이고 에밀리의 요구에 응하는 시간을 늘리려고 노력했다. 가을 무렵 보조 교사가 점심을 준비해 에밀리와 함께 먹었고 한 달에 한 번 정도 있는 대안적 점심 시간에도 에밀리 옆에 앉았다.

| 대응 전략 | 에밀리의 부적절한 행동에 대한 대응으로 교사들은 에밀리의 답변에 짧게 대답하면서 다른 질문으로 초점을 옮겨주었다. 그리고 에밀리가 친사회적 행동 및 전략을 사용할 때마다 휴식 시간을 주는 방식으로 보상해주었다. 교사는 에밀리에게 부정적 관심을 일체 주지 않았다. 20-5 스케줄은 에밀리에게 불만을 견뎌내는 힘을 길러주었다.

5주 만에 에밀리는 게임하는 동안 또래 친구들을 괴롭히거나 거친 말을 쓰지 않게 되었다. 여전히 두 달에 한 번 꼴로 화를 내긴 했지만 이전보다 훨씬 빠르게(5분 이내) 진정되었고 공격적인 행동은 줄어들었다. 에밀리는 20-5 스케줄에 잘 적응해나가고 있으며 일 년 내내 컴퓨터로 쓰기 과제 수행을 계속하고 있다.

4장 요약

| 반항 행동에는 회피, (부정적) 관심, 보상 기능이 적어도 하나 이상 들어 있다. |

| 반항 행동의 일반적인 선행사건으로는 다음과 같은 것들이 있다. |

- 어른의 촉진 없이 이루어지는 또래간 상호작용
- 구조화되지 않은 활동(예: 휴식, 점심 시간) 및 전환
- 권위적인 어른 또는 갈등 관계에 있는 어른과의 상호작용
- 학생이 참고 기다려야만 하는 상황 또는 거절당하는 상황

| 교사는 반항 행동 예방과 학생과의 관계 구축에 중점을 두어야 한다. |

| 반항 행동을 하는 학생은 인지적 유연성이 부족하고, '모 아니면 도'라고 생각하며, 권위를 인정하기 힘들어한다. 또래 친구들과의 사회적 관계를 포함, 여러 가지 어려움을 겪을 수 있다. |

| 반항 행동의 경고 신호 목록을 만들 필요가 있다. 그렇게 하면 학생이 흥분했을 때 경고 신호를 감지하고 신속히 대처할 수 있다. |

| 학생이 이전에 위험하거나 폭력적인 행동을 한 적이 있다면, 문제 상황 발생 시 대응을 위한 훈련, 학부모와 경찰의 개입 시점, 이동수단과 방법, 평가 등 세부적인 안전 계획을 사전에 수립해야 한다. |

| 일과 중 휴식은 학생이 힘들어하는 요구를 견디고 행동 문제를 개선할 수 있게 하는 데 중요하다. |

반항 문제를 위한 FAIR 플랜 체크리스트

이름		날짜	년	월	일

목표 행동

F 행동기능가설 수립

☐ ABC 기록지를 이용해서 모든 목표 행동의 예를 기록한다. (최소 5건)

☐ ABC 데이터 및 계획에 따른 관찰에서 나온 선행사건 목록을 만든다.
(특히 또래 및 특정 성인과의 상호작용, 구조화되지 않은 시간 및 대기시간, 전환, 요구에 대해)

☐ 행동기능에 관한 가설을 설정한다. (하나 또는 그 이상에 동그라미 치기)
관심 / 회피 / 보상 / 감각   ※ 반항 행동은 흔히 관심, 회피, 보상 기능과 관련된 경우가 많다.

☐ ABC 데이터를 이용해서 후속결과의 패턴을 목록으로 만든다.

☐ 중요한 배경사건 목록을 만든다.

A 조정 ※ 다른 장에서 제시한 개입방법과 전략을 참고할 수 있다.

환경

☐ 교실에 안전한 공간을 만들어 제공한다.

☐ 정규 일정을 수정한다.

☐ 일과에 휴식을 넣는다.

- ☐ 교실 밖의 휴식을 허용한다.
- ☐ 대안적 휴식을 마련한다.
- ☐ 대안적 점심 시간을 마련한다.

집행기능

- ☐ 자기대화를 가르친다.
- ☐ '교실 읽기'를 가르친다.
- ☐ 타임 타이머를 사용한다.
- ☐ 시간 경과에 대해 알려준다.
- ☐ 시간분배표를 사용한다.
- ☐ 시간 제한이 없는 시험을 고려한다.
- ☐ 시각화된 시간표를 사용한다.
- ☐ 시간표에 조직화 시간을 넣는다.
- ☐ 한 번에 한두 가지 문제나 항목만 제시한다.

교육과정

- ☐ 학생의 선택을 포함한다.
- ☐ 쉬운 과제와 어려운 과제를 번갈아 준다.
- ☐ 워드프로세서를 사용하게 한다.
- ☐ 철자 조정을 고려한다.
- ☐ 쓰기 전략 체크리스트를 스스로 점검하게 한다.
- ☐ 분량보다 품질 중심으로 과제를 평가한다.
- ☐ 직접 해보는 체험학습을 제공한다.
- ☐ 유연한 개방형 과제를 준다.
- ☐ 학생의 흥미와 관심을 고려한다.
- ☐ 그 밖의 기술 자료 목록을 참고한다.

미숙한 스킬

☐ 긍정적 사고

☐ 자기점검

☐ 자기조절

☐ 집행기능

☐ 긍정적 상반, 인지 유연성

☐ 사회기술

☐ 파워카드

대체 행동(회피동기 행동의 예)

☐ 적절하게 휴식을 요청하는 방법을 가르친다.

☐ 요구를 받았을 때 적절하게 도움을 요청하는 방법을 가르친다.

☐ 그 밖의 것:

자기조절과 자기점검

☐ 학생이 조절척도(감정온도계 등)를 사용하게 한다.

☐ 일과 내내 바디체크 신호를 확인한다.

☐ 매일 교실 안팎에서 하는 자기진정 연습을 격려한다.

☐ 학생이 자기진정 상자를 만들어 사용하게 한다.

☐ 학생이 화가 날 때 할 일에 관한 자기진정 전략을 기록하게 한다.

☐ 회피 행동을 예방하기 위한 탈출구로 일과에 휴식을 넣는다.

   (활동 전, 중간, 이후, 그리고 휴식하는 횟수 명시하기)

☐ 자기점검 서식을 사용한다(부록 F)

▌*I* 상호작용 전략

☐ 긍정적 기대를 반영한 용어를 사용한다.

- [ ] 명시적 관계 구축을 위해 노력한다.
- [ ] 전환 예고 전략을 개발한다.
- [ ] 긍정적이고 연속적인 강화를 한다.
- [ ] 간헐적 강화를 한다.
- [ ] 비조건적 강화를 한다.
- [ ] 리더십과 자존감을 키울 수 있는 활동을 한다.

요구 및 지시 전략

- [ ] 힘겨루기를 피한다.
- [ ] 예/아니요 질문 및 요구할 때 "좋지?"라고 덧붙이는 것을 피한다.
- [ ] 학생이 선택할 수 있는 여지를 준다.
- [ ] 평서형 언어를 사용한다.
- [ ] 간접적으로 돌려 요구한다.
- [ ] 요구를 하고 나서 자리를 뜬다.
- [ ] 요구에 응하기까지 생각하는 시간을 준다.
- [ ] 적당한 유머 또는 게임 방식을 사용한다.

R 대응 전략

- [ ] 학생이 자기조절 및 친사회적 기술을 사용하면 보상이나 점수를 준다.
- [ ] 단순하게 정보를 구하는 질문에는 바로 답을 준다.
- [ ] 불응하거나 대립하려는 의도로 하는 도전적 질문은 대응하지 않는다.
- [ ] 학생에게 다시 지시하되, 학생이 할 수 있는 범위에 대해 명확하고 타당하게 한계를 규정한다.
- [ ] 점진적인 보상과 결과를 사용한다.

☐ 학생이 과제를 힘들어하면 간단하고 쉬운 것부터 시작하되, 휴식을 통해 과제에서 벗어날 수 있도록 하여 강화하고, 점차 수준을 높인다.

회피동기 행동을 위한 대응

☐ 타임아웃, 교실에서 내보내기 등 회피동기를 강화하는 대응을 하지 않는다.

관심동기 행동을 위한 대응

☐ 일대일 대화 및 그만두라고 반복하는 등의 대응을 하지 않는다.

구체적 보상을 원하는 행동을 위한 대응

☐ 학생이 소리를 지르며 요구했을 때 곧바로 물건을 주거나 무언가를 하도록 허락하는 대응을 하지 않는다.

5

"난 전혀 관심 없어요."

위축 문제

로슨 선생은 미술 수업을 마친 2학년 학생들을 데려오기 위해 미술실로 향했다. 그때 보조 교사가 걱정스러운 얼굴로 다가왔다. 잭이 미술실 바닥에서 곤히 잠들어 버렸다는 것이었다. 보조 교사는 잭을 깨우고 싶지 않았기에 어떻게 해야 할지 물었다.

로슨 선생은 한숨을 내쉬었다. 이번 학기 내내 잭 때문에 걱정하지 않은 날이 하루도 없었다. 잭은 <나에 대해 써보기> 게시판에 아무것도 쓰지 않은 유일한 학생이었다. 로슨 선생은 잭을 격려하기 위해 여러 가지 시도를 했다. 좋아하는 색깔, 동물, 음식을 말해보라고 하고, 가족의 그림을 그려보라 권하기도 했다. 하지만 잭은 어떤 것도 하려 들지 않았다. "그런 거 없어요." 이것이 잭의 유일한 대답이었다. 로슨 선생은 20년차 교사였지만 마술사 체스터가 교실을 방문해 귀 뒤에서 알록달록한 손수건과 동전을 마구 뽑아내는 모습을 보고도 놀라거나 웃지 않은 학생은 잭이 처음이었다. 그나마 잭이 웃는 것은 이따금 휴식 시간에 술래잡기할 때뿐이었다.

로슨 선생은 고민에 빠졌다. 지금 잭을 깨우면 남은 시간 내내 짜증을 낼 위험이 있다. 하지만 그대로 내버려두면 다음 수업을 빼먹게 될 것이다. 하필 금요일은 학교 상담사가 근무를 쉬는 날이라 조언을 구할 수도 없었다. 결국 로슨 선생은 보조 교사에게 이렇게 말하고 말았다.

"제가 잭을 깨워보지요. 행운을 빌어줘요."

학생이 마음을 닫고 위축된 모습을 보일 때 교사는 동정심을 느끼고 걱정하기 마련이다. 위축된 아이들은 무기력하고 짜증스러워하며 무엇을 보고도 즐거워하지 않는다. 교사는 이런 아이들을 위로하고 수업에 참여시키려고 많은 노력과 시간을 쏟지만 시간이 갈수록 별다른 차이가 없다는 사실에 낙담하고 만다.

교실에서 위축 행동을 다룰 만한 실질적인 방법에 대한 자료는 거의 없다시피하다. 우울증이나 불안으로 인한 위축 행동에 대한 연구는 대부분 치료사나 부모 대상이다.[1] 교사 연수 또한 우울증이나 자살 위험이 높은 학생을 식별하고 상담기관에 의뢰하는 일에 중점을 둔다. 사실 이런 것보다 훨씬 중요한 것은 위축된 학생을 도울 수 있는 교실 전략이다. 이 학생들의 치료가 효과를 보이고 행동이 개선되기까지는 상당한 시간이 필요하며 교실과 가정에서도 많은 노력을 들여야 한다. 그럼에도 이들을 위한 지도 지침이 부족한 것은 아마 이런 이유에서일 것이다. 대개 위축된 학생들은 수업을 방해하거나 폭발적인 행동을 하지 않는 편이다. 다른 학생들을 방해하지 않고 조용히 지내기 때문에 문제가 겉으로 잘 드러나지 않고 괜찮아 보인다. 하지만 많은 교사들은 위축 행동이 실제로 가장 심각한 걱정거리이며 이들을 도울 방법이 절실히 필요하다고 말하고 있다. 게다가 위축된 학생들 중 일부는 교사에게 대들며 반항 행동을 하는 경우가 있다(이들을 위한 추가 전략은 4장 참조).

위축 행동은 종종 우울장애의 징후로 해석된다. 부모의 이혼이나 새로운 학교로의 전학처럼 학생에게 큰 변화가 일어났을 때 일시적인 반응으로 일어나기도 하지만 기질적으로 수줍음이 많다거나 심한 불안, 트라우마 때문에 발생할 수도 있다.

　이 장에서 설명하는 전략은 주로 우울한 학생에게 초점을 두고 있지만 그 외 다른 이유로 위축 행동을 보이는 아이들에게도 적용 가능하다. 우리는 먼저 우울증에 대해 자세히 설명한 다음 수업 환경의 개선과 실용적 전략이 담긴 FAIR 플랜을 제공하려 한다. 이를 통해 위축된 학생들이 좀 더 나아진 기분으로 학교 생활을 해나가면서 학업과 사회성 모두에서 좋은 성과를 낼 수 있도록 지원할 것이다.

우울증에 대한 이해

우울증은 아동과 청소년의 3~5퍼센트 정도에서 발견되는 비교적 흔한 증상으로 교사와 부모가 미처 인식하지 못하는 경우도 많다.[2] 불안과 마찬가지로 겉으로 잘 드러나지 않기 때문이다. 무기력하고 공부에 흥미를 느끼지 못하며 학습동기가 부족한 것 모두가 우울증에서 나온 증상일 수 있지만, 이 사실을 알지 못하는 교사는 단지 게으른 학생이라고만 생각할지도 모른다.

어른과 달리 아이는 자신이 우울하다는 사실을 잘 모를 수 있다. 그래서 기분이 좋지 않다는 것을 말보다 행동으로 보여줄 가능성이 더 높다. 위축 행동도 그런 행동의 하나다. 우울증을 겪는 학생은 복통, 두통처럼 원인을 알 수 없는 신체적 고통을 경험하는 경우가 많다. 학교에 가기 싫어하고 교사에게 과도하게 집착하며 짜증을 부리고, 나쁜 일이 일어날지 모른다는 생각에 사로잡힌다. 고학년이 되어도 잘 토라지고 학교에서 보내는 시간을 지루해한다. 친구와 함께하는 활동에도 흥미를 보이지 않고 매사 부정적이며 화를 내는 등 문제를 일으킨다.[3] 이러한 행동은 보통 이전과 뚜렷하게 다른 모습으로 나타날 경우가 많다.

'과민반응(irritability)'은 아동과 청소년 우울증에서 흔히 볼 수 있는 증상이다. 아이가 화를 내고 소리를 지르거나 교사에게 대들며 권위를 무시하는 행동을 보였을 때 어른들은 이를 우울증 때문이라 생각하지 못한다. 표 5.1은 우울증으로 분명하게 인식되는 신호와 인식하기 어려운 신호를 정리한 목록이다.

표 5.1 우울증의 신호

분명하게 인식되는 신호	인식하기 어려운 신호
• 이해하기 어려운 두려움 • 낮은 자존감 • 슬픔, 죄의식, 무기력, 가치없는 느낌 • 전에 좋아했던 활동에 대한 무관심 • 에너지 부족(피로감) • 식욕 부진, 체중감소와 증가 • 자주 울고 슬퍼 보임 • 자살이나 자해에 대해 이야기함	• 심한 불평 • 유급(학습장애나 질병에 기인한 것이 아닌) • 쉽게 포기함 • 화를 잘 냄, 차분하지 못함 • 집중하지 못함, 세세한 것을 기억하고 결정하는 데 어려움이 있음 • 계속 지루해함 • 사회적 고립―또래들로부터 떨어져 있음 • 신체적 질병이나 아픔, 고통에 대해 불평함 • 외모나 위생에 신경을 쓰지 않음 • 완벽주의 • 무기력(수업 중에 잠들거나 힘이 없음)

Source:adapted from American Psychiatric Association, Diagnostic and Statistical Manual of Mental Disorders 4th ed., text revision (DSM-IV-TR) (Washington, D.C.: American Psychiatric Association, 2000)

행동의 암호를 풀어내려면 이 행동이 우울증 때문일 수 있다는 것을 알고 있어야 한다. 때로 슬퍼하고 화를 내고 변덕을 부리는 것은 보편적인 행동이다. 이와 다르게, 과민반응이나 우울한 기분이 오랫동안 지속되어 행동과 능력에 부정적 영향을 미칠 경우 임상적 우울증으로 진단한다. 만약 2주 이상 학생이 하루 대부분의 시간 동안 과민반응을 보이며 어려움을 겪고 있다면 즉시 상담을 요청하고 부모와 함께 평가받도록 조치해야 한다. **표 5.2**는 우울증이나 위축 행동을 유발할 수 있는 다양한 정신과적 장애를 보여준다.

표 5.2 우울증 및 위축 행동과 관련된 정신과적 장애

장애	특성
주요우울장애 (major depressive disorder)	기능 장애를 동반한 우울증 또는 과민반응 및 다음 중 네 가지 이상의 증상이 2주 넘게 지속되는 것 • 잠을 너무 많이 자거나 너무 적게 잠 • 흥미를 잃음 • 죄책감 또는 가치없는 느낌을 가짐 • 기운이 없음 • 집중이 어려움 • 식욕의 변화가 생김 • 생각과 신체적 활동이 느려지는 운동지연 • 차분하지 못함 • 자살에 대한 생각을 함
기분부전장애 (dysthymic disorder)	주요우울장애보다는 덜 심각하지만 우울하거나 과민한 기분이 최소 1년 이상 지속되고, 두 가지 이상의 주요우울장애 증상이 나타나는 만성적인 장애
양극성우울증 (bipolar depression)	최소 한 번의 조증 경험을 가진 주요우울장애
우울동반조절장애 (adjustment disorder with depressed mood)	스트레스와 관련되며 보통 6개월 이내에 해결됨. 식별 가능한 스트레스 요인으로 인한 슬픔, 괴로움, 고통에 대한 정서 및 행동적 대응이며 그러한 요인이 발생한 지 3개월 이내에 나타나게 됨. 【예】부모의 죽음, 형제자매의 출생, 전학 등

Source: adapted from American Psychiatric Association, *Diagnostic and Statistical Manual of Mental Disorders* 4th ed., text revision (DSM-IV-TR) (Washington, D.C.: American Psychiatric Association, 2000)

우울증은 제대로 인식하지 못한 탓에 적절히 치료하지 못하는 경우가 많다. 교사가 신속히 이를 인식하고 학교 정신건강 담당자와 가족에게 알려 치료를 받게 하면 학생의 삶이 달라질 수 있다.[4] 주요 우울장애(major depressive disorder, MDD)의 경우 제대로 치료하지 않으면 평균 7~9개월, 최대 2년까지도 지속된다. 적절한 지원이 없다면 학생은 한 학년, 두 학년을 거치는 동안 학업에 뒤처지고 말 것이다. 이는 학생에게도 나쁜 영향을 미치게 된다.

우울증은 치료 가능한 질병이다. 적절히 치료하면 인지기능, 사회성 발달, 학업성취도 향상에 도움을 주고 자살 충동을 줄일 수 있다.[5] 그러지 못하면 안타깝게도 증상이 나타났다 사라졌다를 반복하게 되며 정상적인 생활을 하기 어려워진다. 과거에 우울증을 경험한 적이 있는 학생이 있다면, 교사는 학생이 위축되거나 학업에 의욕을 잃는 등 재발 징후가 없는지, 감정 상태는 어떠한지 주의깊게 관찰하고 살펴야 한다. 신속하고 적절한 치료는 더 큰 문제를 예방하는 데 도움을 준다.

아동기 우울증의 원인

아동이 우울증에 취약한 이유는 생물학적 요인과 환경적 스트레스 요인 모두에서 찾을 수 있다.

우울증을 겪는 부모의 자녀는 그렇지 않은 아이에 비해 우울증을 비롯한 정서장애를 겪을 가능성이 3~4배 이상 높다.[6] 환경적인 스트레스 요인 또한 예민한 아이에게 우울증을 촉발할 위험이 크다. 환경에 영향을 많이 받는 아이는 부모의 이혼, 따돌림, 가족 구성원의 사망 같은 사건으로 인한 상황적 우울증(situational depression)을 겪을 수 있다. 신체적 또는 성적 학대, 방임, 가정 폭력 등의 트라우마를 경험한 학생은 자신이 안전하지 못하다고 느끼며 우울해하고 위축된다. 불안장애까지 겪는 아이에게는 3장에서 제시한 전략을 참고해 지원해야 한다.

학교 밖의 지원

위축된 학생이 눈에 보이면 교사 혼자서만 고민하지 말자. 학생이 우울증을 겪고 있다고 생각되면 즉시 교장 및 학교 정신건강 전문가들인 상담사, 심리 전문가, 사회복지사, 생활지도사 등에게 알려 도움을 구해야 한다. 이들은 우울하고 위축된 학생을 교사가 어떻게 지원해야 하는지 지침을 주고, 필요할 경우 외부에서 전문적인 치료와 평가를 받을 수 있게 돕는 주요 인력이다.

정보 공유를 위해 학생의 가족, 학교 상담사, 학교 외부의 전문가들과 적극적으로 소통하라. 가능하면 학교 정신건강 전문가와 주 1회 또는 월 1회 정기적인 회의시간을 갖고 학생의 상태와 필요한 사항을 공유하면 좋다. 단, 이들이 교사보다 학생에 대해 더 많이 알고 있다고는 생각하지 말자. 실제로 학생에 대해서는 하루 중 더 많은 시간을 함께하는 교사가 상담사보다 훨씬 잘 파악할 가능성이 높다. 그럼에도 이 중요한 협력 단계가 종종 간과되어 학생이 상담에서 소통한 내용을 교사가 보완하지 못하는 경우가 있다. 몸이 아프다는 말을 많이 하거나 양호실을 자주 찾는 학생의 경우 보건교사도 학생에 대한 정보와 의견을 제공하는 주요 인력 속에 포함한다.

'청소년 자살 경고 신호'(226쪽)에 담긴 내용을 주의 깊게 살펴보기 바란다. 해당 내용은 7장에서 더 자세히 다룰 것이며 입원 후 학생의 복귀를 지원하는 방법에 대해서도 설명한다. 우울증을 겪는 학생에 대해서는 정신의학과 의사, 사회복지사, 심리학자, 소아청소년과 의사 등의 포괄적이고 전문적인 평가가 필요하다. 이를 통해 우울증이 어느 정도 심각한지, 자살 위험이 있는 것은 아닌지 평가하고 학습장애, 불안장애, 병리적 상태, 가정 문제 등 다른 원인의 관련성도 확인해야 한다.

흔한 경우는 아니지만 자살 위험이 있거나 자해를 시도한 적이 있는 학생, 기본적인 생활 기능이 어려워진 학생, 우울증 가족력이 있는 학생에게는 항우울제를 처방할 수도 있다.[7] 다만 약물 치료를 유일하고 우선적인 처방으로 생각해서는 안 된다.[8] 우울증에 관여하는 잠재적 요인은 매우 많지만 특히 가족 및 가정 환경의 영향을 반드시 검토할 필요가 있다. 이를 위해 학생과 함께 학생의 가족도 치료에 참여하는 것이 바람직하다.

일반적으로 10세 미만 아동에게는 놀이치료를, 10세 이상 아동에게는 인지행동치료를 실시하게 된다. 그룹 치료도 종종 진행되는데, 이는 사회기술 향상에 도움이 되며 서로에게 힘이 되는 또래 네트워크를 형성할 수 있다는 장점이 있다.

자살 경고 신호는 심각하게 받아들여야 한다. 우려되는 상황은 발견 즉시 관리자나 상담사에게 신속히 보고하고 학교 수칙을 따라야 하며 절대 학생을 혼자 두지 말아야 한다.[9]

- 자살 생각을 말하거나 자살과 관련된 그림(예를 들면 창문 밖으로 뛰어내린다거나 목에 무언가 걸고 숨막힌 표정을 한 모습)을 그리는 행동
- 우울증과 절망감의 징후
- 자기 소지품을 주변에 나누어주는 행동
- 학급 그림이나 일지, 과제에서 죽음과 관련된 주제를 다루는 것
- 자살 계획이나 자살 방법에 관심을 두고 이야기하는 것
- 총기나 다른 무기에 관심을 두고 접근하려 하는 것

인지행동치료

우울한 기분이 지속되는 것은 부정적인 생각과 경험의 악순환 때문이다. 인지행동치료는 이 부분에 초점을 둔, 청소년과 성인의 우울증 치료에 실제로 효과가 입증된 방법이다.[10] 어린이의 경우 발달 단계를 고려해 적용해야 하지만 적어도 10세 이상은 되어야 개념을 어느 정도 이해하고 논리적 사고를 할 수 있으므로 효과를 기대할 수 있다. 학교나 전문 클리닉에서 상담사의 도움을 받아 필요한 스킬을 배우게 하고 이후 교사가 지속적으로 강화해 주도록 한다. 자세한 내용은 뒤에 설명할 FAIR 플랜의 '조정'에서 확인하기 바란다.

인지행동치료에서는 먼저 자신의 감정을 모니터링하게 한다. 이를 통해 생각이 감정에 영향을 미칠 수 있다는 중요한 연결고리를 인식할 수 있다. 그리고 우울증을 악화시킬 수 있는 '생각의 함정' 및 자동화된 사고를 인식하는 방법도 배운다.[11]

생각의 함정은 우울한 학생에게서 흔히 볼 수 있다. 상황의 부정적 측면은 확대하고 긍정적 측면은 간과하며, 조금만 차질이 생겨도 끝이라고 생각하는 등 최악의 상황을 상상하고, 사물을 모 아니면 도라고 바라본다.[12] '모든 게 내 잘못이야.', '난 아무것도 제대로 하는 게 없어.', '난 친구가 하나도 없어.'와 같이 부정적 생각에 사로잡혀 있다. 이러한 사고는 학생을 더 위축시키는 경향이 있다.

학교 상담사나 외부 정신건강 의료진의 도움을 받게 되면 학생은 생각의 함정을 인식하고 처음 했던 부정적 생각을 되짚어보며 적절한 대안을 만드는 방법을 배울 것이다. 이 과정에서 생각을 뒷받침하는 근거를 발견하고 행동 계획도 세울 수 있다. 우울한 학생은 친구들과 어울리는 데 지나치게 소심하거나 가벼운 농담을 심한 비판으로 받아들이는 등 민감하고 부정적으로 대응할 수 있으므로 사회기술에 대한 지원도 필요하다. 역할놀이는 대화를 시작하는 방법, 새로운 친구를 사귀는 방법, 다른 사람의 의견을 경청하며 문제를 해결하는 방법 등 적절한 의사소통 스킬 연습을 도울 수 있다.

인지행동치료에서 '생각멈추기'와 '긍정적 자기대화'는 부정적인 생각에 맞서고 계속 참여할 수 있게 한다. 생각멈추기를 통해 학생은 자신의 생각을 통제할 수 있음을 깨닫고, 화가 날 때 긍정적인 이미지나 차분한 진술로 대체할 수 있다는 것을 배운다. 고통스러운 생각이 반복될 때는 밝은 노랫말이나 랩 같은 방식으로 대체하여 벗어날 수도 있다.[13] 파워카드에 차분하고 안정된 이미지를 넣으면 긍정적 자기대화를 연습하는 데 사용할 수 있다.[14] 자기대화, 즉 자신을 향한 내적 대화를 지속하면 기분에 영향을 미칠 수 있는데, 긍정적 자기대화는 기분을 좋게 하고 자존감을 높일 수 있다.[15] 생각멈추기는 반복해서 연습하면 좋다. **표 5.3**은 긍정적 자기대화의 여러 전략과 예를 제시하고 있다. 위축된 학생, 쉽게 불만스러워하는 학생을 격려하기 위한 전략으로 유용하게 사용할 수 있을 것이다.

위축 행동을 보이는 학생에게는 포용적인 환경 및 효과적으로 대응하는 교사라는 두 요소가 반드시 필요하다. 또한 학교 내외부의 임상 전문가와 의료진으로부터 미숙한 스킬을 배우고 익힐 기회를 주어야 하고, 교실에서도 이를 강화해야 한다.

표 5.3 긍정적 자기대화 전략의 예

긍정적 자기대화 전략	【예】
어려운 과제에 대해 스스로 이야기하기	"천천히 시간을 들이면 난 충분히 할 수 있어."
유머 사용하기	"실수할 때마다 10센트씩 받으면 큰 부자가 되겠는걸!"
실망에 직면했을 때 희망을 표현하기	"괜찮아. 다음엔 수학을 더 잘할 수 있어. 계속 노력하는 것이 중요해."
어려운 상황에서도 자존감 유지하기	"난 이 게임은 잘 못하지만, 야구는 정말 잘하거든."
어려운 상황에서 잠시 벗어나야겠다고 느끼기	"너무 속상해서 더는 할 수가 없어. 다른 할 일을 생각해 보자."

위축 행동

🇫 행동기능가설 수립

학생이 부정적인 말을 하거나, 울거나, 과제를 하지 않거나, 부적절하게 행동하거나(예: 소리 지르기, 공격하기, 물건 부수기, 달아나기), 몸이 불편하다며 양호실에 가려 하는 등 우려되는 행동을 할 때마다 ABC 기록지에 행동을 지속적으로 기록한다. 특히 이런 행동이 학생 자신 또는 다른 학생의 학습, 교사의 수업 진행을 방해할 경우라면 기록은 더욱 중요해진다. 기록은 최소 다섯 번 이상의 관찰을 통해 패턴을 파악할 수 있어야 하고 그 이상이면 더 좋다. **표 5.4**는 이 장의 첫 부분에서 소개했던 잭이라는 학생에 대한 ABC 기록지의 예다.

배경사건 기록하는 것을 잊지 않도록 주의하라. 위축된 행동은 그러한 행동이 나타나기 훨씬 전 또는 바로 직전에 일어났던 사건과 직접적으로 관련될 수 있으므로 배경사건 기록은 매우 중요하다. 기록이 모이면 선행사건과 후속결과 열 모두를 집계하여 패턴을 찾고 정보를 검토하도록 한다(**도표 5.1** 참고).

표 5.4 위축 행동을 보이는 잭의 ABC 기록

날짜, 시간, 지속 시간	배경 사건	활동	선행사건	문제 행동	후속결과
3월 7일 오전 9:15 10초		수학	잭이 혼자서 공부했다.	잭이 "난 바보야." 소리를 지르고 연필을 부러뜨린다.	로슨 선생이 다가와 잭의 등을 토닥이며 수학을 잘한다고 말한다. 그러고는 문제 세 개를 잭과 함께 푼다.
3월 10일 오전 8:10 3분	여동생이 향수병을 앓고 있다.	아침 조회	잭이 아침 조회 시간에 앉아 있다.	잭이 배를 잡고 신음소리를 낸다.	로슨 선생이 다가와 무슨 일이냐고 몇 번이나 묻고 나서 잭을 양호실로 보낸다.
3월 15일 오후 1:00 5분	병원에 다녀오느라 학교에 지각했다.	미술	잭이 친구들 다섯 명과 한 탁자에 앉아 그림을 그리고 있다.	잭이 "난 미술이 싫어." 불쑥 내뱉고 종이를 조각조각 잘게 찢는다.	미술 선생이 잭 옆에 앉아 그림을 그리는 것을 도와주고 등을 토닥인다. 그런 다음 이 일을 담임인 로슨 선생에게 알린다.
3월 15일 오후 2:10 7초		읽기	잭이 책상에서 자기가 고른 책을 읽었다.	잭이 울면서 "더는 못 해." 하고 말한다.	로슨 선생이 잭을 자기 옆으로 데려와 대화를 한다.
3월 19일 오후 12:45 10분		소그룹 활동	잭이 간식 테이블에 엎드려 있다.	잭이 엎드린 채 일어나지 않고 교사의 말을 듣지 않는다.	로슨 선생이 잭을 10분간 자도록 내버려 둔다.

Note: adapted from Sidney W. Bijou, et al., Journal of Applied Behavior Analysis 1, no. 2 (1968);
Beth Sulzer-Azaroff and G. Roy Mayer, Applying Behavior-Analysis Procedures with Children and Youth.

도표 5.1 잭의 ABC 기록에서 선행사건과 후속결과의 집계

선행사건		후속결과	
혼자 하는 과제 (수학, 미술, 읽기)	///	어른의 일대일 관심을 받음 (수학, 아침조회, 미술, 읽기)	////
전체 활동 (아침조회)	/	교사의 도움을 받음 (수학, 미술)	//
사회적 활동 (미술)	/	사회적 활동을 회피하게 됨 (소그룹 활동)	/
관심을 받지 못할 때 (모두)	////		

ABC 데이터 집계를 보면 잭이 부정적인 말과 행동을 한 것은 특히 어른이나 또래의 관심을 받지 못할 때였음을 알 수 있다. 소그룹 활동 중에는 테이블에서 잠들어버렸고 5건의 사건 중 3건이 잭 혼자서 활동할 때 일어났다. 관찰을 통해 로슨 선생은 잭이 위축 행동으로 관심을 끌려 하고 있으며, 혼자 있을 때(즉 잭이 다른 사람의 도움을 받지 않고 있거나 아무런 활동에 참여하지 않고 있을 때) 부정적 사고를 할 수 있고, 사회적 활동을 피하려 한다는 것을 파악했다.

또한 로슨 선생은 기록을 통해 자신이 잭에게 대응하는 패턴을 발견할 수 있었다. 잭이 소극적으로 보일 때마다 일대일로 관심을 주곤 했던 것이다. 로슨 선생은 우리 팀과 상담을 진행한 이후 "잭과 밥, 두 사람이 멋진 포스터를 만들고 있는 것 같네요."와 같이, 잭이 짝과 함께 과제를 할 때 어떤 모습인지 소리내어 묘사하는 방식으로 대응

하게 되었다. 이 장의 말미에 이러한 행동 묘사의 예가 추가로 수록되어 있으니 참고하기 바란다(**표 5.6** 참고). 또한 로슨 선생은 잭이 긍정적인 자기대화를 할 수 있도록 배려했고, 잭이 낙담할 때마다 소그룹에 참여하여 좀 더 편안해질 수 있도록 방법을 알려주었다.

A 조정

조정은 학생을 지지하고 배려하기 위한 방향으로 이루어져야 한다. 교실 환경, 휴식 시간, 창의적이고 스트레스가 적은 교육과정, 미숙한 사회기술을 비롯한 여러 스킬 향상이 포함된다.

환경

위축된 학생에게는 교실에 안전하고 차분한 공간을 제공하는 것이 중요하다. 이 공간은 학생이 우울하거나 불안감을 느낄 때 자기조절을 할 수 있는 장소다. 여기에 푹신한 소파, 편안한 베개를 두고 부정적인 생각에서 관심을 돌릴 수 있는 활동을 구성한다.

우울한 학생 중에는 관심을 받고 싶어하거나 대화할 사람을 절실히 원하는 경우도 있지만 그냥 혼자 있고만 싶어하는 경우도 있다. 이런 학생에게는 친구들과 어울릴 수 있도록 교사가 적극적으로 개입해야 한다. 예를 들어 점심 시간에 항상 혼자인 학생, "아무도 나를 좋아하지 않아."라고 중얼거리는 학생에게는 대안적 점심 시간이 도움이 될 것이다. 이때도 처음에는 한 명의 친구하고만 시작하는 편이 좋다. 작든 크든 소그룹에 속했을 때 위축되는 경향이 있는 학생이라면 더욱 그렇다. 이를 통해 학생은 대화에 참여하고 다른 학생의 말에 자신의 말을 더해가는 방법을 배울 것이다. 게임 방식을 사용하면 위축된 학생의 상호작용을 격려하는 데 유용하다. 가능하면 두 학생 모두가 공통으로 좋아하는 것을 강조한다. "둘 다 영화를 좋아하는군요.", "둘 다 그림 그리는 것을 좋아하네요!"와 같은 말은 위축된 학생이 다른 친구와 유대감을 갖게 도울 수 있다. 휴식 시간에도 또래 친구와 절친맺기(buddy system)를 운영해보라. 교사 대신 다른 교직원이 지원해도 된다. 이를 통해 위축된 학생의 교실 활동 참여를 도울 수 있다.

사회기술이 부족한 학생에게는 휴식 시간 계획을 미리 작성해보도록 도와준다(**도표 5.2** 참조). 휴식 시간 동안 누구와 놀지, 함께 놀자고 어떻게 요청할지, 그리고 어떤 활동을 하고 싶은지가 포함된다. 학생과 함께 놀 만한 친구를 선택하고 요청하는 과정에 교사가 개입해야 할 경우도 있을 것이다.

제시된 서식을 고학년 학생들에게 적용할 경우 그림을 빼고, 월볼(wall ball, 벽에 공을 튕기며 주고받는 놀이—옮긴이)이나 줄넘기 등 휴식 시간에 할 만한 적절한 활동을 포함시키면 된다.

집행기능

위축된 학생은 집행기능과 관련된 스킬에 어려움을 겪는다. 특히 우울한 상태에서는 주도적으로 무언가 시작하거나, 주의를 집중하거나, 체계적으로 계획하고 조직화하는 기능이 떨어지기 쉽다.

도표 5.2 휴식 시간 계획표의 예

---

1. 어떤 활동을 하고 싶나요?

줄넘기   고리 던지기   공놀이   분필로 낙서

2. 누구와 같이 놀고 싶나요?

   _____

                _____

                _____

3. 친구 _____에게 물어보세요.

함께 놀래, 나랑?

4. 도움이 필요하면 선생님에게 요청하세요.

자신에게 회의적이고 부정적인 생각에 사로잡힌 학생에게는 인지행동치료가 효과적이다. 학교 내외부의 상담사들은 학생이 자신의 감정을 모니터링하고 생각의 함정에 맞서 긍정적인 자기대화를 해나가며 타인과 교류할 수 있게 도울 것이다. 정서 상태가 개선되면 집행기능은 한층 향상되고, 이는 전반적인 수행 성과 향상으로 이어져 학생의 자존감을 높이게 된다. 즉 긍정의 순환고리(positive feedback loop)가 형성되는 것이다.

교육과정

위축된 학생은 흥미와 학습동기가 저하되어 있으므로 학생의 관심을 파악하는 것부터 시작하여 가속도를 붙여나간다. 가능하면 창의적인 프로젝트기반 교육과정, 다중감각수업(multisensory lessons)이 좋다. 시각, 촉각, 청각, 운동감각 등 모든 학습양식(learning style)을 통합하는 다중감각수업은 학생의 흥미를 유발하고 주의를 끌 수 있으며 무엇보다 학습에 더 많은 자극을 주기 때문에 수업에 집중할 가능성이 높다. 위축된 학생에게 학습동기를 부여하는 일은 교사에게도 무척 힘겨운 싸움이다. 그러므로 학생이 조금이라도 관심을 보이는 주제가 있다면 그것에 집중하여 가르치는 편이 효율적이다. 예를 들어 인권 운동가 마틴 루터 킹에 대한 리포트를 작성하는 프로젝트를 수행한다고 하자. 프로젝트를 완료하는 방법에 대한 선택권을 제공하면 학생의 흥미를 극대화할 수 있다. 예술적 재능이 있는 학생이라면 로자 파크스(Rosa Parks, 앨라배마주에서 일어난 버스 기사의 흑인 차별에 항의하며 보이콧을 주도, 1950년대 흑인 민권운동의 상징이 된 인물—옮긴이)에 관해 디오라마(역사적 사건이나 자연 환경 등을 사실적으로 재현한 입체 모형—옮긴이)를 만들게 하는 식으로 해당 콘텐츠에 대한 지식을 보여줄 수 있을 것이다.

온라인이나 컴퓨터를 활용해 수업을 보완하는 것도 위축된 학생에게 동기를 부여하고 참여를 유도하는 좋은 방법이다. 학교에서 이루어지는 학습은 대부분 관련된 온라인 콘텐츠나 게임이 제공된다. 이들을 수업 전체에 통합하거나 개별적으로 사용할 수 있다. 몇몇 학구에서는 이런 학생들을 위해 교육과정의 수정 보완을 지원하는 통합적 전문가를 두고 있기도 하다.

위축된 학생은 과제를 완료할 때까지 학습동기를 계속 유지하기가 어렵다. 따라서 과제 완료까지 추가 시간을 허용해주는 조정이 중요하다. 시간이 더 많이 필요한 학생도 있지만 시간이 많을수록 더 힘들어하는 학생도 있다. 이는 강박적으로 생각하거나 자꾸 자신의 생각을 돌이키면서 혼란스러워하기 때문이다. 따라서 교사는 사전 면담을 통해 학생의 고민을 파악하고 추가 시간이 도움이 되는지 여부를 판단하도록 한다. 우울한 기분으로 사고력이 저하된 학생은 치료에 반응하기까지 시간이 많이 걸리는 편이다. 이들을 위해서는 일시적으로 과제를 줄여주는 등의 조정이 필요하다. 단 고학년에서는 과제가 성적에 큰 비중을 차지할 수 있으므로 신중하게 조정해야 한다. 만약 성적이 너무 뒤처져서 도저히 따라잡을 희망이 없다고 느끼게 되면 학생은 아무런 노력도 하지 않게 될 수 있다.

미숙한 스킬

우울한 학생은 긍정적 사고와 인지 유연성 같은 스킬에 어려움이 있다. 만약 학생이 IEP 대상자라면 미숙한 스킬을 가르칠 임상 전문가를 특수교육 팀에서 정해주어야 한다. 긍정적 사고, 유연성, 사회기술, 집행기능을 명시적으로 가르치지 않으면 행동을 개선하기 어려우므로 강화를 위한 노력을 쏟아야 한다. 부록 B에는 스킬 개선에 필요한 행동 지도용 자료 목록이 들어 있으므로 참고하기 바란다.

교사의 관찰은 상담사가 학생을 지원할 방식을 결정하는 데 매우 중요하므로 교사와 상담사의 정기적 소통은 필수다. 학생이 자주 혼자 있으려 하고 다른 학생의 관심을 오해하며 잘 어울리려 하지 않을 경우 상담사는 역할놀이나 소그룹 친구맺기 활동 등을 제공하여 사회기술 향상을 도울 수 있다. 학생이 게임을 하다가 자기패배적인 말을 하며 도중에 그만둘 경우 긍정적 자기대화를 통해 게임을 계속하도록 격려해 준다. 이럴 때 교사와 상담사가 같은 언어로 학생의 노력을 강화해주면 더욱 좋다.

보조 교사가 있다면 학부모의 허락하에 상담시간마다 함께하게 해주는 것도 바람직하다. 상담사가 학생에게 긍정적 자기대화 방법, 타인과 관계를 맺는 방법 등 새로운 사회기술을 가르칠 때마다 보조 교사는 학생과 종일 같은 언어를 써서 효과적으로 스킬을 배워나가도록 도울 수 있다. 예를 들어 마리아가 "난 제대로 하는 게 하나도 없어."라고 말하며 위축 행동을 한다고 하자. 마리아가 상담사와 함께 익힌 스킬과 언어를 알고 있는 보조 교사라면 이렇게 말할 것이다.

"정말 제대로 하는 게 하나도 없다고 확신하나요? 이건 생각의 함정 같은데요. 100퍼센트 사실인지, 아니면 제대로 할 때도 있는지 함께 생각해보면 어떨까요?"

이처럼 언어적 연속성은 학생이 교실에서 압박감을 느낄 때 배운 전략을 적용할 수 있게 도와줄 것이다.

자기조절 및 자기점검

지금까지 위축된 학생에게 미숙한 스킬을 계발하는 방법을 이야기했다. 부록 F의 자기점검 서식을 사용하여 상단 전략상자에 가르치고 싶은 전략을 써넣어보자. 학생이 교사의 관심을 받기 위해 자기를 비하하는 말을 쓰거나 하지 않고 교사에게 도움을 청하는 대체 전략을 쓰면 점수를 부여한다.

상담사나 교사는 기회가 될 때마다 자기점검 및 자기조절 방법을 소개한다. 자기점검은 자신의 행동을 돌아보며 부적절한 행동을 한 것을 정확히 인식하는 것이고, 자기조절은 지나친 분노나 흥분을 피해 적절한 수준의 감정 상태를 유지하는 것이다. 종이로 된 자기점검 서식 대신 모바일 기기를 이용해도 효과적이다.[16] 피트라는 학생의 예를 소개한다. 음악수업 도중 피트가 불만을 느끼고 모바일 기기를 꺼냈다. 첫 화면은 "기분이 어때요?" 하고 묻고 여러 선택지를 보여준다. 불만을 느낄 때 사용하는 아이콘을 누르자 몇 개의 전략 중 하나를 고르라는 신호가 나왔다. 피트는 '복도에서 물을 마실 수 있는지 물어보기'를 골랐다. 이후 그가 다시 돌아오면 프로그램은 이 전략이 도움이 되었는지 평가하라고 할 것이다. 만약 불만이 가시지 않았다면 다른 전략을 고를 수 있다. 이처럼 몇몇 프로그램에서는 전략을 사용해보고 나서 스스로 점수를 매기게 한다. 3장에서 소개한 조절척도(감정온도계)를 모바일 기기에 부착하여 자기조절을 촉진할 수도 있다. 이처럼 모바일 기기를 적절히 사용하면 동기부여 측면에서 효과를 더욱 높일 수 있다.

또 다른 방법으로 학생이 매일 학교 일과를 마치고 성찰일지를 쓰게 하는 것이 있다(**도표 5.3** 참고). 이 방법은 자기점검을 촉진하고 좀 더 정확한 보고를 할 수 있게 해준다. 학생은 그날 하루 동안 있었던 일 중 좋았던 것과 힘들었던 것을 일지에 적는다. 처음에는 학생이 긍정적인 무언가를 적을 수 있도록 점진적 지원(scaffolding, 학습자가 자신의 현재 수준을 넘어서 다음 단계의 수준까지 이르도록 돕기 위한 단계별 지원—옮긴이)을 제공해도 좋다. 이 양식은 전자 데이터로 만들어 모바일 기기에 넣을 수도 있다.

고유수용감각 운동 및 각성 전략

위축된 학생은 대개 에너지가 부족하다. 신체 운동은 위축된 학생이 우울증에 빠질 위험을 줄이고 우울감을 개선하는 데 도움을 준다.[17] 일과 중 동작휴식을 취하면 주의집중력을 유지하는 데 도움이 된다. 특히 고유수용감각 운동, 즉 근육, 관절, 신경계가 협력하여 신체의 위치와 움직임을 정확하게 파악하고 조절할 수 있도록 돕는 운동은 집중력을 높이고 유지하는 데 효과적이다.

도표 5.3 성찰일지의 예

날짜 : _____   이름 : _____

1. 오늘 어떤 활동이 가장 힘들었나요?

2. 오늘 좋았던 활동은 무엇이었나요?

3. 오늘 잘한 일은 무엇이었나요?

4. 오늘 힘든 일은 무엇이었나요?

에너지가 부족한 학생에게는 수업 중에 주의력을 높일 수 있도록 소규모의 각성 전략을 사용해도 좋다. 이 전략은 학생이 책상에서 일어나거나 하던 과제를 중단하지 않고도 할 수 있는 것들이다(표 5.5 참조). 휴식을 허용하기 전, 또는 학생의 수행이 부진할 경우 졸음을 예방하거나 활기를 주기 위해 각성 전략을 사용한다.

I 상호작용 전략

위축된 학생이 또래와 좋은 관계를 형성하고 자존감을 높이려면 교사의 특별한 관심이 필요하다.

표 5.5 수업에서 적용할 만한 고유수용감각 운동과 각성 전략

고유수용감각 운동	각성 전략
• 벽이나 의자에서 윗몸 일으키기 • 칠판이나 책상 닦기 • 의자 밀기, 책상 위에 의자 올려놓기 • 무거운 책들을 옆반 선생님께 가져가기 • 책상 위치 옮기기 • 외바퀴 손수레 밀며 걷기 • 달리기 • 점핑 잭(팔벌려뛰기) • 턱걸이	• 빠른 박자의 시끄러운 음악 듣기 • 팔다리를 힘주어 문지르기 • 바삭바삭한 음식 씹기 • 찬물 마시기 • 자세 교정용 쿠션 가지고 앉기 • 시트러스나 페퍼민트 향 맡기 • 밝은 색상의 종이 또는 강조 표시된 텍스트 보기

Source: D. Saunders, "The Importance of Sensory Processing", Web page, 2005; revised April 30, 2006, http://dsaundersot.webs.com/resources.html; Sasha Fureman and Tiffany Sahd, "Strategies for Sensory Sucess", *Washington Parent*, April 2005.

관계 구축

우울증을 예방하는 가장 중요한 전략은 관계 구축이다. 이 과정
은 몇 개월 이상 걸릴 수도 있지만 학생의 안정과 학습을 위해 꼭 필
요하다. 위축된 학생은 스스로를 고립시키거나 부정적인 행동으로
사람들이 가까이 다가오는 것을 막는 경우가 많다. 휴식 시간에는 혼
자 놀고 점심 시간에는 혼자 밥을 먹고 방과 후에도 친구들과 어울리
지 않는다. 특히 과민반응을 보이는 학생은 마음에 들지 않는 상황에
서 친구나 교사의 행동을 비난하거나 오해하고 불평한다. 이들에게
서 흔히 보이는 '자기충족적 거부(self-fulfilling rejection, 자신이 거부당
할 것이라고 믿고 그에 따르는 행동을 하여 실제로 거부당하는 것—옮긴이)'의
악순환을 깨려면 교사가 더 많은 시간을 할애해야 한다.

교사와의 일대일 대화를 부담스러워하는 학생도 있을 것이다.
그럴 경우 교실에서 함께 게임을 하거나 과제(예: 칠판 꾸미기 또는 뉴
스레터 작성)를 하면서 함께 시간을 보내는 간접적인 관계 구축 방법
이 좋다. 이는 교사의 관심을 학생이 더 편안하게 느낄 수 있는 방법
이다. 학생에게 게임 진행을 도와달라고 부탁하거나 교실 게시판 꾸
미기를 도와달라고 요청하는 것 등은 일상적이고 사소해 보이지만
기대 이상으로 효과가 크다. 발달심리학자인 로버트 피안타(Robert
Pianta)는 이것을 '뱅킹 타임(banking time)'이라고 부르는데, 향후 교
사와 학생 사이에 일시적으로 갈등이 발생하더라도 신뢰 관계가 깨
지지 않도록 평소에 긍정적 경험을 많이 적립해 두는 방식이다.[18]

관계 구축 시간에 대해 교사가 "지금 너와 나는 함께 특별한 시

간을 보내고 있어."와 같이 특별한 언급을 해주면 좋다. 위축된 학생은 긍정적 경험보다 부정적 경험을 기억하려는 성향이 있기 때문에, 교사와의 시간을 다른 뜻으로 오해하거나 별로 중요하게 생각하지 않을 가능성이 있기 때문이다.

불안이나 반항 행동에서도 언급했지만 비조건적 강화는 위축된 학생의 자존감을 높이는 데에도 효과적이다.[19] 비조건적 강화란 무작위로 친절을 베푸는 것으로, 학생은 특별한 조건이나 행동 없이도 교사가 관심을 갖고 친절하게 대해주면 자신이 존중받고 있다고 느낀다. 자기가 좋아하는 캐릭터 스티커나 카드를 교사에게서 받았을 때 학생은 교사의 관심을 실감하며 기뻐할 것이다. 그리고 "선생님은 내가 잘할 때만 나를 좋아해."라는 생각에서 벗어나, "선생님은 정말 나를 좋아하는구나."라고 믿게 된다.

조금 더 특별한 긍정적 강화

학생에게 편안한 방식으로 긍정적인 강화를 제공하는 것 외에도 바람직한 행동에 대해 좀 더 구체적으로 칭찬하면 좋다. "넌 멋진 아이야.", "똑똑한 아이로구나!" 같은 포괄적인 칭찬은 일부 위축된 아이들에게는 거부감을 줄 수도 있다. 그보다는 "나는 네가 친구를 도와주는 방식이 참 좋아보여.", "과제를 빨리 마무리했구나. 고맙다."와 같이 구체적이고 정확한 칭찬이 신뢰감을 주고 기억에도 남을 수 있다.[20] 나이가 어린 학생들을 칭찬할 경우라면 약간 과장된 톤과 열정을 보여주어도 좋다. 이때 똑똑하다든지 예쁘다든지 하는 특성보다는 열심히 노력하는 태도를 칭찬해주면 위축된 학생들도 자신이 할 수 있는 일, 통제 가능한 과제에 집중하려고 노력할 것이다.

위축된 학생에게 유머를 사용할 때는 주의할 점이 있다. 이들은 기뻐하거나 웃는 일에 익숙하지 않은데다 매우 예민한 편이다. 즉 유머를 비꼬는 말로 듣고 자신이 놀림을 당하고 있다고 오해할 수 있다는 뜻이다. 따라서 유머를 담은 교사의 말을 듣고 웃기는커녕 자신을 비웃는다고 느낄 수 있으므로 주의해야 한다.

긍정적 피드백

위축된 학생의 가혹한 자기비판적 성향을 개선하자면 칭찬이 꼭 필요하지만, 이들은 칭찬하는 방식에도 매우 민감하므로 주의해야 한다. 즉 학생이 칭찬에 어떻게 반응하는지, 그리고 어떤 방식을 가장 편안하게 느끼는지 교사가 사전에 파악해야 한다는 뜻이다.

5학년인 콜린은 말이 거의 없고 위축된 학생이다. 담임 교사인 칼레프 선생은 콜린이 우울증을 앓은 적이 있으며 지난 3년간 외부 상담사로부터 치료를 받아왔음을 알고 있다. 콜린은 글쓰기를 꽤 잘하는 편이었고 작품 중에는 칼레프 선생이 무척 좋아하는 것들도 있었다. 그랬던 콜린의 글이 최근 들어 점점 나빠지고 있다고 느낀 선생은 콜린의 우울증이 악화되는 신호가 아닐까 우려했다.

칼레프 선생의 관찰은 정확했다. 상담을 진행한 결과 칼레프 선생은 우울한 학생이 칭찬에 어떻게 반응하는지 알게 되었고, 콜린에게 해주었던 공개적이고 잦은 칭찬이 부정적 영향을 주었음을 깨달

왔다. 이후 칼레프 선생은 콜린이 어떤 방식의 칭찬을 편안해하는지 알아보려 애썼다. "콜린, 네가 쓴 글에 내가 감동을 받았을 때 이 마음을 어떻게 알려주면 좋을까?" 하고 직접 물어보거나, 쪽지를 써준다거나, 조용히 엄지 척을 해준다거나, 등을 두드려주거나, 둘만 있을 때까지 기다리는 것 등 여러 가지 선택지를 제시했다. 두 사람은 공개적인 칭찬 대신 둘만 보는 숙제 폴더에 쪽지를 쓰기로 합의했다.

리더십 기회

교사가 활용할 수 있는 방법으로 하루 중 '전략적인 시간'에 리더십 과제를 부여하는 것이 있다. 휴식 시간이 끝난 후 행정직원들이 우편물 발송하는 일을 학생이 돕게 하거나, 일과 시작 시간에 저학년 어린이들에게 책을 읽어줄 기회를 주는 것 등은 위축된 학생들에게 동기를 부여한다. 이런 기회를 '전략적인 시간'에 제공하면 처음에 부정적이었던 학생들도 점차 긍정적 분위기로 바뀔 것이다. 통제력과 리더십을 발휘할 기회를 주는 것은 학생의 자존감을 높일 수 있고, 학습된 무기력 또한 시간이 지날수록 극복하게 된다.[21]

경험의 순간을 서술해주기

위축된 학생들은 긍정적 경험을 지나쳐버리고 부정적 경험을 과장할 때가 많아 한층 고립감이 깊어지곤 한다. 좀 더 기분이 나아질 수 있는 활동에 참여하는 것도 어렵다.

교사 중에는 가끔 자신을 힘들게 만드는 학생과 언쟁을 벌이는 경우가 있다. 학생을 설득하여 달라지게 만들 수 있다고 믿기 때문이다. 하지만 이보다 더 효과적인 접근은 학생의 행동을 교사가 서술해줌으로써 학생 자신의 관찰 스킬을 향상시키는 것이다. 경험상 이 방법은 놀라울 만큼 극적인 결과를 가져올 수 있다. 특히 학생이 경험하는 '바로 그 순간'의 모습을 서술해주면 경험을 더 정확히 기억하게 할 수 있다.[22] 즉 학생을 계속 지켜볼 시간 여유가 있고 주기적으로 학생과 이야기를 나눌 수 있는 누군가가 있다면 효과가 배가될 가능성이 높다. 하지만 활동 내내 일대일로 학생에게 주의를 기울일 만한 상황이 아니라면 일부 활동에서만이라도 시도할 만하다. 즉 교사가 휴식 시간이나 수업 시간 도중 5~10분 정도만 할애해도 큰 차이를 만들 수 있다.

효과적인 실행을 위해 교사가 영화 속 내레이터처럼, 학생이 활동에 참여하는 동안 일어나는 일들을 소리 내어 말해준다. "오, 넌 벌써 수학 문제를 다섯 개 풀었구나. 아직 시작 못한 아이도 세 명 있는데.", "너는 미소짓고 있고 윌은 웃고 있구나.", "윌이 너의 재미있는 이야기에 웃었어." 만약 학생이 자신을 지목하는 이야기를 부담스러워할 경우 집단 전체 또는 한 명 이상의 학생들로 범위를 확장하여 이야기해도 좋다. "너희 둘은 점심 먹는 내내 웃으면서 이야기하고 있구나.", "모두가 철자쓰기를 거의 반 이상 했어. 계획보다 훨씬 앞선 거야."

5~6학년 고학년 학생들에게는 이야기하는 방법을 좀 더 정교화하고 잘난 체하는 것처럼 들리는 말은 피해야 한다. "너희 둘은 5분

동안이나 웃고 있구나. 무슨 재미있는 일이 있니?" 학생들은 내레이션을 통해 자신에게 일어난 사건을 사실적으로 기억할 가능성이 더 높다. "카슨 선생님, 잭과 젠을 보세요. 5분 동안이나 둘이 킥킥 웃고 있네요."와 같이 다른 사람에게 이야기하는 방식처럼 간접적으로 할 수도 있다.

이 장의 앞부분에 들었던 예시인 잭의 이야기 속 로슨 선생을 떠올려보자. 잭의 보조 교사는 우리에게 상담을 요청했다. 상담 이후 그는 잭이 다른 친구들과 상호작용하거나 수업에 참여할 때마다 곁에서 내레이션 방식으로 조용히 행동을 설명하곤 했다. 3주 동안 이렇게 하자 잭은 처음으로 자신의 이야기를 글로 쓰기 시작했다. 두 명의 또래 친구들과 수학게임을 했다고, 'psychedelic'의 철자를 정확히 쓴 건 자신뿐이었다고, 간식을 친구와 나누어 먹었다고 말이다.

교사들은 처음에 이런 식의 내레이션을 무척 어색해했고 시간과 노력이 너무 많이 든다고 여기며 부담스러워했다. 하지만 내레이션 덕분에 잭이 이전보다 더 많이 참여하며 향상된 모습을 보이자 무척 기뻐했다.

관점바꾸기

부정적인 말과 행동을 줄이는 것은 중요하다. 부정적인 말과 행동은 자신에 대해 더 부정적인 감정을 불러일으킬 수 있다. "난 수학이 정말 싫어."라고 학생이 부정적인 말을 했을 때 교사는 관점바꾸기를 통해 "곱셈은 네가 좋아하지 않는 편이지."처럼 사실에 기초한 반응을 보일 수 있다. 이럴 때 "왜? 넌 수학을 잘하잖아!"라고 과도하게 반응하는 것은 교사로부터 부정적 관심을 끌고 싶어하는 학생들의 말과 행동을 더욱 강화할 수 있으므로 사실에 기초한 반응으로 대체하는 편이 낫다.

관점바꾸기를 통한 반응은 학생이 좋은 일을 지나쳐버리지 않고 긍정적인 기억을 쌓을 수 있게 도와준다. 즉 활동에 대한 더 정확하고 긍정적인 기억을 만들어내는 것이다. 관점바꾸기는 학생이 자신을 관찰하는 스킬을 높이고, 전부가 아니면 의미없다고 생각하는 사고방식을 변화시킨다. 사실에 기초한 말은 학생으로 하여금 자신이 글쓰기를 끔찍해하는 것이 아니라 그날 주어진 철자 리스트가 맘에 안 들었을 뿐이라고 관점바꾸기를 하게 해준다. **표 5.6**은 관점바꾸기의 몇 가지 예시다.

표 5.6 학생의 부정적인 말을 관점바꾸기로 교사가 달리 말한 예

부정적인 말	관점을 바꾸어 한 말(중립적이고 차분한 어조)
"난 도저히 쓸 수 없어."	"오늘은 철자가 어려웠나 보다."
"난 바보야!"	"간식 상자를 보고 네가 불만스러워하는 것 같구나."
"미술은 정말 싫어. 나는 우리 반에서 미술을 제일 못해."	"찰흙으로 뭔가 만드는 건 네가 썩 좋아하는 활동이 아니지."
"나는 읽기를 못해."	"오늘은 네가 읽을 문장이 너무 길었구나."

부정적 인식을 반박할 수 있는 증거 제시하기

부정적 발언에 대응하는 또 다른 전략은 사건에 대한 학생의 부정적인 인식이 정확하지 않다는 증거를 제시하는 것이다. 예를 들어 학생이 수업 중에 자신을 한 번도 부르지 않는다고 보조 교사에게 불평하고 있다면? 이 경우 학생이 호명된 횟수를 기록해 통계를 보여주거나, 아니면 오른쪽 주머니에 넣어둔 클립을 학생 이름이 불릴 때마다 왼쪽 주머니로 옮겨넣고 나중에 왼쪽 주머니에 든 클립을 학생의 손에 쏟아보인다. 이런 기법은 실제 사실에 기초한 정보를 학생에게 제공해야 할 때, 즉 오늘 자신에게 몇 사람이 말을 걸었는지, 또는 프로젝트를 진행하면서 자신이 몇 번이나 칭찬을 받았는지 등에서 사용하면 좋다. 위축된 학생에게서 흔히 들을 수 있는 부정적인 말, "난 바보라고요." 같은 말에 대응해야 할 때 우등생으로 꼽히는 또래 친구의 과제 샘플을 (동의를 얻어) 보여주고, "보렴, 빈디도 네 개 틀렸지. 넌 그애가 바보라고 생각하니?"와 같이 누구나 실수할 수 있다고 말해준다. 이처럼 사실에 기초한 구체적 증거를 통해 학생의 자기비판적인 성향은 줄어든다.[23]

위축된 학생에게 친한 친구도 있고 긍정적 상호작용을 하고 있다는 증거를 제공하는 강력한 방법이 있다. 바로 일주일 내내 친구와 상호작용하는 사진을 찍어주는 것이다(물론 친구들의 사진촬영 허가를 받아야 한다). 사진을 학생 및 가족들과 공유하면 부정적인 자아개념을 최소화할 수 있다.

결과를 거의 통제할 수 없는 상황에 처하게 되면 사람들은 어떤 대응도 효과가 없다고 생각하게 된다. 학생은 점점 무력감을 느끼고 의욕상실 증후군(what't the use syndrome)에 빠진다.[24] 이렇게 학습된 무기력을 보이는 학생에게 교사는 관심을 기울이고 도움을 주려 애쓴다. 하지만 이것이 지나치면 문제가 된다.

'길잡이 의존(prompt dependence)'은 학생이 교사의 도움에 지나치게 의존하는 것을 가리키는 표현이다.[25] 과도한 길잡이 대신 독립적인 문제해결 능력을 장려하는 방식으로 학생을 유도해야 한다. 학생이 주도권을 갖고 과제를 계획하고 실행할 수 있도록 도와준다. "수학 폴더를 꺼내세요."와 같은 직접적 지시는 가급적 피하라. 대신 "다른 학생들은 무엇을 하고 있니?" "수학 수업에 필요한 것이 뭘까?"와 같은 질문으로 학생에게 주변을 인식하도록 이끈다. 이렇게 하면 학생 스스로 필요한 것이 무엇인지 파악할 수 있다. 마음이 급하고 시간에 쫓긴 나머지 학생을 위해서라며 몇 가지 단계를 자신이 대신 처리해버리는 교사가 있다. 그러나 이처럼 과도한 반사 행동은 학생에게 도움이 되지 않는다.

아니타라는 학생이 수업을 막 시작하기 직전까지도 교실 뒤편에 꼼짝 않고 서 있다. 교사는 아니타에게, 수업을 시작해야 하니 옷과 소지품을 정리하고 빨리 자리에 앉으라고 재촉할 것이다. 이 상황에서 교사가 이렇게 지시한다면 어떨까.

"아니타, 코트 벗어 옷걸이에 걸어요."

"아니, 이쪽 말고 저쪽 고리에 걸어요."

"가방을 내려놓아요."

"가방을 열고 지퍼를 내려야지요."

"이제 제자리로 가서 앉아요."

이 시간 동안 아니타는 자기 스스로 생각하거나 행동을 계획할 필요 없이 교사의 지시에 따라 최소한의 작업만 수행할 것이다.

R 대응 전략

학생이 부적절한 행동을 했을 때 교사는 학생의 행동 변화를 격려하는 공감적인 방식으로 대응해야 한다.

부정적 관심

위축된 학생의 ABC 기록을 분석할 때 특히 주의할 점이 있다. 후속결과 패턴이 부정적 관심을 원하는 것으로 나올 경우 정말 신중히 대응해야 한다는 점이다.

우리는 위축된 학생의 부정적 행동에 대응할 때 두 단계를 거치라고 조언한다. 첫 단계는 즉각적인 일대일 관심을 주는 것을 바로 중단하는 일이다. 그다음 단계는 학생이 부정적인 행동을 할 때(만약 일대일 상황이거나 학생이 어른의 관심에 의해서만 동기부여되는 상황이라면) 외면하라는 것이다. 단지 중립적인 어조와 최소한의 눈맞춤, 사실에 기초한 관점바꾸기를 통해 최대한 짧고 구체적인 진술로 대응하라.

위축된 학생이 또래와의 상호작용을 오해하는 것은 부정적 사고 때문이다. 이런 경우 만화 형태의 대화로 사회적 상호작용 사실을 설명할 수 있다. 각 장면을 만화 형식의 컷으로 그려넣고 캐릭터마다 말풍선을 넣는다. 이것은 학생에게 등장인물이 대화 내내 무슨 생각을 하고 있는지 설명하기 좋은 방법이다. 예를 들어, "그녀는 네가 멍청하다고 생각하고 있지 않았어. 그녀는 네가 공을 떨어뜨릴 때 쳐다보지도 않았어."라는 말풍선과 함께 공을 떨어뜨린 학생을 바라보지 않고 딴생각 중인 동료의 모습이 그려져 있는 식이다. 부록 D에 제시된 관련 웹사이트 목록을 참조하기 바란다.

잭을 위한 FAIR 플랜

이 장의 첫 부분에 소개한 잭의 행동을 돌아보자.

| 행동기능가설 수립 | 잭의 ABC 데이터를 살펴보고 교사는 잭이 어른이나 또래의 관심을 받지 못하는 시간대에 부정적인 말을 많이 한다는 사실을 알았다. 일 년에 한 번 꼴로 잭은 소그룹 활동 중에 책상에서 잠들어버렸다. 심각한 행동사건 5건 중 3건은 잭이 혼자 독립적으로 활동했을 때 일어났다. 잭은 일과 중 사회적 관계가 필요한 시간을 피하려 했다. 그리고 잭이 소극적일 때 어른이 일대일로 많은 관심을 기울였다는 사실도 데이터를 통해 알아냈다.

| 조정 | 교사는 잭을 위해 휴식 시간 계획을 짜고 이 시간에 함께

할 친구들을 모았다. 잭이 잘 따르면 상으로 특별한 레고 장난감을 갖고 놀 수 있도록 해주었다. 그리고 일과를 시각화하여 정리한 일정표와 함께 소지품 정리를 위한 특별교육을 실시했다. 잭이 좋아하지 않는 과제를 할 때마다 타이머를 사용하고 시간이 얼마나 지났는지 알려주었다.

교육과정 조정으로 로슨 선생은 잭이 쓰기 글감을 생각하는 데 도움이 될 만한 그림을 찾아주었다. 그리고 잭이 관심을 보이는 동물 사진을 이용하는 등 각별한 노력을 기울였다. 잭이 이 과제를 흥미있어하자 선생은 과제 시간을 늘려주었다. 직접 해보는 활동이 잭의 참여 의욕을 높인다는 것을 알고 다중감각수업을 시도했다.

로슨 선생은 잭에게 긍정적 사고와 자기옹호 방법을 가르치기 시작했다. 예를 들면 무언가 마음에 들지 않을 때 자기 의견을 또래 친구들에게 말하는 방법 같은 것 말이다. 이는 잭이 괴롭힘을 당할 위험이 있기 때문이었다. 또 쉬고 싶거나 졸릴 때 찬물을 마시게 하는 각성전략을 통해 잭을 이끌었다. 선생은 일과 내내 감정온도계와 자기조절 차트를 사용했고 아이팟으로 자기점검을 하게 했다. 그리고 잭에게 매일 성찰시트를 작성하게 했다.

|상호작용 전략| 로슨 선생은 한 달에 한 번씩 잭과 함께 점심을 먹기 시작했고 소포 배달, 교무실 복사용지 재입고 등 잭에게 리더십 기회를 줄 수 있는 방법을 찾았다. 둘은 긍정적 강화 신호로 하루종일 엄지손가락을 들어올리기로 동의했다. 그리고 잭이 친구들과 휴식 시간에 함께 노는 모습을 사진으로 찍고, 간식 시간에 잭이 긍정적인

상호작용을 나누는 모습을 내레이션으로 말해주었다. 이것은 잭에게 자신에 대한 더 정확하고 긍정적인 정보를 주기 위한 것이었다.

| 대응 전략 | 잭이 부정적인 말을 했을 때 로슨 선생은 그 말에 특별한 주의를 기울이지 않으려 애썼다. 대신 관점을 바꾸어 잭의 말을 중립적으로 진술했다. 또한 잭이 파워카드를 꺼내는 등의 자기조절 전략을 사용할 때마다 선생님이나 좋아하는 친구와 함께하는 시간을 늘려주었다.

이렇게 한 결과 잭은 점차 부정적인 말을 하는 횟수가 줄어들었다. 학기말이 되자 로슨 선생은 잭이 수학 빙고 같은 구조화된 게임을 하는 동안 또래 친구들에게 긍정적으로 반응했고, 모든 과목에 참여하여 과제를 잘 마쳤으며, 간식 시간에 다른 학생들과 함께 앉아 있는 모습을 보였다고 보고했다.

5장 요약

| 위축된 학생은 부정적인 관심을 원할 수 있다. |

| 위축된 학생은 긍정적인 관심을 회피하는 경우가 있다. |

| 위축된 학생의 일부는 우울장애로 진단받는다. |

| 위축된 학생은 상황을 부정적으로 인식하고 부정적 생각에 빠지는 경향이 있다. |

| 자살 경고 신호는 언제 어디서나 심각하게 받아들여야 한다. 이 신호를 포착하게 되면 학교 관리자나 상담사에게 신속히 우려사항을 보고하고 관련 절차를 실행해야 한다. 이때 학생을 절대로 혼자 내버려두지 않도록 하라. |

위축 문제를 위한 FAIR 플랜 체크리스트

이름	날짜	년	월	일

목표 행동

F 행동기능가설 수립

☐ ABC 기록지를 이용해서 모든 목표 행동의 예를 기록한다. (최소 5건)

☐ ABC 데이터 및 계획에 따른 관찰에서 나온 선행사건 목록을 만든다.
(특히 또래 및 특정 성인과의 상호작용, 구조화되지 않은 시간 및 대기시간, 전환, 요구에 대해)

☐ 행동기능에 관한 가설을 설정한다. (하나 또는 그 이상에 동그라미 치기)

관심 / 회피 / 보상 / 감각   ※ 위축 행동은 흔히 관심 기능과 관련된 경우가 많다.

☐ ABC 데이터를 이용해서 후속결과의 패턴을 목록으로 만든다.

☐ 중요한 배경사건 목록을 만든다.

A 조정 ※ 다른 장에서 제시한 개입방법과 전략을 참고할 수 있다.

환경

☐ 교실에 안전한 공간을 만들어 제공한다.

☐ 규칙적인 휴식을 계획한다.

☐ 교실 밖의 휴식을 허용한다.

☐ 대안적 점심 시간을 마련한다.

☐ 휴식 시간에 어른이나 친구와 함께할 수 있도록 조정한다.

☐ 학생 스스로 휴식 계획을 작성하게 한다.

집행기능
☐ '교실 읽기'를 가르친다.

☐ 타임 타이머를 사용한다.

☐ 시간 경과에 대해 알려준다.

☐ 시간분배표를 사용한다.

☐ 시간 제한이 없는 시험을 고려한다.

☐ 시각화된 시간표를 사용한다.

☐ 시간표에 조직화 시간을 넣는다.

☐ 한 번에 한두 가지 문제나 항목만 제시한다.

교육과정
☐ 글을 쓸 때 주제를 생각하고 유지할 수 있도록 그림을 보여 준다.

☐ 워드프로세서를 사용하게 한다.

☐ 철자 조정을 고려한다.

☐ 과제에 추가 시간을 준다.

☐ 과제를 양이 아닌 질로 평가한다.

☐ 다중감각을 이용한 체험학습을 제공한다.

☐ 유연한 개방형 과제를 준다.

☐ 학생의 흥미와 관심을 고려한다.

☐ 그 밖의 기술 자료 목록을 참고한다.

미숙한 스킬

- [ ] 긍정적 사고
- [ ] 자기옹호
- [ ] 동기부여(CBT)
- [ ] 인지 유연성
- [ ] 집행기능
- [ ] 자기대화 파워카드 및 스크립트
- [ ] 생각의 함정
- [ ] 사회기술
- [ ] 생각 멈추기

대체 행동(관심을 원하는 행동을 위한 예)

- [ ] 적절하게 휴식 요청하는 법을 가르친다.
- [ ] 요구를 받았을 때 적절하게 도움을 요청하는 법을 가르친다.

자기조절과 자기점검

- [ ] 학생이 조절척도(감정온도계 등)를 사용하게 한다.
- [ ] 학생이 자기조절 차트를 기록하게 한다.
- [ ] 학생에게 운동 및 각성 전략을 사용하게 한다.
- [ ] 학생에게 자기점검을 위한 모바일 기기를 사용하게 한다.
- [ ] 학생에게 매일 성찰일지를 작성하게 한다.
- [ ] 자기점검 서식(부록 F)을 사용한다.

I 상호작용 전략

☐ 관계 구축에 힘쓴다.

☐ 비조건적 강화를 한다.

☐ 구체적이고 긍정적인 강화를 한다.

☐ 유머 사용 시 신중을 기한다.

☐ 편안한 방식으로 긍정적 피드백을 준다.

☐ 리더십과 자존감을 강화하는 활동을 한다.

☐ 경험의 순간을 교사의 말로 서술해준다.

☐ 학생의 부정적 인식에 대한 관점바꾸기를 한다.

☐ 부정적 인식을 반박할 증거를 제공한다.

☐ 긍정적 상호작용을 볼 때마다 사진으로 찍어준다.

☐ 효과적이지만 과도하지 않은 길잡이가 되어준다.

R 대응 전략

☐ 행동 직후에는 일대일 대응을 피한다.

☐ 학생을 과도하게 도와주거나 지나친 독촉을 삼간다.

☐ 학생 스스로 자기조절 스킬을 사용하면 점수나 보상을 부여한다.

☐ 학생이 사회적 상황을 오해할 때 만화를 사용한 설명을 시도한다.

6

"그러려던 게 아닌데…."
성 문제

켄트 선생은 드디어 길었던 하루의 끝, 6교시에 이르렀다. 그러나 선생은 불안해하고 있었다. 6학년 학생들, 특히 맥스 때문이었다. 켄트 선생은 맥스와 수업한 적이 없었지만 그가 올해 두 차례나 정학을 당했다는 사실은 알고 있었다. 과학 실험에 대해 학생들에게 설명하고 나서 선생은 질문이 있는지 물었다. 맥스가 손을 들었다. 질문해 보라고 하자 맥스가 말했다. "선생님 젖꼭지가 셔츠 밖으로 나와 있는 거 아세요?" 반 아이들이 술렁거렸고 한 아이가 "너 뭐야, 그러면 안 돼!" 하고 외쳤다. 켄트 선생은 얼굴이 달아올랐고 얼른 두 팔로 앞을 가리며 맥스에게 다가섰다. "맥스, 넌 코프먼 선생께 가야겠다. 당장!" 맥스는 어슬렁거리며 짐을 챙겨 교실 밖으로 나갔다. "걱정 마세요, 선생님. 모두가 좋아한다고요." 이게 맥스가 교실을 떠나며 한 말이었다.

성적 행동의 개념

6장은 성적으로 부적절한 행동을 하는 학생에 관해 다룬다. 여기에는 성적인 단어나 말을 또래나 교사에게 하는 것, 성적인 제스처를 취하거나 소리를 내는 것, 성행위를 흉내내는 것, 성적 유혹을 하려 하거나 부적절하게 타인의 신체를 만지는 것, 교실에서 자위행위를 하는 것이 포함된다.

　　얼마나 많은 학생이 학교에서 이런 종류의 성적 행동을 하는지에 대한 정확한 연구는 아직 없다. 다만 경험상, 그리고 교사들과의 대화를 통해 알게 된 내용으로 추측할 때 성적 행동은 흔치 않지만 매우 큰 골칫거리일 수 있다. 이런 행동에 대해 교사가 무엇을 어떻게 해야 할지 아무런 정보가 없기 때문이다.[1] 성적 행동을 하는 학생이 발견되면 다른 학생들을 보호해야 한다는 명분 하에 즉시 별도의 교실이나 다른 학교로 보내지곤 한다. 그러나 퇴학, 전학, 다른 학생과의 접촉 금지 등 일련의 결정을 포함한 개입은 철저히 사례 기반으로 이루어질 필요가 있다. 학생은 여러 가지 이유로 성적 행동을 지속한다. 이들의 행동에서 공통점을 발견하기는 쉽지 않다. 학교에서 이런 학생을 어떻게 관리해야 할지에 대한 출판물도 거의 없는 형편이다.[2] 이 장에서 우리는 임상 경험을 토대로 부적절한 성적 행동을 하는 학생의 다양한 형태, 특히 충동적인 학생, 사회성 결핍이 있는 학생, 트라우마가 있는 학생을 집중적으로 다루고자 한다.

　　학생이 학교에서 성적인 행동을 했을 때 교사는 본능적으로 그 행동이 부적절하다 여기고 당장 그만두라고 지시한다. 대부분의 학생에게는 이 정도면 충분할 것이다. 그러나 성적 행동을 멈추지 않는 학생도 있다. 이들과 함께하는 교사를 위해서는 보다 구체적인 개입 방안, 즉 성적 행동을 이해하는 틀 및 적절한 대응 방법을 제공해야 한다. 학교 정신건강 담당자의 지원을 포함, 교사의 적절한 대응과 치료가 있다면 학생은 향후 타인의 사적 영역을 존중하며 건강한 대인 관계를 형성하고 학교생활을 잘 해 나갈 수 있을 것이다.

성적인 행동을 하는 아이는 어른이 되었을 때 성 범죄자가 될 가능성이 높다고 우려하는 이들도 있다. 그러나 실제로는 적절한 단기 외래치료만 받더라도 이런 심각한 결과가 발생할 위험은 거의 없다.[3] 성적 행동을 치료할 때는 반드시 가족이나 보호자가 함께 참여해야 한다.[4] 학교의 적극적 지원도 매우 중요한데, 이는 학생이 겪는 스트레스 요인을 완화하고 다른 학생을 안전하게 보호할 수 있다는 점에서다.

아동기 성적 행동의 양상

아동기의 일반적인 성적 행동 발달에 대해서는 여전히 알려진 바가 적다. 하지만 문제가 되는 성적 행동을 파악하려면 우선 아동의 연령 발달에 적합한 성적 행동이 무엇인지 고려할 필요가 있다.[5]

취학 전 아동은 자신의 신체 부위가 어떤 기능을 하는지 관심이 많다. 불안을 해소하거나 즐거움을 위해 자신의 성기를 만지는 것(심지어 공공장소에서도), 다른 사람 옆에 바짝 붙어 서는 것, 또래나 성인의 벗은 모습을 궁금해하고 욕실 안을 들여다보는 것, 또래에게 자신의 성기를 노출하는 것은 비정상적 행동이 아니다.[6] 부모들의 보고에 의하면 자기 성기를 만지는 아동의 비율이 취학 전에는 절반 정도인데 만 6~9세가 되면 3분의 1로 줄어든다.[7] 집에서보다 학교, 유치원보다 초등학교에서 자기 몸을 만지는 횟수나 비율도 적게 나타난다.[8] 몇몇 아이는 초등학교에 진학한 후에도 계속해서 자기 몸을 만지거나 자위행위를 한다. 그러나 이러한 행동은 혼자 있을 때만 할 수 있고 학교 같은 공공장소에서는 하면 안 되는 사회적 금기라는 것을 그들도 알고 있다. 나이가 들수록 이성에 관심을 갖고 성에 대해 궁금해하며, 누드 사진을 보고 성적인 신체 부위를 그려보거나 성적인 단어를 입에 올리기도 한다.[9] 그러나 대부분 성인이 적절히 한계를 정해준다면 성적인 말과 행동을 다른 사람 앞에서 함부로 사용하지는 않을 것이다.

초등학교 시기의 학생은 신체 부위와 배설 과정에 대해 농담하기를 좋아한다(종종 기대하지 않은 음향 효과까지 곁들여서). 이는 성적 농담의 경계를 테스트하면서 또래와 유대감을 형성하고, 불안을 해소하는 동시에 호기심을 표현하는 일반적인 방식이다. 수업에 지장을 줄 수 있고 부적절해 보이긴 하지만, 이런 행동은 지극히 정상적인 범위 내에 있다.

취학 전 아동은 종종 서로의 신체 부위를 관찰하고 만지면서 '의사 놀이'나 '엄마아빠 놀이'를 한다. 비교적 흔한 행동이지만 이것이 성적 자극에 대한 욕구 때문에 일어나는 경우는 거의 없다고 보인다.[10] 아동 성문제 행동 대책위원회에 따르면 "아동기의 정상적인 성적 놀이와 탐색은 또래 아동의 비강압적이고 상호적, 자발적인 참여로 이루어지며 정서적 고통을 유발하지 않는다."[11] 유치원 시기를 벗어나 초등학생이 되면 아이들은 이제 교실이 성적인 놀이를 할 수 있는 공간이 아니며 의사놀이 또한 교사가 허용하지 않을 것이란 사실도 알게 된다.[12]

성적 행동의 원인 및 그에 따른 대응

성적 행동의 원인으로는 불안, 자기진정(self-soothing), 관심을 받고 싶은 욕구, 그리고 모방을 들 수 있다.[13] 신체적 또는 성적인 학대를 받았거나 부모의 폭력에 노출되었던 일, 가족의 역경(예: 가족의 소득과 전반적 생활 스트레스) 등 여러 변수가 성적 행동을 부추긴다. 관리나 제한 같은 경계가 부족한 가정에서 자란 아이가 어른의 성적인 행동이나 과잉 자극(예: 성인등급 영화)에 노출되면 역시 성적인 행동을 할 수 있다. 이 과정에서 타인을 무시하고 권위를 존중하지 않으며 규칙을 따르지 않는 등 다른 문제 행동을 보이기도 한다.[14]

성적 행동은 모든 사회경제적 수준, 문화, 가족 형태에 걸쳐 나타날 수 있지만 성적 지향과는 관련이 없다.[15] 성비로 보면 성적 행동 문제로 상담이나 치료를 받은 남학생이 여학생보다 많은 편이지만, 이 결과를 일관되게 보여주는 대규모 연구도 아직 부족하다.[16] 우리의 임상적 경험에 의하면, 성적 행동과 관련된 여러 요인 중 학교에서 자주 관찰되는 세 가지 요인은 다음과 같다.

- 대인관계 사회기술 결핍
- 충동성
- 트라우마

이 장에서는 학생의 성적 행동을 이 세 가지 요인에 따라 구분하고 그 맥락에 따라 학생에 대해 이야기할 것이다. 단 가정에서 성적 행동을 목격하고 그것을 따라하는 학생(그런 행동을 따라해선 안 된다는 것을 이해하지 못하는 학생)은 다루지 않는다. 이 경우는 학생과 가족 모두에게 적절한 경계선에 대한 교육이 필요하다. 물론 우리가 제안하는 대응 방식 중에는 일부 적용 가능한 것도 있으니 참고하기 바란다. 성적인 말이나 행동을 협박과 괴롭힘의 형태로 사용하는 학생에 대해서는 학교의 규칙과 절차에 따르는 것이 우선일 것이다.

흔히 아이가 성적 행동을 하면 이전에 성적인 학대를 당했을 거라고 추측하는 경우가 많다. 하지만 성적 학대를 경험한 아이들 대부분은 성적 행동을 하지 않을 뿐더러, 성적 행동을 하는 아이 중에도 성적 학대 경험이 없는 경우가 많다.[17] 부디 학생이 성적 행동을 하는 이유에 대해 과도한 호기심을 갖거나 이전에 성적 학대를 당했을 거라 함부로 추측하지 않기를 바란다. 하지만 교사는 학생이 학대받았다고 의심되는 정황이 있거나 실제로 성폭행을 당했다고 밝혔을 경우 신고할 의무를 가진 사람이다. 믿을 만한 이유가 있거나 의심스러울 경우 아동보호 서비스에 신고하고, 보고서를 제출하고, 학교의 실행 규칙을 따라야 한다.

성적 행동은 몹시 강력한 감정적 반응을 일으킨다. 부모와 교사 모두가 분노와 수치심, 어찌해야 할지 모르겠다는 낭패감을 느낄 수 있다. 그럼에도 그 행동의 원인을 성적 학대라고 성급히 결론짓지는 말자. 특히 충동적인 학생의 경우 신중해야 한다. 정신의학적 평가나 진단은 학교의 의무가 아니지만, 문제의 원인을 성적 학대라고 무조건 규정하는 것은 적절한 개입을 지연시키고 부모와의 관계에도 해를 끼친다.

성적 행동 문제를 잘 이해하고 식별하는 교사도 양극성장애(bipolar disorder, 조울증―옮긴이)는 종종 간과할 때가 있다. 학생이 극도의 과잉 반응, 과대망상, 과도한 성적 행동을 보일 때조차 그렇다. 연구 결과에 따르면 양극성장애로 진단된 12세 미만 아동의 경우 43퍼센트 이상이 과도한 성적 행동을 보인다. 성적 학대 병력이 있는 아동은 1퍼센트 미만이다.[18] 즉 과도한 성적 행동은 양극성장애의 조증의 증상일 가능성이 훨씬 높다.

유치원 교사 아데어 선생은 학생 중 하나인 자넬이 화가 나면 몇 분만에 교실을 엉망으로 만든다고 보고했다. 자넬은 특정 여학생 하나를 자꾸 때리고 이를 말리는 사람에게 욕설을 퍼부었다. 소그룹 독서 시간에는 자기 엉덩이를 두들기며 인형 두 개를 움켜쥐고 키스를 시켰다. 걸핏하면 덥다고 투덜거리며 옷을 머리 위로 끌어올렸다. 학교에서는 자넬의 성적 행동이 가정에서의 성적 학대로 인한 것이라 판단하여 사회복지 서비스에 신고했다. 자넬의 엄마는 화가 나서 학교에 오지 않았다. 우리는 자넬을 평가해 달라는 요청을 받았고 자넬이 양극성장애 초기 증상을 보이고 있다고 판단했다. 그리고 자넬과 그 가족에게 약물 치료 및 행동중재계획을 포함한 치료를 받도록 의뢰했다.

성적 행동의 원인을 정확히 파악할 수만 있다면 전문가들은 그것에 맞추어 효과적 개입 방안을 제안할 수 있을 것이다. 하지만 대부분 원인을 제대로 파악하기 어려울 경우가 많다. 지금부터 설명하는 대응 방식은 이처럼 원인이 불분명할 때에도 도움을 줄 수 있다. 우리가 제안하는 FAIR 플랜에 따라 의사소통 스킬, 행동의 경계 설정, 충동을 억제하는 방법 등을 배우게 되면 부적절한 행동을 극복하고 더 나은 판단을 할 수 있을 것이다.[19]

대인관계 사회기술 결핍으로 인한 성적 행동

사회성이 부족한 학생들은 사회적 상호작용을 지배하는 비언어적 규칙들을 이해하기 힘들다. 몸짓, 표정, 어조와 같은 비언어적 의사소통 정보를 제대로 이해하지 못하면 심각한 위협과 장난을 구별할 수 없고, 상황에 맞게 행동하는 법을 알려주는 단서를 파악하지 못한다.[20]

사회성 부족은 어떤 학생에게서 볼 수 있을까? 우선 비언어적 학습장애(nonverbal learning disorder, NVLD)가 있는 학생은 학업이나 사회기술 습득에 어려움이 있다. 비언어적 정보처리가 힘들기 때문이다.[21] 자폐스펙트럼장애를 가진 학생에게서도 이런 모습을 볼 수 있다. 이들은 자기가 처한 상황에서 어떤 행동이 적절한지 판단하지 못해 성적인 행동을 할 수 있다. 타인과의 물리적 거리를 유지하지 못하고, 성적인 행동이나 말을 반복하고, 또래 친구나 교사를 부적절하게 만질 수 있다. 어떤 아이는 눈에 보이는 대로 모든 아이를 끌어안고, 어른에게 입을 맞추고, 낯선 사람의 머리카락이나 옷을 만지기도 한다. 이런 행동은 살짝 이상하고 짜증스러운 것부터 적나라하게 성적이고 도저히 용납할 수 없는 것까지 매우 다양하다.

사회성이 부족한 모든 학생이 성적 행동을 하는 것은 아니다. 특히 대인관계 사회기술 결핍으로 인한 성적 행동의 원인은 다음 세 가지 중에서 찾을 수 있다.

- 말이나 행동으로 표현해도 괜찮은 것과 그렇지 않은 것을 이해하지 못해서(이해 부족)
- 또래나 어른으로부터 확실히 반응을 이끌어내기에 효과적이고 예측 가능한, 강력하고 분명한 방법이기 때문에(반응 도출)
- 성적인 말이 금기라는 것을 알고 있는 상태에서 불만과 분노를 표현하는 방법이기 때문에(불만과 분노 표현)

| 이해 부족 | 학생은 성적 행동이 다른 사람에게 미칠 부정적인 정서적 충격을 잘 모를 수 있다. 또 공공연히 누군가에게서 입냄새가 난다고 험담하는 식의 경미한 사회적 위반과, 누군가에게 바지를 벗어보라고 말하는 식의 심각한 사회적 위반을 구별하지 못할 수도 있다. 흔히 사회성이 부족한 학생은 미묘한 사회적 단서를 놓치거나 신

경쓰지 못한다. 이는 그들이 또래 집단으로 통합되는 것을 지연시키고, 사회적 성장과 발달을 저해한다.[22]

　　사회성이 부족한 학생은 특정 상황에서 어떤 행동이 적절한지 잘 판단하지 못한다. 무엇이 허용되는지 분별할 능력이 없기 때문에 종종 상황에 맞지 않는 말을 하곤 한다. 교사의 앞에서 "선생님은 내가 본 사람 중 제일 뚱뚱해요.", "왜 눈 밑이 시커멓죠?" 같은 부적절한 말을 하는 학생들이 그렇다. 이들은 '그렇게 생각하는 건 자유지만 함부로 말하면 안 되는' 것임을 명확한 설명을 통해서만 배울 수 있다.[23] 이들에게 있어서 성적 발언은 상황에 맞지 않는 실수와 비슷하지만, 훨씬 더 불행한 결과를 초래한다. 만약 한 학생이 같은 반 친구에게 "네 가슴은 정말 멋져."라고 말하거나 그녀를 만지려 한다면 어떨까. 상대 학생은 성희롱을 당했다고 생각해 수치심을 느낄 것이고 이 행동의 결과는 심각할 것이다. 학년이 올라갈수록 이런 발언과 행동은 더욱 심각하게 받아들여진다. 다른 학생과 교사를 화나게 만들 뿐만 아니라 스토킹으로 오해받을 수 있기 때문이다.

　　6학년 학생인 아이작은 같은 반 여학생 니콜에게 완전히 반해버렸다. 하지만 아이작은 아직 사람 간의 거리와 행동의 경계에 대한 이해가 부족했다. 아이작은 식당에서 니콜 옆에 바짝 붙어 있거나 학교 안에서 그녀를 계속 따라다녔다. 심지어 화장실까지 따라간 적도 있다. 당연히 니콜은 아이작의 행동을 싫어했고 상대하지 않았으며 그를 보기만 해도 소름끼친다고 친구들에게 말했다. 니콜이 아무 반응을 보이지 않자 아이작의 행동 수위는 점점 더 높아졌다. 하교 후 니콜의 집까지 따라가 침실 창문을 들여다보기도 했다. 학교에서도 교실 간 이동할 때마다 교사 몰래 휴대전화를 숨기고 있다가 니콜에게 문자 메시지를 보내곤 했다. 니콜은 겁에 질렸고 니콜의 부모는 아이작에 대한 접근금지 명령을 신청했다. 교장이 이 문제로 아이작을 만났을 때 그는 자신의 행동에 어떤 문제가 있는지 전혀 모르고 있었다. 학교 사회복지사는 아이작에게 구체적인 사회기술 교육과 역할놀이 교육을 실시했다.

아이작과 같은 학생에게는 적절한 행동에 대한 명시적인 규칙이 필요하다. 이러한 학생을 위한 개입에는 '또래 친구의 몸을 함부로 만지지 않는다'와 같은 기본적인 사회적 규칙을 더 잘 이해하도록 하고 적절한 상호작용 방법을 분명히 가르치는 것이 포함된다. 아이작의 행동은 교사와 학생 모두에게 악의적인 것으로 오해받을 여지가 있지만 사실 그는 친구에게 상처를 주려는 의도가 없었고 일부러 그렇게 행동한 것도 아니었다. 단지 눈에 보이지 않는 근본적인 사회성 결핍이 있었을 뿐이다. 따라서 이런 학생이 적절히 행동하는 데 필요한 스킬을 익힐 수 있도록 지원할 필요가 있다.

| **반응 도출** | 사회성이 부족한 학생은 사회적 상호작용을 갈망하지만 충족하기 어렵다. 보통의 또래 친구들은 하루종일 사회적 상호작용을 하는 반면 자신은 점점 더 소외감을 느낀다.[24] 긍정적 관심을 받으려고 시도했다가 실패한 경험도 여러 번 있다. 긍정적 관심은 대개 부정적 관심보다 겉으로 미미하게 표현되므로(예를 들어 긍정적 관심

은 미소나 손짓 정도지만 부정적 관심은 "그만 둬! 저리 가!" 하고 소리지르는 식이다) 관심을 받고도 알아차리지 못할 수도 있다. 그러다 보면 관심을 끌기 위한 제일 좋은 방법으로 부적절한 말과 행동에 의존하게 된다. 갈망하는 사회적 상호작용을 하는 데 가장 효과적인 방법이 '부정적 반응 유발'이라고 생각하게 되는 것이다(늘 그런 것은 아니지만).

이들에게 부정적 관심은 무관심보다 낫다. 부정적 관심은 받기도 쉽고, 예측 가능하고, 강력하고 분명하기에 효율적이다. 예를 들어 또래에게 그냥 "안녕" 하고 얌전히 인사하는 것보다 "내 성기에 털이 났어."라고 말하는 편이 "으악!", "무슨 소리야?", "가 버려!" 등과 같이 훨씬 더 즉각적이고 분명한 반응을 얻을 수 있다는 것이다. 게다가 그러한 반응은 부정적일지라도 워낙 강력해서 인식하는 데 별 어려움이 없다. 비록 반응 밑바닥에 자리한 사회적 단서는 잘 이해하지 못하지만 말이다.

│ 불만과 분노 표현 │ 사회성이 부족하지만 성적인 발언이 금기시되고 환영받지 못한다는 사실만큼은 알고 있는 학생이 있다. 이들은 분노와 불만을 표현하고 싶을 때 다른 이들이 속어나 욕설을 사용하는 것처럼 성적인 언어를 사용한다. 다만 성적 발언이나 행동이 다른 사람에게 어떤 감정적 영향을 주는지에 대해선 잘 모르고 있다.

초등학교 6학년생인 짐은 점심 시간에 혼자 식사할 때가 많았다. 어느 날 짐은 느닷없이 테이블에 올라가 성행위를 하듯 몸을 흔들며 소란을 피웠다. 그는 관심을 받고 싶었고 혼자 식사하기 싫은 마음을 친구들에게 알리려 했을 뿐이었다. 하지만 이런 행동이 자신을 친구들로부터 더 멀어지게 만든다는 것을 이해하지 못했다. 짐에게는 친구를 잘 사귀는 방법뿐만 아니라 자신의 행동이 다른 사람에게 미치는 영향에 중점을 둔 사회기술 훈련이 필요하다.

충동성으로 인한 성적 행동

충동적인 학생은 생각보다 말이나 행동이 앞서기 때문에 성적 행동을 할 가능성이 있다. 이들은 종종 부적절한 생각을 했을 때 무심코 말로 내뱉거나 행동이 앞서곤 한다. 똑같은 생각을 할지라도 다른 친구들은 마음속에 혼자 간직할 수 있지만, 충동적인 학생은 자신을 통제하지 못하고 사건을 저지른 다음에야 후회를 한다. 8세 이상 되는 남학생은 여학생을 볼 때 성적인 생각을 할 수 있다. 그러나 대부분은 자제력을 발휘해 이내 그 생각을 멈추고 아무 말도 하지 않거나 다른 칭찬을 하는 등 적절한 행동을 한다. 반면 충동적인 학생은 머릿속에 생각이 지나가는 순간 곧바로 "네 엉덩이 예쁘네."와 같이 말로 그 생각을 표현하고 만다.

남학생 중에는 학교에서 극도로 긴장하거나 불안할 때 성기 부위를 만지는 경우가 있지만, 이럴 때 손을 주머니에 넣거나 셔츠 자락 밑에 숨겨 조심스럽게 행동한다. 충동적인 학생은 이렇게 조절하는 능력이 부족하다 보니 다른 사람 앞에서 몸을 만지거나 심지어 자위행위를 한다. 주의력결핍과잉행동장애(ADHD)로 진단받은 학생은 이렇게 행동하는 경향이 있다.

카터는 할머니 아래서 세 형제자매와 함께 살고 있다. 그는 걸 핏하면 교실에서 도망쳐 나오곤 했다. 하루에도 몇 번씩 과제 재촉을 받았고 성적인 단어를 사용해 교사를 공격했다. 담임 교사는 카터에게 적절한 행동을 장려하기 위해 보상 제도를 도입했지만 별 효과가 없었다. 결국 카터는 휴식 시간에 한 여학생에게 성적 발언을 하는 바람에 정학 처분을 받고 말았다. 카터는 자신의 행동을 깊이 후회했다. 외부에서 전문적인 치료를 받는 것도 쉬운 일이 아니었다. 학교에서는 카터가 소아정신과 의사로부터 충동성 관련 치료를 받도록 할머니를 설득했다. 마침내 카터는 주의력결핍장애 (ADD) 약물 치료를 시작했고 학교 상담사와 교사의 도움을 받으며 충동 조절 방법을 배워나갔다.

카터의 예는 성적 행동이 학생 단독으로 발생하지 않고 가족 스트레스 요인, 참기 어려운 충동, 반항 행동 등이 복합적으로 작용하여 발생한다는 것, 그리고 다양한 수준의 개입이 필요하다는 점을 잘 보여준다. 양극성장애가 있는 학생은 조증 상태일 때 충동적으로 성적인 발언을 할 수 있다. 이 경우 학생이 안정될 때까지 잘 감독하며 방향을 수정해주는 FAIR 플랜을 제공해야 한다.

초등 5학년생 제레미는 양극성장애를 겪는 학생이다. 그가 친구에게 한 발언 중에는 "넌 뜨거워. 체온 말고." "(웃으면서 포르노 영화를 가리키며) 너도 저 영화에 나올 수 있어."가 있다. 제레미는 특히 여자 동급생 셋에게 관심이 많았는데 그들이 옆에 있으면 가만히 앉아 있지 못할 만큼 들뜨고 흥분했다. 그리고 여학생들에게 예쁘다고 말하며 셔츠를 빤히 내려다보곤 했다.

제레미를 위한 개입에는 정신의학적 평가 및 특수교실에서의 관리가 포함되어야 한다. 또 충동을 자극하고 주의집중을 방해하는 사건, 즉 여학생 근처에 앉거나 여학생과 같은 소그룹에 배치하는 일 등을 피해야 한다.

교실에서 한 학생이 부적절한 행동을 했을 때 다른 학생들은 어떻게 대응해야 할지도 미리 지도할 필요가 있다. 예를 들어 제레미가 부적절한 행동을 했을 때 "으악!" 하고 소리를 지른다면 제레미에게 지나친 부정적 관심을 주는 것이 된다. 그보다는 침착하게, 최대한 무관심한 태도로 "난 그런 거 싫어.", "그만 해." 하고 말하는 것이 적절한 대응이다. 그리고 행동 사건이 발생할 경우 교사나 어른에게 신속히 알림으로써 자신을 보호하도록 가르쳐야 한다.

충동성에 대한 개입은 대인관계 사회기술 결핍에 대한 개입과 구별된다. 충동적인 학생은 대부분 무엇이 옳고 그른지 알고 있지만 스스로를 통제할 수 없을 뿐이다. 따라서 그들에게는 기본적인 사회기술 교육이 반드시 필요한 것은 아니다. 대신 말하기 전 일단 멈추고 생각해보기, 흥분할 때 자기조절하는 스킬을 집중적으로 가르친다. 충동적 성향의 학생들은 구조화되지 않은 시간 동안 종종 성적 행동 문제를 일으키기 때문에 면밀한 관리감독이 필요하다.

앤드류는 양극성장애 진단을 받은 4학년 학생이다. 휴식 시간이면 앤드류는 교사의 눈에 띄지 않는 창고 뒤, 유치원 여자아이들이 소꿉놀이를 하는 곳에 가곤 했다. 고학년 학생들도 휴식 시간에 때때로 어린아이들과 함께 노는 경우가 있다. 발달 과정상 미성숙한 아이들에게서 흔히 볼 수 있는 일인만큼 크게 문제될 것은 없다. 하지만 담당 교사는 앤드류가 어린 여자아이의 몸을 만지고 화나게 할 위험이 있다고 판단했다. 그래서 엄격한 규칙을 정해 앤드류가 유치원 아이들과 함께 놀지 못하게 막는 대신 또래 친구들과 어울리는 시간을 늘렸다. 이처럼 교사의 판단과 면밀한 관찰은 심각한 행동 사건 발생을 예방할 수 있다.

트라우마로 인한 성적 행동

성적인 트라우마와 안전에 대한 위협을 경험하게 되면 그 영향은 오래 지속될 뿐 아니라 심각한 결과로 이어질 수 있다. 따라서 성적 학대를 경험한 학생은 모두 심리 평가를 거쳐 지속적 상담을 받아야 한다. 성적 행동이 반드시 학대 경험과 관련되는 것은 아니다. 성적 학대를 받은 아이는 대부분 자신의 과거나 경험을 드러내는 어떤 행동도 하지 않으려는 경향이 있다.[25] 앞에서도 살펴보았지만 성적 행동의 원인은 매우 여러 가지가 있으며, 연령 발달 수준, 심리적 또는 정신의학적 맥락에서 파악해야 한다.[26]

성적 학대를 경험한 학생의 가족들은 대부분 이 사실을 학교에 밝히지 않으려 한다. 부정적인 판단으로 이어질까 두려워서다. 이런 이유로 '침묵하고 있는' 아이들이 학교 내에 꽤 많을 수 있다. 이들이 불안, 위축, 또는 다른 고통의 징후를 보이거나 부적절한 행동을 했을 때, 전문가의 도움을 받지 않고서는 학대 경험을 추적하기 어려울 것이다. 성적 학대 경험을 식별할 만한 행동을 보여주는 학생도 일부 있는데, 이들은 자신이 보거나 당한 행동을 강박적이고 때로는 구체적으로 반복하는 편이다. 성적인 언어를 사용하거나 강박적으로 자위를 하고 부적절한 관계를 요구하기도 한다. 좀 더 구체적인 증상으로는 성적인 발언이나 놀이를 반복하는 것, 연령에 부적절한 성적 행동(나이에 맞지 않는 성 지식을 떠벌이거나 성인과 비슷한 성적 행동을 흉내내는 등)을 하는 것, 그리고 성적 학대를 떠올리게 하는 특정 상황에 대한 두려움이 있다.[27]

성적 트라우마가 있는 학생은 다른 사람으로부터 성적으로 주목받는 데 익숙한 편이다. 만약 학대를 가했던 성인이 그 학생에게 특별한 관심을 준 유일한 사람이었다면, 비록 고통스럽고 해로웠다 해도 알게 모르게 학생이 학습했을 가능성이 있다. 이들은 관계의 경계선을 잘 인식하지 못하고 자신을 보호하는 방법에도 무지하다.[28] 보통의 아이보다 안전에 대한 반사신경이 부족해 성범죄자의 손아귀에 놓일 위험도 크다. 학교에서도 교사나 친구들과 과도하게, 때로 부적절할 만큼 가까워지려 드는 편이다. 한 고학년 남학생이 저학년 여학생의 머리카락을 만지고 성적인 말을 한다고 생각해보라. 보통의 여학생이라면 불안해하며 자리를 피할 것이다. 반면 성적 트라우마가 있는 여학생은 이 상황을 위험하게 인식하지 못하고, 자리를 피하거나 멀리 떨어지는 식으로 자신을 보호하는 대응을 하지 않을 수 있다. 심지어 저항 자체를 쓸모없게 여기거나 위험한 일로 생각하고, 부적절한 접촉을 시도하는 남학생을 따라갈 위험도 있다. 이 분야의 저명한 연구자이자 임상의인 주디스 코헨(Judith Cohen)의 설명에 따르면, 트라우마에 시달리는 아동은 자신의 나쁜 경험을 되돌리려는 시도로 또래 또는 성인과 부적절하게 가까운 관계를 맺을 수 있다고 한다.[29] 즉 그들은 학대받지 않고 관심과 사랑을 마음껏 받게 되기를 바라는 것이다.

성적 트라우마가 있는 학생은 누군가 실수로라도 자신의 공간을 침범하면 강하게 반발한다. 또래 친구가 귀에 대고 칭찬을 속삭이거나 몸에 손을 대는 것만으로도 벌컥 화를 낼 수 있다. 이 경우 서로 때리거나 큰 싸움으로 이어질 수 있어 문제가 된다. 하지만 정작 학생은 자신이 왜 그렇게 예민하고 극심하게 화를 내는지 이해하지 못한다. 다음은 성적 트라우마가 있는 학생에게 학교에서 제공할 수 있는 FAIR 플랜 전략들이다.

| 트라우마 유발요인 최소화 | 트라우마를 가진 학생을 자극하는 유발요인으로는 내적인 것(플래시백)과 외적인 것이 있다. 학교 환경 속에는 이와 같은 유발요인, 즉 과거 트라우마의 기억을 떠올리게 하는 사람, 소리, 말, 냄새 등이 포함될 수 있다. 이들 중 무언가가 학교의 일상 속에서 학생의 트라우마를 과도하게 자극하는 요인이 되고, 결국 이유를 설명할 수 없는 문제 행동으로 이어지게 한다. 이러한 자극들 중 무엇이 학생의 행동 변화 요인인지 살피는 것이 교사의 일이다. 유발요인과 반응 간의 연결은 대부분 무의식적이고 학생은 자신의 행동을 직접 설명할 수 없기 때문이다. 학생이 학교를 안전한 장소로

여길 수 있도록, 트라우마 원인이 되는 유발요인 중 일부는 지나치게 일반화될 수 있으므로 일정 기간 학생의 일과에서 제거해야 한다. 즉 아버지로부터 학대를 당한 아이는 학교에서 경험하는 아버지와 관련된 모든 이미지에 위험한 반응을 보일 수 있다는 말이다.

아동의 학대 이력을 알고 있고 상담을 진행할 치료사가 학교 내에 있다면 교사는 관련된 환경요인을 찾아 제거해나갈 수 있다. 유발요인이 전혀 없는 환경을 만들기란 불가능하다. 다만 치료사 및 교사와의 상담을 통해 아동이 불안을 관리하는 방법을 배우는 동안 '덜 위협적인 환경'으로 이동하도록 유도할 암호를 찾아내도 좋다.

7세 학생 크레이그는 성적 학대와 신체적 학대를 모두 당한 피해자였다. 그는 교실에서 특정 사건이 발생한 후 성적인 행동이 증가했다. 막슨 선생이 수업 시간에 책을 읽어줄 때였다. 아버지와 아들이 함께 놀고 있는 그림으로 페이지를 넘기자마자 크레이그는 이젤에서 가져온 마커로 마룻바닥에 "내 거시기 빨아."라고 썼다. 막슨 선생은 크레이그를 불러 앞으로 비슷한 불편함을 느낄 때 어떻게 해야 할지에 대해 이야기하고, 바닥을 닦는 것을 돕게 했다. 학교 사회복지사는 크레이그가 성적인 발언을 하거나 부적절한 행동을 하게 만든 환경 유발요인의 목록을 작성해 달라고 요청했다. 크레이그는 책 속의 그림 외에도 아버지, 여자친구, 남자친구, 남편, 로맨스, 속옷, 비키니, 포옹, 키스, 사랑과 같은 단어의 사용에 영향을 받고 있었다.

막슨 선생과 사회복지사는 교실에서 트라우마 유발요인을 최대한 제거하기로 계획을 세웠다. 그중 하나는 크레이그를 위한 개인용

책 상자로, 아버지가 등장인물로 묘사되는 등 '자극적인' 그림이 없는 책들을 넣었다. 이는 크레이그가 불안에 대처하는 방법을 배우는 동안 필요한 종류의 지원이었다.

하지만 현실에서 유발요인이 전혀 없는 환경을 조성하는 것이나, 일상적인 대화에서 일부 단어를 쓰지 못하게 막는 것은 언제까지고 가능한 방법은 아니다. 그렇다면 크레이그는 스스로 자신을 조절하는 방법을 배워야만 한다. 막슨 선생과 사회복지사는 그가 유발요인으로 인해 과도한 자극을 받을 때 할 수 있는 진정 활동 목록을 만들었다. 진정 활동에는 공책에 글 쓰기, 잠깐 휴식하기, 안전한 장소 상상하기, 좋아하는 음악 듣기 등이 포함되었다. 그리고 교직원들의 협조를 받아 트라우마 유발요인에 불필요하게 노출되지 않도록 노력했다.

시간이 갈수록 크레이그는 학교가 안전하고 편안하게 느껴졌고, 평범한 그림이나 단어에서 불안과 괴로움을 느끼는 일이 줄어들었다. 이제 앞으로 중요한 것은 트라우마 유발요인에 점진적으로 노출을 늘려나가는 일이다. 안전하지만 두려운 상황, 즉 아버지와 아이에 관한 책 읽기 같은 상황을 과도한 불안 없이 잘 견디고 문제 행동을 하지 않는 방법을 배워야 한다.

| **정서적 지원** | 학생의 트라우마 이력에 대해 교사의 인지 수준은 제각각이다. 많은 정보를 가진 교사도 있고, 자기 반에 그런 학생이 있다는 사실조차 모르는 교사도 있을 것이다.

아동이 성적 학대를 당했다고 하면 모든 어른들은 격하게 반응하기 마련이고 교사 또한 마찬가지다. 그 자체로 충격일 뿐만 아니라 학생을 아끼는 교사라면 자세한 내용을 듣는 것 또한 고통스러운 일이다. 하지만 감정이 너무 앞서면 문제 해결에 집중하기보다 피해 학생에게 지나치게 집착할 위험이 있다.

우리가 만난 마이클은 여름방학 동안 사촌에게 성적 학대를 당한 피해 학생이었다. 어린 시절 그는 아버지로부터 심한 학대를 받으며 자랐고 어머니가 학대받는 것도 여러 차례 목격했다. 가족들이 식사를 마친 뒤에야 음식을 먹을 수 있었고 그나마도 음식이 남았을 때만 가능했다. 잠은 마룻바닥에서 자야 했다. 그랬던 마이클은 다른 위탁가정으로 옮겨져 새로운 학교로 전학하게 되었다. 교직원들은 대부분 그의 사연을 알고 있었고 몹시 마음 아파했다. 마이클은 사람의 마음을 끄는 매력이 있는 영민한 학생이었지만 이따금 성적인 행동을 했다. 몇 차례 그가 폭발했던 사건에서는 극도로 폭력적인 모습을 보였는데, 교사에게 "내가 칼로 네 가슴을 도려내게 만들지 말라고!"라고 말한 적도 있다. 여학생에게 성적인 말을 거침없이 해서 몇 차례나 정학을 당했다. 교직원들은 마이클에 대해 이전에 학대를 당했던 경험에 대한 동정심, 그리고 학교에서 그가 보여준 행동과 발언에 대한 두려움, 공포, 분노 등이 복합된 감정을 느꼈다.

이런 학생에게 마음을 쓰는 것은 이해할 수 있지만 감정이 앞서 행동에 대한 대응이 제대로 되지 않으면 곤란하다. 특히 지나치게 관대하거나 과보호하는 것은 경계해야 한다. 적절히 행동하는 것을 배우려면 단호하게 행동의 경계선을 알려주어야 하기 때문이다. 우리는 과거 트라우마로 인해 마이클의 행동을 적당히 봐주고 넘어가서는 안 된다는 점을 교직원들에게 누누이 강조했다. 그리고 마이클이 자신의 폭발적인 행동에 책임을 지게 하는 것, 적절히 행동하는 스킬을 배워야 하는 것에 중점을 두었다.

교사의 감정을 살피고 돌보는 지원도 필요하다. 이런 유형의 문제 학생을 대하는 일은 감정적으로도 무척 힘들 뿐만 아니라 동정심이나 공포심 등으로 인한 피로감을 겪을 수 있기 때문이다.

│트라우마를 고려한 학교 환경│ 성적인 행동을 하는 학생은 때로 학교를 곤란하게 만든다. 대부분의 학교는 성적인 행동에 대해 엄격한 정책을 적용한다. 그러나 이러한 정책은 학생의 바람직하지 않은 행동을 뜻하지 않게 강화할 수 있다(예: "어머, 그런 말을 하면 안 돼!"와 같은 강한 반응이나 또래의 웃음, 놀람 등). 부정적인 관심은 사회성 결핍이나 충동성을 강화할 수 있기 때문이다. 트라우마 경험이 있는 학생은 그 자신도 이유를 모르는 행동으로 가혹한 처벌을 받고 또다시 희생자가 될 수 있다. 처벌 위주의 정책은 학생과 학교 사이의 관계를 점점 적대적으로 만들 수 있다.

학생의 성적 행동은 분명 무시하고 넘어가도 될 선택 사항이 아니다. 학교의 목표는 모든 학생과 교직원을 보호하고, 아이들이 자신의 행동에 책임을 지게 하는 것과 통제할 수 없는 행위를 하는 것 사이에서 균형을 찾는 데 있다. 학교는 모든 학생, 즉 문제 행동을 한 학생이나 침묵 속에서 고통받는 학생, 나머지 학생들 모두에게 안심하고 지낼 수 있는 공간이 되어야 한다. 그리고 다른 사람에게 피해를 주지 않고도 자신의 고통을 드러낼 수 있는 곳이 되도록 노력해야 한다. 그러자면 교육과정의 모든 측면을 아우르는 광범위한 접근 방식이 필요하다. 메사추세츠주 아동보호단체(MAC)의 보고서 「Helping Traumatized Children Learn(트라우마 피해 아동을 위한 학습 지원)」은 학교가 안전한 환경을 조성하고 트라우마 피해 여부에 관계없이 모든 아이가 성공적으로 학습할 수 있도록 지원하는 데 필요한 인프라 구축과 관련된 좋은 출발점을 제공한다.[30]

성적 행동을 하는 학생에게 우리가 제공하는 FAIR 플랜은 여러 면에서 도움을 줄 수 있다. 학생이 타인의 사적 영역을 존중하고, 건강한 대인관계를 구축하고, 학교생활을 더 잘 할 수 있도록 교사가 지원할 수 있는 접근법 중 몇 가지를 살펴보자.

ⓕ 행동기능가설 수립

학생이 성적인 발언을 하거나 성적 행동(예: 의자에 몸을 비비거나 친구에게 엉덩이를 내미는 등) 또는 기타 우려되는 행위를 보일 때마다 ABC 기록을 남기도록 한다. 패턴을 관찰하려면 최소 다섯 건 이상의 사건이 필요하다. **표 6.1**은 성적 행동을 보인 초등학교 5학년 학생 트래비스에 대한 ABC 기록인데, 이로 볼 때 트래비스는 양극성장애를 가진 것으로 보인다.

배경사건 기록은 매우 중요하다. 학생들은 일상생활 속에서 일어난 변화와 사건의 영향을 많이 받는다. 학교에서 일어나는 부적절한 말이나 행동은 이러한 일상생활 속의 여러 요소와 직간접적으로 관련될 가능성이 높다.

선행사건 열에서 패턴을 분석할 때에는 특히 주목해서 봐야 할 것들이 있다. 예상치 못한 변화(예: 임시교사), 학생이 다른 사람과 아주 가까이 있는 때(예: 러그 위에 앉거나, 줄 설 때), 구조화되지 않은 시간(예: 식당, 이동, 아무것도 안 하는 시간) 등이다.

표 6.1 트래비스의 성적 행동에 대한 ABC 기록

날짜, 시간, 지속 시간	배경사건	활동	선행사건	문제 행동	후속결과
3월 6일 오후 1:15 4초		특별 활동	학생들이 깔개 위에 앉아 영화 시작을 기다리고 있고 조명이 꺼져 있다.	트래비스가 옆에 앉은 여학생을 향해 키스하는 소리를 낸다.	두 학생이 "그만둬, 역겨워!" 하고 소리를 질렀다.
3월 10일 오전 11:00 2분	트래비스가 학교에 지각했다.	합창	독창 파트를 한 여학생이 맡았다.	트래비스가 주먹을 셔츠 밑에 집어넣어 가슴 모양을 흉내 내었다.	학생들이 킥킥대며 웃었다.
3월 12일 오전 10:15 5분	담당 교사가 출입구에서 다른 교사와 대화했다.	수학	트래비스 주변 몇몇 학생들이 트래비스를 등지고 자기들끼리 이야기했다.	트래비스가 수학 노트에 성기 모양을 그렸다.	교사가 복도에서 트래비스에게 주의를 주었다.
3월 15일 오전 9:00 2분		체육	학생들이 '얼음 땡' 놀이를 하며 놀았다.	트래비스가 여학생의 엉덩이를 건드렸다.	학생들이 교사에게 트래비스의 행동을 말했다. 교사가 트래비스를 엄하게 야단치고 교무실로 내보냈다.
3월 17일 오후 12:12 5초	이모와 삼촌이 트래비스네 집에서 일주일째 머물고 있다. 보조 교사가 간식 시간 동안 점심 식사를 했다.	간식 시간	옆에 앉은 여학생이 요구르트 튜브를 입에 물고 짜냈다.	트래비스가 여학생에게 "너, 잘하는데?" 하고 말했다.	학생들이 웃었다. 다른 학생이 교사에게 트래비스의 행동을 말했다. 교사가 트래비스를 교장실로 보냈다.

Note: adapted from Sidney W. Bijou, et al. Journal of Applied Behavior Analysis 1, no. 2 (1968); Beth Sulzer-Azaroff and G. Roy Mayer, *Applying Behavior-Analysis Procedures with Children and Youth.*

선행사건을 살펴보면서 나중에 패턴을 파악하는 데 도움이 되도록 비슷한 유형의 것들을 집계해본다. 어떤 행동 사건들은 한 가지 이상의 범주에 해당되므로 한 번 이상 기록될 수도 있다. 이들은 교사가 가장 좋은 개입 방안을 결정하는 데 도움이 된다. 트래비스의 기록을 집계해보면(**도표 6.1**) 그는 구조화되지 않은 시간, 어른의 감독이나 충분한 지원이 없을 때, 그리고 여학생 옆에 있을 때 특히 지원이 필요한 것으로 파악할 수 있다.

후속결과 열에서도 패턴을 찾아본다. 성적 행동의 기능에는 부정적 관심을 얻으려는 것이 있다. 교사나 또래 친구들의 반응에서 패턴을 찾아보라. 트래비스의 경우 성적인 행동으로 교사와 친구들로부터 부정적인 관심을 얻는 데 성공했다. 이러한 부정적 관심이 성적 행동을 강화할 수 있으므로 관심을 최소화하는 것이 중요하다.

도표 6.1 트래비스의 ABC 기록에서 선행사건과 후속결과의 집계

선행사건		후속결과	
여학생들과 신체적으로 가까움 (특별 활동, 체육)	//	또래의 관심 (특별 활동, 합창, 간식)	///
구조화되지 않은 시간 (합창, 간식)	//	교사의 관심 (수학, 체육, 간식)	///
어른—학생 비율이 낮음 (합창, 수학, 체육)	////		

표 6.2 크레이그의 성적 행동에 대한 ABC 기록

날짜, 시간, 지속 시간	배경사건	활동	선행사건	문제 행동	후속결과
4월 10일 오전 10:45 4분		휴식 시간	교사가 "남편이 놀이용 패러슈트를 빌려주었어요." 하고 말했다.	크레이그가 바지 앞에 막대기를 세워 성기 모양을 표현했다.	교사가 막대기를 내려놓으라고 말했다. 학생들이 웃었다.
4월 12일 오전 11:00 15초		소리 내어 읽기	책 속에 아버지와 아이가 포옹하는 그림이 있다.	크레이그가 바닥에 마커로 "내 거시기 빨아." 라고 썼다.	교사가 크레이그와 대화한 다음 바닥 청소를 돕게 했다.
4월 19일 오후 12:15 10초	크레이그의 이모가 학교에서 너무 많은 회의를 소집한다며 교장에게 소리를 질렀다.	점심 시간	급식실 관리자가 교사에게 남편의 안부를 물었다.	크레이그가 빨대를 들고 옆의 학생에게 "잘 봐, 이게 내 거야." 하고 말했다.	학생이 웃었다. 교사가 크레이그를 교실로 데려가 함께 점심을 먹었다.
4월 22일 오전 9:15 3분		파닉스	한 학생이 엄마의 남자친구 생일이라고 말했다.	크레이그가 책상에 자석으로 성적 행위를 가리키는 단어를 만들어 보였다.	학생들이 웃었다. 교사가 와서 그 단어는 쓰기 적절하지 않다고 말하며 자석을 치웠다.
4월 29일 오후 1:45 1분	크레이그가 자기 이모가 학교를 고소할 거라고 했다는 말을 전했다.	실내 휴식	두 여학생이 서로 껴안았다.	크레이그가 레고 캐릭터 두 개를 가지고 성적 행위를 흉내내었다.	학생들이 크레이그에게 소리를 질렀다.

Note: adapted from Sidney W. Bijou, et al. Journal of Applied Behavior Analysis 1, no. 2 (1968);
Beth Sulzer-Azaroff and G. Roy Mayer, *Applying Behavior-Analysis Procedures with Children and Youth*.

표 6.2는 1학년 학생 크레이그의 ABC 기록이다. 교사는 외부 유발요인이 될 수 있는 선행사건의 패턴을 파악하고 가능한 한 이를 최소화하려고 노력했다. ABC 기록에는 남편과 남자친구라는 단어, 아버지와 아이가 포옹하는 그림, 학생들이 포옹하는 모습 등 외부 유발요인으로 보이는 몇 가지 패턴이 나타나 있다.

후속결과 열은 크레이그가 특히 성적 행동으로 인해 부정적 관심을 받았음을 보여준다(**도표 6.2**). 교사들은 크레이그를 분리하고, 자료를 거두어가고, 부적절한 글을 쓴 데 대해 청소를 돕게 시키는 등 다양한 조치를 취했다. 이런 학생에게는 부정적 관심을 최소화하고 후속결과를 일관성 있게 보여주는 것이 중요하다.

도표 6.2 크레이그의 ABC 기록에서 선행사건과 후속결과의 집계

선행사건		후속결과	
'남편'이라는 단어를 들음 (휴식, 점심)	//	교사의 관심 (휴식, 소리내어 읽기, 점심, 파닉스)	////
'남자친구'라는 단어를 들음 (파닉스)	/	또래친구들의 관심 (휴식, 점심, 파닉스, 실내휴식)	////
포옹하는 그림이나 행동을 봄 (소리내어 읽기, 실내휴식)	//	자료를 압수함 (파닉스)	/
		또래들로부터 학생을 데리고 나옴 (점심)	/
		학생에게 바닥을 청소하라고 함 (소리내어 읽기)	/

A 조정

성적 행동을 보이는 학생에게는 해당 행동을 악화시키거나 유발할 수 있는 선행사건을 줄이기 위한 조정 및 수정이 필요하다.

환경

앞서 설명했듯이 트라우마를 경험한 학생은 과잉 경계심을 보일 수 있다. 가능하면 학생과 대화를 통해 교실에서 어디에 앉고 싶은지 파악한다. 성적 행동을 보이는 학생들은 서로 끌릴 수 있다는 점을 기억하라. 교실에 성적 행동을 보이는 학생이 둘 이상 있을 경우 가능한 한 그들을 분리해야 한다. 서로 맞은편에 앉히고 마주보지 않도록 주의한다. 학생들은 비언어적으로 의사소통할 수 있으므로 시각적 접근과 물리적 접근을 모두 피해야 한다.

성적 행동을 하는 학생에게는 학교 일과시간 내내 감독을 강화할 필요가 있다. 학생이 충동적으로 또래를 만진 적이 있거나 그런 행동에 대해 이야기할 경우 학생을 더 주의 깊게 살펴야 한다. 교장 및 다른 교직원까지 논의에 포함하고, IEP 대상 학생이라면 그 학생을 개별 모니터링할 교직원이 더 필요하다는 점도 명시하라. 휴식 시간은 보이지 않는 사각지대 발생 우려가 있다. 이 시간 동안 감독자는 보통 평소와 같은 장소에 있을 테지만 휴식 공간에는 나무가 우거진 곳, 수풀 뒤, 건물 모퉁이나 놀이터 구조물 뒤편 등 감독자의 눈이 미치지 않는 곳들이 꽤 많다. 화장실도 예외는 아니다. 공용 화장실이라면 비어 있는지 확인하고 해당 학생이 나올 때까지 기다린 뒤 다른 학생이 이용하게 한다. 필요하다면 양호실이나 교직원 화장실을 쓰게 하는 식의 조정도 고려한다.

교실의 개인 공간 또한 통제가 필요한 중요 요소다. 트라우마가 있는 학생에게는 자신이 앉을 자리를 선택하게 하면 좋다. 어떤 학생은 안전하게 느끼는 사람(교사)과 가까운 자리를 선호하지만 어떤 학생은 벽을 등지고 뒤쪽에 앉는 것을 더 편안해한다. 후자는 작은 소음이나 움직임에 과민하게 반응하는 학생들이 자꾸 뒤를 돌아보지 않게 해주는 장점이 있다. 저학년(초등 3~4학년)의 경우 학급 전체가 바닥에 앉아 수업할 때가 있는데 이 경우에도 그 학생이 어디 앉을지 먼저 결정하게 하고 모든 학생의 개인 공간을 확보해준다. 사각형 러그, 마스킹 테이프, 기타 재료 등으로 바닥에 공간을 지정하여 간격을 조절해도 좋다. 이렇게 개인별 공간을 여유있게 제공하는 것은 트라우마를 겪는 학생뿐만 아니라 모든 학생에게 도움이 되는 보편적 디자인(universal design)에도 부합한다. 개인별 공간은 줄을 서서 기다리는 시간에도 중요하다. 이때도 바닥에 구체적인 표시를 해두면 학생들이 서로 간격을 유지하고 기억하는 데 도움이 된다. 줄을 설 때마다 항상 서로 한 팔 거리를 유지하도록 가르치는 방법도 있다. 트라우마 경험이 있는 학생은 줄의 맨 뒤에서 걷게 한다. 뒤에 아무도 없으면 계속 뒤를 돌아보지 않게 되고, 앞뒤 사람을 동시에 의식하지 않아도 되므로 친구들과 거리를 조절하는 데에도 도움을 준다.

성적 트라우마를 경험한 학생은 특정 상황에서 좀 더 집중적인 관리감독이 필요할 수 있다. 휴식 시간이나 점심 시간은 구조화되지 않은 시간으로 관리감독이 충분하지 않을 경우가 많아 별도의 조정이 필요하다. 공용 화장실은 성적 문제가 없는 아이들에게도 불안을 유발할 가능성이 높은 공간이다. 화장실에서는 성적인 농담, 신체 부위 비교, 놀림, 괴롭힘 등이 자주 발생하는 편이고, 특히 남학생은 소변기에서 어느 정도 노출이 허용되다 보니 더욱 그러하다. 따라서 성적 행동을 하는 학생은 가급적 공용 화장실을 사용하지 않도록 해야 한다. 양호실 등 혼자 쓸 수 있는 화장실 또는 교직원 화장실 중 한 곳을 지정해 사용하도록 하고, 이를 모르는 어른들로부터 혹시라도 꾸중을 듣지 않도록 교직원 회의와 교장에게도 알려야 한다. 다른 학생들의 반응을 고려하는 것도 중요하다. 성적 행동을 보고 겁을 먹은 학생들은 이러한 조정이 이루어지면 안심하고 화장실을 이용할 수 있다. 하지만 문제의 학생이 평소 사회성 부족 등으로 놀림을 받고 있던 상태라면, 화장실을 따로 써야 하는 이유에 대해 이해할 만한 설명(예를 들면 의학적 이유 등)을 개발할 필요가 있다. 즉 이러한 조정은 사례별로, 안전 문제 및 또래 학생들과의 관계를 고려하여 세밀하게 이루어져야 한다.

교실 안팎에 별도의 안전공간을 마련해 두고 학생이 필요할 때 사용할 수 있도록 일관된 요청 방법을 정해 두면 좋다. 이는 하루 일과 내내 학생이 자기조절을 할 수 있게 돕는 방법이다. 안전공간에는 빈백 소파나 푹신한 의자를 두어 편히 쉴 수 있게 한다. 트라우마 경험이 있는 학생은 유발요인이나 불안감을 느낄 때 안전공간에서 휴식을 취할 수 있어야 한다.

미숙한 스킬

성적인 행동을 하는 학생은 대체로 자신과 타인 사이의 적절한 간격을 인식하고 유지하는 능력이 미숙하다. 이들에게는 허용되는 개인 공간에 대한 사회기술이나 사회성 이야기 형태의 수업이 도움이 된다.[31] 특수 교사나 상담사는 학생의 연령과 필요에 맞게 사회성 이야기를 만들고 사회기술을 가르치도록 한다.

경계와 개인 간의 거리 및 공간에 대해 가르칠 때 좋은 방법으로 '친밀감의 원(Circles of Intimacy)'이 있다.[32] 이것은 본래 트라우마 경험이 있는 학생을 위한 시각적 교구인데 사회기술을 가르칠 때에도 유용하다. 둥근 과녁 모양으로 구성된 다이어그램의 중심에는 '나', 즉 자기 자신이 있다. 여러 개의 단계별 원에는 나와 친밀한 순서대로 가족, 친구, 아는 사람 등이 표시되고, 가장 바깥쪽에는 낯선 사람이 놓인다. 학생은 어느 원 안에 누구를 넣을지 학교 상담사나 심리 전문가의 도움을 받아 가족, 친구, 아는 사람의 이름을 써 넣는다. 그러고 나서 각 집단에서 허용되는 말과 행동, 신체적 거리는 어느 정도인지 배우게 된다. 저학년 학생은 이름을 제대로 읽거나 쓰지 못할 수 있으므로 원 안에 사진을 붙이거나 그 사람을 알아볼 수 있는 그림을 그려넣어도 좋다.

표 6.3은 '친밀감의 원'에서 각 원에 써 넣은 집단마다 허용되는 말과 행동에 대한 기대치를 표로 작성한 것이다. 이렇게 작성한 표는 교사가 학생에게 일과 내내 허용되는 언어와 거리를 상기시키는 데 활용할 수 있다.

표 6.3 성적 행동과 트라우마를 보이는 학생(크레이그)의 〈친밀감의 원〉

친밀감의 원	허용되는 말의 기대치	허용되는 행동과 거리의 기대치
나		• 혼자 있을 때 성기를 만지는 것 • 혼자 있을 때 옷을 벗고 있는 것
가족	• "사랑해." 라고 말하기	• 껴안기 • 키스(입이 아닌 곳에) • 속옷만 입고 있는 것 • 이모의 무릎에 앉는 것 • 손을 잡는 것 • 욕실에 이모가 갑자기 들어오더라도 벗은 채로 계속 목욕할 수 있는 것
친구	• "네가 좋아."라고 말하거나 칭찬하는 것	• 상대와 팔 길이만큼 거리 유지하기 • 하이 파이브 • 악수
아는 사람	• "안녕, 만나서 반가워요." 하거나 학교, 영화, 장난감, 음식 같은 주제에 대해 말하기	• 상대와 팔 길이의 1.5배 거리 유지하기 • 하이 파이브 • 악수
안면 있는 전문가	• "안녕하세요?" 하고 말하기 • 날씨, 학교 일 같은 주제에 대해 가볍게 이야기하기	• 상대와 팔 길이의 2배 거리 유지하기 • 손 흔들기
낯선 사람	• 인사하거나 말을 건네지 않기	• 상대와 팔 길이의 2배 이상 거리 유지하기

"휴식 시간에는 친구들과 한 팔 길이만큼 떨어져 있어야 하는 걸 기억하세요. 그리고 '사랑해.'라는 말은 엄마와 동생에게만 하는 거예요, 알겠지요?" 학생에 따라서는 비밀스럽게, 즉 교사가 서랍 안에 넣어 두었다가 학생에게만 살짝 꺼내 보여주는 식으로 이용해도 좋다.

이러한 종류의 차트를 제대로 활용하려면 학생의 가족이 가진 습관이나 허용되는 행동과 거리에 대해 최대한 많이 알아야 한다. 따라서 학생의 보호자를 만날 때 신체 접촉이나 애정 표현에 대한 가족의 문화나 기대치 수준을 파악할 수 있도록 한다.

자기조절 및 자기점검

성적 행동을 하는 학생은 자기조절 및 자기점검 스킬이 미숙하다. 3장에서 제시한 자기점검 서식을 사용하여 학생이 자신의 행동을 점검하고, 행동 전략을 일과 동안 지속할 수 있게 강화한다. 성적 행동을 하는 학생에게는 목표 행동으로 적절한 단어 사용, 적절한 놀이, 다른 사람과의 적절한 간격 유지가 포함된다.

인지행동치료(CBT) 전략을 사용하면 학생이 흥분할 때 교사에게 신호를 주도록 유도할 수 있다. 학생 스스로 휴식을 취하고 진정할 수 있게 격려하는 것도 좋은 접근법이다. 이때 학생의 자기조절 정도를 일관된 척도를 사용해 표시하게 한다. 3장에서 제시한 감정온도계를 그대로 사용해도 좋지만 여기에 '흥분'이라는 감정을 추가하거나, '경보 프로그램(Alert Program. 감정 상태를 자동차의 엔진 속도에 비유하여 인식하고 조절하는 법을 배우는 프로그램—옮긴이)'에 나오는 언어를 사용해 "자, 지금 엔진이 어떻게 작동하고 있나요?"와 같이 표현해도 좋다.[33]

　교사가 도와주면 학생은 점차 자신의 상태를 스스로 인식하고 독립적으로 자신을 조절하게 될 것이다. 단 학생이 자기조절에 실패할 경우 어느 시점에서 성적 행동을 보일 수 있는데, 바로 이 시점의 변화 징후를 교사가 인지할 수 있어야 한다. 예를 들어 모하메드라는 학생이 웃음을 멈추지 않고 킥킥거리거나 줄을 서서 몸을 배배 꼬고 이리저리 움직이는 등 과도한 몸짓을 하기 시작하거나 목소리가 커질 때, 이 순간이 자기진정 전략을 사용할 시점임을 교사가 인지하라는 것이다. 교사는 "모하메드, 엔진이 과열되고 있어요. 진정 전략을 사용하세요." 또는 "모하메드, 지금 엔진이 어떻게 돌고 있죠? 자, 무엇을 해야 할까요?"라고 말할 수 있다.

　트라우마를 경험한 어린 학생 중에는 교사에게 안아달라고 떼를 쓰거나 무릎에 앉으려 드는 경우가 있다. 특별한 관심과 접촉을 원하는 학생은 악수 정도로 만족하지 않고 포옹 같은 신체적 접촉을 시도한다. 이럴 경우 학생에게 포옹과 유사한 느낌을 줄 수 있는 감각 재료를 사용하도록 권한다. 에릭은 친밀한 신체 접촉을 원할 때마다 교실의 독서공간에 있는 묵직한 담요로 몸을 돌돌 말고 동물 모양의 봉제인형을 꼭 껴안으라고 배웠다. 그 외에도 우리는 작은 담요나 베개를 자기진정 상자(부록 E 참조)에 보관해 두고 필요할 때마다 꺼내 덮거나 꼭 쥐게 했다.

　성적 행동을 보이는 학생은 개인 공간에 대한 인식, 충동적인 발언 조절, 적절한 언어 및 주변 사람들과의 상호작용, 과민성 조절 (특히 PTSD 학생), 자기조절, 자기점검 중 하나 이상의 스킬이 부족할 수 있다. 부록 B에는 교사, 학교 정신건강 전문가, 외부 치료사가 이러한 스킬을 가르치는 데 도움이 되는 자료 목록이 수록되어 있다.

▎ 상호작용 전략

일반적으로 학교에는 교사와 학생 간 신체 접촉에 대한 규칙이 있다. 언제, 어떻게 학생과 접촉할지 신중하게 고려하는 것도 중요하다. 왜냐하면 이런 접촉이 학생에게 행동 유발요인이 될 수 있기 때문이다.

저학년의 경우 포옹이 문제다. 학생이 포옹을 요구하면 대신 '둘만의 악수' 등으로 긍정적 관심을 주도록 한다. '손 포옹'이라는 방법도 있는데 이것은 손을 잡고 살짝 쥐는 방식으로, 모든 학생에게 적합한 것은 아니다. 별로 권장하고 싶진 않지만 만약 어떤 이유로든 안아주는 것이 허용된다면, 앉은 자세에서 옆으로 살짝 안아주는 정도로 하라. 이렇게 하면 키가 작거나 어린 학생들의 머리가 교사의 가슴에 닿지 않게 된다.

학생의 뒤에서 다가갈 경우 학생에게 미리 알려주도록 한다. "찰리, 이제 시험지를 확인하러 갈 거예요." 또는 "바로 뒤에 있어요."와 같이 말이다. 학생을 놀라게 해선 안 된다. 트라우마를 경험한 학생에게는 반드시 개인 공간을 확보해주어야 한다. 학생과 대화할 때는 6인치(약 15센티미터—옮긴이) 정도 더 떨어진 거리에서 이야기하는 습관을 기른다. 눈을 마주치는 것은 이런 학생을 불편하게 만들 수 있다. 교사가 말할 때 학생이 다른 곳을 쳐다보면 학생이 듣지 않고 있다고 생각할 수 있다. 하지만 학생은 그때 위압감을 느끼고 있을 수 있고, 자제력을 회복할 시간이 필요할지 모른다.[34]

트라우마 경험을 언급할 때 "그건 끔찍한 일이었어."와 같이 부정적으로 말하지 않도록 한다. 학생을 당황하게 만드는 것은 바람직하지 않다. 트라우마 경험을 수치스럽게 여기고 있는 학생에게나 그렇지 않은 학생에게나 마찬가지다. 자신을 부정적으로 느끼는 학생은 부정적인 관심을 끌거나 규칙을 위반하는 행동을 할 가능성이 더 높다.

부정적 행동이 부정적 관심을 받는 악순환의 고리를 끊으려면 관심을 예측할 수 있도록 만들어보자. 학생의 개인 일정에 일대일 시간을 표시해주면 특별한 시간이 언제가 될지 학생이 미리 알 수 있다 (시간이 없을 때는 학생이 좋아하는 책의 몇 페이지를 읽어주는 것만으로도 충분하다). 쓸 수 있는 시간이 얼마가 되든, 예측 가능하게 만드는 것이 길고 짧음보다 중요하다. 타이머를 사용하는 것도 관심을 예측할 수 있게 만드는 또 다른 방법이다. 다른 학생을 도와주러 가야 할 때는 타이머를 설정하고 "10분 후에 다시 확인하러 올게요."라고 말한다. 교사가 언제 돌아올지 알고 있다면 학생은 그동안 부정적 관심을 끌려는 행동을 하지 않게 될 것이다. 어린 학생에게는 칭찬 스티커 사용도 좋은 방법이다. 학생이 조용히 적절한 활동을 할 때 5~10분 간격으로 칭찬 스티커를 주고 학생이 편안해하는 방식으로 칭찬하며 짧은 대화를 나눈다. 이렇게 하면 학생은 교사가 자신에게 관심을 기울이고 있음을 몇 분마다 느낄 수 있고 결과적으로 부정적 관심을 원할 가능성이 줄어든다. 부정적 관심은 긍정적 관심보다 더 예측 가능할 뿐 아니라 더 효과적이고(더 빠르고 더 쉽다) 강렬하다. 또 더 크고 확실하며 강력한 영향을 주므로 명확하다. 긍정적 관심으로 학생을 똑같이 만족시키려면 상당히 과장해야 할 것이다.

R 대응 전략

성적 행동에 대응하는 데 있어 가장 중요한 것은 교사와 다른 학생들의 부정적 관심을 최소화해야 한다는 것이다. 그래야 부정적 행동이 강화될 위험을 막을 수 있다. 최선의 대응 전략은 구체적 상황에 따라 달라질 수 있다.

성적인 발언을 할 때

학생이 성적인 말을 할 때는 그 말에 관심을 거의 주지 않거나 아예 무시하는 편이 낫다. 그러나 규칙을 어긴 것까지 무시해서는 안 된다. 6장의 첫 부분에 나오는 맥스의 예를 보자. 맥스가 성적인 말을 했을 때 학급 전체가 술렁거리자 켄트 선생은 교실에서 나가라고 엄하게 대응했다. 하지만 이보다는 반응을 최소화하고 신속히 권한을 박탈하는 편이 낫다. "적절하지 않은 행동을 했으니(방금 규칙을 어겼으니) 별표를 하나 삭제합니다."와 같이 대응하거나, "그건 부적절합니다."라고 간단히 말한 후 사전에 학생과 협의된 방식, 즉 부적절한 행동을 했을 때 특정 권한을 박탈한다고 칠판에 표시하는 식이다.

학생이 성적인 발언을 하면 교사는 물론 교실 전체에 스트레스를 줄 수 있다. 이러한 상황이 발생하면 먼저 교사 자신을 진정시킨 뒤 해당 학생을 교실 밖으로 잠시 내보내고 분위기를 정리할 필요가 있다. 고학년 학생들은 특히 그렇다. 학생을 교실 밖으로 안내할 때는 가급적 말을 걸지 않도록 하라. 학생이 말이나 행동으로 인해 받는 관심을 최소화하는 것이 중요하다.

분위기가 정리되면 학생에게 자신이 잃게 된 것(별표라든가 특정 권한 같은 것)을 쓰고 기록지의 답변을 작성하게 하라. 기록지에는 "다른 사람들은 내 행동을 어떻게 느꼈을까?" "그 행동으로 내가 원한 것은 무엇이었나?" "내가 원했던 것을 얻었나?" "관심을 받는 더 좋은 방법은 무엇일까?" 등의 질문이 적혀 있다. 이러한 질문은 성적 발언이나 행동을 하는 학생 모두에게 두루 적용할 수 있다.

학생이 더 이상 성적인 발언을 하지 않고 좋은 모습을 보이게 되면 교사는 보너스 점수 등으로 보상을 준다. 그리고 예방적 차원에서 때때로 눈에 띄게 긍정적인 관심을 주어 강화하도록 한다.

충동적이고 사회성이 부족한 학생이 성인을 부적절하게 만질 때

충동적이거나 사회성이 부족한 학생이 성적인 행동을 보이며 성인을 만졌을 경우 앞에서 설명한 대로 대응한다. 규칙을 위반했음을 강조하되 반응이나 관심은 최소화해야 한다. 학생의 나이에 따라 문제의 심각성도 달라진다. 고학년 학생은 교무실 호출 외에도 정학 등의 징계, 성희롱으로 인한 법적 처벌까지 받을 수 있다. 만약 학생이 교사의 허벅지를 만졌다면 성적인 말을 했을 때보다 훨씬 더 심각한 결과가 따를 것이다.

학생이 더 이상 성적인 행동을 하지 않고 좋은 모습을 보이게 되면 교사는 보너스 점수 등으로 보상을 준다. 그리고 예방적 차원에서 때때로 눈에 띄게 긍정적인 관심을 주어 강화하도록 한다.

트라우마 경험이 있는 학생이 성인을 부적절하게 만질 때

트라우마를 경험한 학생이 교사를 만지는 경우 학생을 부끄럽게 만들지 않으면서도 관심을 주지 않고 거리를 유지하는 것이 중요하다. 학생의 행동은 대개 교사의 관심을 끌기 위한 것으로 고의성이 없을 경우가 많다. 교사가 "그런 행동은 불편해."라고 말하고 일정한 거리를 유지하면 학생은 신체 접촉이 관심을 끌거나 교사와 가까워지는 좋은 방법이 아니라는 것을 배울 것이다.

학생이 교사와 알맞은 거리를 유지하는 등 좋은 모습을 보이게 되면(특히 일대일 수업 중이거나 서로 가까이 앉을 때) 교사는 보너스 점수 등으로 보상을 준다. 그리고 예방적 차원에서 때때로 눈에 띄게 긍정적인 관심을 주어 강화하도록 한다.

또래 친구의 개인 공간을 침범할 때

학생이 성적 행동을 하고 다른 학생의 개인 공간을 침범하는 경우 환경적 지원(예를 들어 의자를 둥글게 줄지어 배치하거나, 줄을 설 때 바닥에 테이프를 붙여 간격을 유지하기 등)을 통해 지속적으로 개인 공간을 안내해야 한다. 지원 없이도 학생이 적절한 개인 공간을 유지하게 되었다면 그 다음으로는 학생에게 이를 얼마나 자주 상기시켜야 할지에 따라 대응을 달리한다. 지속적인 상기와 지시가 필요한 학생에게는 개인 공간을 잘 유지한 2분마다 칭찬과 함께 칭찬 스티커를 주고, 스티커 5장을 받으면 추가로 보상해주는 방식이 효과적이다. 이따금 상기시키는 정도로도 충분한 학생에게는 개인 공간을 제대로 유지할 때마다 자기점검표에 보너스 점수를 준다.

이러한 대응에도 불구하고 여전히 다른 학생의 개인 공간을 침범하는 경우가 있을 수 있다. 미아라는 학생은 미술 교사가 종이접기를 하는 것을 보면서 다른 학생에게 몸을 기대고 있었다. 이때 교사는 미아에게 '개인 공간'을 유지하라고 신호를 보내고 미아가 지시를 따르면 칭찬하고 관심을 주어야 한다. 이렇게 하면 실수에 대한 관심은 최소화되고 개인 공간을 유지하려고 노력해야겠다는 생각을 강화할 수 있다.

학생이 성적인 행동을 보일 때 이 학생이 공개적으로 지목되는 일을 줄이려면 학급 전체에 개인 공간 규칙을 일관되게 적용하도록 한다. 어린 학생들이 이따금 서로 몸을 기대거나 만지는 행동을 하는 정도는 정상 범주로 볼 수 있다. 그러나 성적 행동 문제를 겪는 학생들은 제한이 불가피하다. 이들의 행동은 부적절하고 다른 학생에게 피해를 줄 수 있기 때문이다. 다만 이는 파악하기 몹시 까다로운 문제이므로 학교 정신건강 전문가의 도움이 필요하다.

자위행위를 할 때

학생이 학교의 공공장소에서 자위행위를 했을 경우 교사는 대체 행동을 유도하거나 상반 행동(incompatible behavior, 어떤 행동을 하는 동안 동시에 할 수 없는 행동. 예를 들어 양손으로 책을 들고 있게 하면 손을 사용하는 부적절한 행동을 막을 수 있음—옮긴이)을 가르쳐야 한다. 또 학생에게 자신의 행동을 인식하도록 신호를 주거나, 그런 행동이 언제 어디서 적절할 수 있는지 명확히 알려주어야 한다. 이와 같은 여러 전략을 조합하여 적용할 수도 있다. 피젯 장난감 등을 제공하여 학생의 손과 주의를 다른 데로 돌릴 수 있다.[35] 책상에 손을 계속 올리고 있도록 2분마다 칭찬 스티커를 주어 긍정적 강화를 할 수도 있다. 학생이 가구에 몸을 비빌 경우 의자에 쿠션을 추가하거나 의자를 바꾸는 식으로 좌석 환경을 바꾸어준다.

자위행위에 대해 논의할 때는 중립적이고 객관적인 태도를 취하고 행동에 대한 판단을 자제해야 한다. 즉 '나쁜 행동'이라는 표현이나 "착한 애들은 그렇게 안 해." 같은 표현은 삼간다. 학부모에게는 '자위행위'라는 단어가 부담스러울 수 있으므로 학생의 행동을 어떻게 언급할지에 대해 상담사와 사전에 논의하도록 한다.

충동적인 학생은 자신의 행동에 부주의하며 교실에서 코를 후비거나 함부로 방귀를 뀌는 등의 행동을 한다. 자위행위를 하고 이를 의식하지 못하는 학생도 있다. 교사는 학생과 함께 부적절한 행동에 대한 비밀 신호를 설정해 두고 짧은 한 마디나 간단한 몸짓으로 학생에게 그 행동을 중단할 것을 알려준다. 학생 스스로 자신의 행동을 점검하게 하는 것도 도움이 될 것이다. 자기만 아는 방식으로 자기점검표를 작성해도 좋고 모바일 앱으로 된 타이머 등 자기점검장치를 써도 좋다. 모바일 기기에 접근할 수 없는 학생들에게는 일정 간격으로 알람이 울리도록 설정된 손목시계를 이용, 학생에게 조용히 신호를 보낼 수 있다. 이때 타이머가 학생을 자극할 수 있으므로 성기 부근에서 진동하게 해서는 안 된다. 모바일 앱은 일정 간격으로 신호를 울려 학생 스스로 자기점검을 하게 해준다.

학생에게 자위가 허용되는 시간과 장소를 일대일 수업이나 사회성 이야기를 통해 가르칠 수도 있을 것이다.[36] 일부 교사와 상담사는 장소를 집이나 자기 방으로 제한하고 있으며 시간에 대해서도 일정한 규칙을 적용하게 한다. 행동을 강화하는 가장 확실한 방법은 학생이 적절하게 행동했을 때 칭찬 스티커를 주고 보상으로 바꿀 수 있게 하는 것이다.

6장 요약

| 성적 행동 또는 성적으로 부적절한 행동에는 또래나 교사에게 성적인 단어와 몸짓을 하는 것, 성적인 행위를 연상하게 하는 소리나 놀이, 다른 사람에게 성적인 유혹을 하는 것, 다른 사람을 부적절하게 만지는 것, 교실에서 자위를 하는 것 등이 있다. |

| 취학전 아동에게서 보이는 성적인 행동, 즉 성기를 만지거나 다른 사람의 벗은 모습을 보려 하는 것, 또래에게 성기를 노출하는 것 등은 정상 행동의 범주로 볼 수 있다. 초등학생들이 신체 부위와 배설에 관해 농담을 하고 의사놀이를 하는 것 또한 정상적인 범주에 속한다. |

| 학교에서 보이는 성적 행동의 잠재적 원인으로는 불안, 자기진정, 관심 욕구 및 모방 등이 있다. |

| 성적 행동의 원인이 반드시 성적 학대에 있는 것은 아니다. |

| 성적 행동을 보이는 학생과 관련된 주요 요인은 대인관계 사회기술 결핍, 충동성, 트라우마(예: 성적 학대, 가정 폭력, 과잉자극)이다. |

| 교사는 유발요인을 이해하고 최소화할 수 있다. 환경에서 유발요인을 제거하고 학생이 노출되더라도 스스로 조절할 수 있도록 지도한다. |

| 학생의 트라우마 경험에 감정적으로 대응하고 압도되지 않도록 하라. 그보다는 사전 예방적 노력에 초점을 맞춰야 한다. |

| 트라우마를 고려한 학교 환경 조성을 위한 세 가지 기본 원칙은 학생에 대한 부정적인 관심 최소화, 중립적인 태도 유지, 학생을 수치스럽게 만들지 않는 것이다. |

성 문제를 위한 FAIR 플랜 체크리스트

이름	날짜	년	월	일

목표 행동

🇫 행동기능가설 수립

☐ ABC 기록지를 이용해서 모든 목표 행동의 예를 기록한다. (최소 5건)

☐ ABC 데이터 및 계획에 따른 관찰에서 나온 선행사건 목록을 만든다.

☐ 행동기능에 관한 가설을 설정한다. (하나 또는 그 이상에 동그라미 치기)

관심 / 회피 / 보상 / 감각

* 성적 행동은 대개 관심을 끌려는 동기의 기능일 가능성이 높다.

☐ ABC 데이터를 이용해서 후속결과의 패턴을 목록으로 만든다.

☐ 중요한 배경사건 목록을 만든다.

🇦 조정 ※ 다른 장에서 제시한 개입방법과 전략을 참고할 수 있다.

환경

☐ 교실에 안전한 공간을 만들어 제공한다.

☐ 일과에 휴식 시간을 넣는다.

☐ 학생이 선택한 좌석에 우선적으로 앉을 수 있게 한다.

☐ 체계적인 관리감독이 이루어지는 구조화된 휴식 시간을 계획한다.

☐ 체계적인 관리감독이 이루어지는 대안적 점심 시간을 제공한다.

☐ 학생이 사용할 화장실 계획을 세운다.

☐ 교실 바닥이나 러그에 개인별 공간을 정해준다.

☐ 줄을 서야 할 때 마커 등으로 개인 공간을 구분한다.

☐ 줄을 서야 할 때 학생이 줄의 맨 뒤에 서게 한다.

대체 행동

☐ 요구를 받았을 때 적절하게 도움을 요청하는 법을 가르친다.

☐ 그 밖의 것:

자기조절과 자기점검

☐ 조절척도(감정온도계 등)를 사용하게 한다.

☐ 자기조절 차트를 기록하게 한다.

☐ 자기점검을 위한 모바일 기기를 사용하게 한다.

☐ 자기진정 상자를 만들어 사용하게 한다.

☐ 자기점검 기록지를 사용한다(부록 F)

미숙한 스킬

☐ 개인 공간 유지

☐ 충동성 조절

☐ 사회기술

☐ 생각 멈추기

▌*I* 상호작용 전략

☐ 관계 구축을 위해 노력한다.

☐ 비조건적 강화를 사용한다.

□ 구체적이고 긍정적인 강화를 한다.

□ 포옹을 피한다.

□ 개인에 맞는 악수를 한다.

□ 리더십과 자존감을 높이는 활동을 한다.

□ 학생 뒤에서 다가갈 때는 미리 예고한다.

□ 학생에게 수치심을 주거나 행동을 판단하는 반응은 하지 않는다.

□ 예측 가능하고 긍정적인 관심을 준다.

R 대응 전략

□ 신체 접촉 및 성적 대화에 관해 명확한 규칙을 정한다.

□ 일대일 대화, 극적이고 강렬한 반응처럼 학생의 관심 동기를 강화할 수 있는 대응은 피한다.

□ 학생이 성적 발언을 할 경우 관심을 최소화하고 후속결과를 전달한다.

□ 학생이 부적절한 신체 접촉을 할 경우 마음에 들지 않는다는 의사를 확실히 전달하고 자리를 피한다(주의 분산).

□ 학생이 적절한 개인 공간을 지켰을 때, 친사회적 행동을 했을 때, 그리고 지나치게 흥분된 상황에서 손을 주머니에 넣거나 심호흡을 하는 등으로 자기조절 전략을 사용했을 때 보상이나 점수를 부여한다.

□ 학생이 자위행위를 했을 경우, 이를 대체할 전략을 알려주거나, 학생에게 자기점검 장치를 제공하거나, 그런 행동이 언제 어디서 적절할 수 있는지에 대한 사회성 이야기를 들려주거나, 비밀스러운 신호로 힌트를 준다.

□ 학생이 사회적 상황을 오해할 때 만화를 사용한 설명을 시도한다.

7

문제 행동 FAQ

지금까지 문제 행동을 하는 학생을 이해하고 대응하기 위한 틀을 이야기했다. 우리는 그러한 작업을 구조화하려고 최대한 노력했고 학생 및 교사들과의 작업에서 알게 된 유용한 전략을 제시했다. 그 과정에서 운 좋게도 함께 일했던 많은 교사들을 통해 학교의 일상적인 압박과 일정 속에서 FAIR 플랜을 가장 잘 실행할 방법을 알 수 있었다. 교사들이 제기한 질문은 우리의 생각을 명확히 하고 접근 방식을 개선하는 데 큰 도움이 되었다.

7장에서는 문제 행동과 관련하여 가장 자주 접하는 열두 가지 질문에 대한 답변을 제공한다. 이 속에는 학생의 가족과 함께하는 방법, 학부모와 학생의 질문에 대응하는 방법, 취약한 학생이 병원에서 돌아올 때와 같이 가끔 발생하는 특수 상황에 대비하는 방법 등이 포함된다.

문제 행동을 하는 학생과 함께할 때
교사의 번아웃을 예방하는 방법은 무엇인가?

문제 행동을 하는 학생과 함께하는 교사는 에너지 소모가 극심하고 심한 정서적 타격을 입기 때문에 다른 업무를 수행할 여력이 없다. 교사의 체력은 교사 자신의 건강과 웰빙 그리고 학생의 성공과도 직결되는 문제이므로 교사는 늘 자신을 돌보아야 한다. 훌륭한 교사들이 지쳐서 녹초가 되거나 불만을 느껴서는 안 될 것이다.

가장 먼저 해야 할 일은 상황을 객관적으로 이해하는 것이다. 학생의 행동을 두고 교사에 대한 인신공격이나 무능함을 언급하는 것으로 받아들이지 말라. 가능한 한 객관적 위치에서 거리를 두고 관찰하듯 바라볼 필요가 있다. 물론 쉽지 않다. 문제 행동을 하는 학생은 교사의 자존감과 능력을 위협하기 쉬우므로 다음 두 가지를 반드시 명심하기 바란다. 첫째, 이 학생들은 매우 복잡한 문제를 안고 있다. 우리가 책을 쓴 것도 바로 그런 이유에서다. 둘째, 경험이 풍부한 전문가들조차 이런 학생들과 함께할 때 자신을 무능하게 느낄 수 있다. 그러나 학생의 문제 행동은 교사의 실패를 뜻하는 게 아니다. 그보다 학생이 교사에게 무언가를 전달하기 위해 자신이 아는 유일한 방법으로 애쓰고 있다고 생각해보라. 학생의 행동은 교사가 행동 유발요인을 발견하고 학생을 도울 기회가 될 수 있다.

스트레스를 받는 사람은 누구나 모 아니면 도라는 생각에 빠지게 된다. 완전한 성공을 거두지 못하면 실패자나 다름 없다고 생각하는 식이다. 정서행동 위기학생과 함께하다 보면 교사 역시 이처럼 비관적인 태도에 빠지기 쉽다. 하지만 교사는 성공과 실패 사이의 중간 지대에서 학생이 점진적으로 변화하는 모습을 바라보는 위치에 있다. 실제로 많은 교사들이, 문제 행동을 하는 청소년과 함께했던 과정이 마치 두 걸음 앞으로 나아갔다가 한 걸음 뒤로 물러서는 것처럼 느껴졌다고 말하고 있다. 극적이고 빠른 변화를 보이는 학생도 있지만 대부분은 행동 개선에 몇 주 또는 몇 달 이상 걸린다. 이 기나긴 마라톤 기간 동안 교사에게 꼭 필요한 것은 작지만 점진적인 성취 경험이다. 작은 일이라도 꼭 기록해 두고 때때로 동료에게 상기시켜 달라고 부탁하라. 부정적인 몇몇 사건에 가려 실제 이루어진 성취를 보지 못하는 일을 막아줄 것이다.

조직의 모든 관리자들이 그렇듯 교사 역시 매일 신체적, 정서적으로 재충전하는 시간을 가져야 한다. 학생을 적절히 돕기 위해서는 우선 자기 자신을 돌보고 스트레스를 해소할 방법을 찾는 것이 중요하다. 교사는 다른 사람을 돌보는 동시에 자신을 돌봐야 한다!

다음은 교사의 자기관리를 위한 몇 가지 조언이다.[1]

• 건강한 경계를 설정하라. 과도하게 책임을 떠안지 말라. 흔히 교사는 당연히 오랜 시간 일하고 모든 일에 헌신적인 사람으로 간주되곤 한다. 하지만 지나친 헌신은 피로와 질병을 초래한다. 문제 행동을 하는 학생과 함께할 때는 경계를 설정하는 것이 곱절로 중요하다. 정말로 필요하고 자기 스스로 원하는 경우에만 예, 또는 아니요, 이렇게 말해야 한다.

- 자주 휴식을 취하라. 단 5분이라도 휴식은 하루의 긴장을 완화하는 데 도움이 된다. 너무 바쁜 날에는 준비 시간이나 점심 시간에 휴식을 넣도록 노력하라. 음악을 듣거나, 간식을 먹거나, 잡지를 읽어도 좋다.

- 규칙적인 운동을 한다. 연구에 따르면 운동은 스트레스와 우울증을 줄일 수 있다고 한다. 퇴근 후에는 다소 피곤하더라도 운동을 하도록 노력하라.

- 스트레스 한계점을 파악하라. 심장 박동수 증가, 과민반응, 두통, 피로, 식욕 변화 등 자신의 스트레스 징후를 알고 있어야 한다. 이는 스트레스를 받고 있다는 것을 몸이 알려주는 신호다. 신호에 귀를 기울이고, 잘 먹고, 충분한 수면을 취하라.

- 스트레스를 해소할 수 있는 활동을 세 가지 이상 찾아보라. 미술, 요가, 아무 생각 없이 TV 보기 등 자신에게 맞는 활동을 찾고 하루 중 시간을 내어 꾸준히 실천하라. 교사는 그럴 만한 가치가 있는 사람이다.

- 혼자 힘들어하지 말라. 불만이나 압박받는 느낌이 들 때는 동료나 믿을 만한 관리자에게 알리고 도움을 구하라.

- 하루를 긍정적으로 시작하라. 산책을 하고 유튜브에서 재미있는 동영상을 보거나 좋아하는 노래를 틀어놓는 등 긍정적인 기분을 느낄 수 있는 일이라면 무엇이든 하라. 스트레스를 받는 기분으로 하루를 시작하지 않도록 노력하라.

문제 행동을 하는 학생의 담임 교사를
지원할 수 있는 방법은 무엇인가?

학급에 문제 행동을 하는 학생이 있으면 교사는 극심한 스트레스를 받는다. 이런 학생을 도우려면 교사뿐만 아니라 관리자의 지원도 필요하다. 지원이 있어야만 교사가 좌절하거나 낙담하지 않고 번아웃을 피할 수 있고, 또 이 책에서 제안하는 사전 예방적 방법들을 효과적으로 활용할 수 있다.

문제 행동을 하는 학생이 있을 경우 교사에게는 많은 업무가 추가된다. 이러한 업무 중 일부를 관리자가 학교 내 다른 사람이나 부서로 위임해야 한다. 특수교육 전문가, 정신건강 전문의, 행동분석가, 학교 상담사 등 학교 내 지원 인력과 정기적으로 만나는 일은 행동 개선을 위해 필수적이며 동시에 교사의 부담도 줄여준다. 또한 이들과 교사가 만나는 시간도 가능하면 점심 시간이나 휴식 시간 이외의 시간이 될 수 있도록 일정을 조정한다.

교내에 보조 교사 등 다른 지원 인력이 있고 이들의 업무가 유연한 편이라면 교사의 업무를 돕는 데 이들이 투입될 수 있다. 특히 매우 어려운 학생을 맡은 교사를 지원하면 좋다. 담임 교사가 문제 행동을 하는 학생을 직접 지도할 동안 다른 소그룹 학생들을 지도하거나, 문제 행동을 하는 학생을 휴식 공간에 데려다줄 수도 있다. 대개 담임 교사는 학급 전체와 문제 행동을 하는 학생 모두를 동시에 다루어야 하므로 항상 도움이 필요하다.

문제 행동을 하는 학생과 관련된 학교 내 인력은 생각보다 매우 많다. 따라서 분명한 조직 운영 계획을 실행해야만 교사가 관리 가능한 수준에서 책임을 다할 수 있다. 관련 인력이 하나의 팀이 되어 업무 목록을 작성하고 책임 소재를 명시하는 것도 도움이 된다(실행 계획 예는 부록 H 참조).

바쁜 하루 일과 속에서 FAIR 플랜의 실행을 위한
많은 일들을 교사가 감당할 수 있을까?

오늘날 교사들이 직면한 압박은 엄청나다. 엄격한 교육과정 요구, 시간이 많이 소요되는 문해력과 수학, 표준화시험 연습 및 지도, 특수한 요구를 가진 학생의 완전한 통합, 준비 시간이 많이 소요되는 회의, 학부모 면담 및 기타 상호작용 등 몇 가지 부담만 언급해도 교사는 엄청난 압박에 직면해 있다.

　　그러나 이러한 부담은 '압박'이라는 용어 정도일 뿐이다. 여기에 수업을 방해하는 폭발적인 학생까지 더해지면 그 학생을 위한 행동 중재계획의 모든 요소를 수립하는 일까지 책임져야 한다. 교사들과 논의할 때 우리가 가장 자주 들은 말은 "과연 교사가 그렇게 할 시간을 낼 수 있을까요?"였다.

　　타당한 질문이다. 그러나 다시 생각해보면 문제 행동을 하는 학생은 이미 교사의 시간을 많이 빼앗고 있다. 이 사실을 입증하기 위해 우리는 교실에서 스톱워치를 들고 교사가 문제의 학생에게 들이는 시간을 계산해본 적이 있다. 학생의 이름을 부르고, 자리에 앉으라고 지시하고, 수업에 지장을 주는 행동 때문에 교사의 말을 듣지 못한 학생들과 주변 학생들에게 다시 지시를 되풀이하고, 이따금 학생과 언쟁을 벌이고, 언제 물을 마시러 갈 수 있는지 협상하고……. 눈앞에 그림이 그려진다. 이런 학생을 향한 비생산적 대응 때문에 교사들이 얼마나 많은 시간을 할애하고 있는지 알고 나면 충격을 받을 것이다. 학생이 폭발하거나 폭력적인 사건을 일으키지 않는 상태에서도 이미 교사의 하루 일과 계획에서 몇 시간 이상을 빼앗아가고 있다.

FAIR 플랜을 실행한다고 해서 교사의 시간을 더 써야 하는 것은 아니다. 아마 현재 교사가 학생을 관리하는 데 들이는 시간과 비슷하거나 오히려 더 적은 시간이 소요될 것이다. 사전 예방적이고 생산적인 전략에 시간을 투자하면 오히려 학생의 문제 행동이 줄어들 수 있기 때문이다.

수용할 수 없는 행동에 대해 새로운 대응 전략을 적용해 그것이 자동으로 이루어지려면 처음에는 시간이 많이 걸린다. 학생을 위한 새로운 전략을 배우고 더 나은 관계를 구축하는 데에도 시간이 필요하다. 하지만 이러한 전략에 필요한 시간은 그 학생에게 다시 지시하고 관심을 보이느라 쓰는 시간보다 더 적을 가능성이 높다. 장기적으로 학생의 발전과 교실 학습 환경 개선을 위한 투자라고 생각하기 바란다.

학생의 폭발적 행동이 일어난 직후
다른 학생들에게는 어떻게 해야 할까?

극단적인 행동, 즉 물건을 던지고 교실을 뛰쳐나가고 욕설을 하고 소리를 지르고 자극적인 행위를 하고 교사의 지시에 격하게 반항하는 행동을 학급의 다른 학생들이 목격했을 때, 이들은 겁을 먹고 혼란스러워하며 학습에 집중하기 어려워할 것이다. 이때 교사는 학급 학생들과 대화가 필요하다고 판단할 수 있다.

그러나 교사 혼자서 문제의 행동에 대해 학급 학생들과 논의하는 것은 바람직하지 않다. 논의를 해야 한다면 가급적 상담교사, 특수교사, 교장을 참여시켜 함께 이야기하라. 논의 대상 학생의 학부모에게도 이러한 논의가 왜 필요한지 미리 알리되, 그 자녀가 위험하거나 나쁜 아이로 인식되지 않도록 하기 위한 예방적 조치임을 충분히 설명해야 한다. 논의를 진행하는 목적은 학급 전체를 대상으로 충분히 안전하다는 확신을 주기 위함이므로 해당 학생은 현재 '안정을 찾아가는 과정'에 있다고 이야기한다. 논의 시기는 사건이 발생한 직후 또는 학기 초가 적절하다.

"우리는 모두 다르게 태어났어요. 오드리가 수업 시간에 소리를 지르는 것은 나쁜 아이라서 그런 것이 아니에요. 그저 자신이 힘들다는 걸 우리에게 좀 더 잘 표현하려고 애쓰고 있을 뿐이에요."

신뢰하는 교사로부터 이런 말을 듣지 않았다면 학생들은 자기 마음대로 더 부정적이고 극단적인 해석, 즉 오드리가 엄마가 보고 싶어 그랬다거나 자해를 하고 있다거나 하는 식으로 생각했을지도 모른다. 이처럼 문제가 되는 행동과 교사의 반응에 대해 부정확한 결론을 내리지 않게 하려면 사실을 정확히 알리고 질문을 허용함으로써 중립적으로 대응해야 한다.

학급 전체를 대상으로 상황을 설명할 때 어느 정도까지 말해야 할까? 충분히 말하는 것과 너무 적게 말하는 것 사이에서 선택하라면 차라리 적게 말하는 편이 낫다. 학생의 장애는 공개하지 않는 것이 원칙이다. 단 학부모의 허락이 있고 그럴 만한 이유가 있다면(예를 들어 자폐스펙트럼장애에 대해 학급 전체에 공개하고 교육할 필요가 있다거나) 모르지만 말이다. 혹시 부모가 학생의 장애를 밝히고 공개적인 논의를 원한다면 논의 자리에 해당 학생도 참여할 수 있어야 한다. 그렇지 않으면 이 논의가 진행될 때 학생을 다른 곳으로 보내거나 전문가와 함께 교실 밖에 있도록 조정한다.

비슷하거나 또 다른 사건이 일어날 때 도움을 주는 방법을 알려 줄 필요도 있다. "조니가 비명을 지르는 걸 보더라도 겁 먹지 마세요. 여러분에게 아무 일 없도록 안전하게 데려다줄게요. 조니는 다치지 않았어요. 그저 힘들거나 화가 나서 소리를 지를 뿐이에요. 조니를 쳐다보거나 자리를 피하지 않고 자기 자리에서 공부를 하고 있는 편이 조니에게 정말 도움이 될 겁니다. 궁금한 게 있으면 나중에 물어볼 수 있어요."

문제 행동을 하는 학생의 가족과
의사소통하는 데 있어 주의할 점은 무엇인가?

학부모와는 학년 내내 자주 소통해야 한다. 학부모와 첫 번째 대화를 시작할 때는 "연락을 드려야 할 때 어떤 방법이 좋을까요?"라는 질문이 좋을 것이다. 학부모의 이메일이나 휴대전화 번호를 미리 알아두도록 하자. 가족이 선호하는 의사소통 방식을 사용하되 학년 초라는 시기를 최대한 활용하라. 학부모가 궁금해하는 것이 어떤 종류의 정보인지 알려달라고 말한다. 즉 학부모는 학생이 점심을 다 먹었는지, 화장실에 다녀왔는지를 알고 싶어하는데 교사가 이 사실을 모를 수도 있기 때문이다. 만약 학부모가 자녀의 학교생활이나 문해력에 관심을 두고 있을 경우라면 그런 정보를 포함한다. 학부모가 알고 싶어하는 내용에 초점을 두고 의사소통하면 시간을 절약할 수 있다.

일반적으로는 학부모와 소통할 때 알림장을 이용하지만 학부모가 알림장의 필요성을 느끼지 못하거나 잘 보지 못할 수 있다. 알림장은 작성하는 데 시간도 많이 걸리고 보조 교사가 작성하게 될 경우도 있으므로, 알림장에 공유할 정보에 대해 학부모와 사전 협의를 거쳐 작성하는 것이 좋다.

학생이 상호작용을 잘 해내거나 성공적으로 잘 지내는 모습을 사진으로 찍어 학부모 휴대전화나 이메일로 보내는 것도 추천할 만하다(사전에 학부모의 사진 촬영 허가를 받아야 한다). 학생이 집에 돌아왔을 때 부모가 사진을 보며 "오늘 하루 어땠니? 이 사진에 대해 말해

쥐!" 하고 외치는 모습을 떠올려보라. 자녀가 하루종일 성공적인 순간을 많이 보냈다는 것을 직접 눈으로 확인하면 부모에게도 도움이 된다. 위축된 행동을 보이는 학생의 경우 이 기법은 아이가 그날의 긍정적인 순간을 기억하고 다시 이야기하게 도울 것이다.

학생뿐만 아니라 가족과도 이러한 유형의 관계 형성은 꼭 필요하다. 학생의 가족과 대화할 수 있는 유일한 시간이 저녁 또는 주말이라면 교사가 별도로 시간을 할애하거나 때로 멀리까지 나가는 노력을 해야 할 수도 있다.

가족과의 소통에서 반드시 기억해야 할 일이 있다. 나쁜 소식이 있을 때만 연락하는 식의 소통은 삼가야 한다는 것이다. 3학년 자녀의 학부모라면 지난 몇 년간 나쁜 소식이 담긴 전화를 받은 경험으로 학교를 불신하게 되었을지 모른다.[2] 교사로부터 자녀가 부정적 행동을 저질렀다는 전화를 받게 되면, 경우에 따라서는 직장을 그만둬야 할지 모른다는 생각에 힘들어할 수도 있다.

부모에게 아무 때든 무작위로 긍정적 전화를 걸어 "엘리자베스가 이번 주는 아주 잘했어요.", "오늘 큰소리로 책을 아주 잘 읽었어요."라고 말해주면 관계 구축에 도움이 된다. 교사와 학부모는 일 년 내내 함께할 사람들이므로 관계 구축에 투자하는 것은 항상 가치 있는 일이다.

문제 행동을 하는 학생이 친구를 다치게 했을 때 다친 학생의 부모에게 어떻게 이야기해야 할까?

수업이 끝나기 전에 다친 학생의 부모에게 전화하도록 한다. 학생이 집에 돌아와 이야기하기 전 미리 부모에게 사건을 알리는 것이 가장 차분한 대화를 이끌어낼 수 있는 예방적 조치다. 사실에 입각하여 구체적으로 설명하되 학부모의 우려를 경청하고 인정한다. "엘렌(다친 학생)은 지금 양호실에 있습니다. 엘렌은 괜찮습니다. 다른 학생이 엘렌의 다리를 깨물었어요. 학교에서는 이 사안을 매우 심각하게 받아들이고 있습니다. 궁금한 점이 있으시겠지만 제가 먼저 무슨 일이 있었는지 자세히 말씀드릴게요. 무엇보다 엘렌은 지금 학교에서 안전하게 보호받고 있으니 염려하지 않으셔도 된다는 말씀부터 드리고 싶어요." 학부모의 모든 말은 주의깊게 듣고 인정하되, 학생의 장애는 기밀이므로 공개하지 않도록 한다. 학부모는 가해 학생에 대해, 그리고 그 학생이 어떤 처벌을 받게 될지 질문할 수 있다. IEP 대상 학생은 왜 징계 절차가 달라지는지, 왜 정학 처벌을 받지 않고 조정에 그치는지 등 학부모가 이해하지 못하는 내용도 있을 수 있다.

"그 학생이 충동 조절을 잘할 수 있게 돕고 있습니다."와 같이 학교에서 감독을 강화하여 자녀가 다시 피해를 입지 않을 것이라고 안심시킬 필요도 있다. "학생이 좀 더 나은 방식으로 감정을 표출하는 법을 가르치고 있어요."와 같이 학생의 기밀을 보호하는 발언도 덧붙인다. 학년 초에는 이러한 전화를 담당할 사람을 정해야 한다.

FAIR 플랜에서 중시하는 휴식 시간과 보상 등은
다른 학생과의 공평성 문제가 발생할 수 있는데,
이 문제를 해결하는 좋은 방법이 있는가?

FAIR 플랜에는 다른 학생들에게 불공평하게 보일 수 있는 개입 방안
이 꽤 많이 포함되어 있다. 학생들은 보상, 휴식 시간, 급식실이 아닌
다른 곳에서의 점심 시간 등 문제 행동을 한 학생이 특별한 대우를 받
거나 더 많은 관심을 받는 것에 대하여 불공평하다고 생각할 수 있다.
규칙을 어겼을 때도 어떤 학생은 다른 학생과 똑같은 처분을 받지 않
는 것이 부당해 보일 수도 있다.

　그러한 차이점에 대해 학급 전체 토론을 진행하면 반 친구들이
혼란스러워하거나 억울해하는 것을 어느 정도 막을 수 있을 것이다.
또 대부분의 경우 질문을 받고 중립적인 대답을 하면 상황을 정상화
할 수 있다. 예를 들어 아이제이아라는 학생이 왜 샐리만 모바일 기기
를 쓰는 거냐고 질문했을 때 이렇게 말하는 것이다.

　"나는 요즘 요리를 배우고 있단다. 너는 읽기를 배우고 있지. 샐
리는 침착해지는 법을 배우고 있는데 음악을 들으면 아주 큰 도움이
된대. 이렇게 우리 모두는 뭔가 배우는 중이고 각자 서로 다른 것을
배울 수 있는 거야."

　고학년 학생에게는 "모바일 기기는 침착해지는 데 도움이 되기
때문에 필요합니다."와 같이 좀 더 사실적인 대답이 좋다. 기기를 필
요로 하는 것이 누구인지는 분명하므로 자세한 설명을 덧붙이지 않

아도 괜찮다. 다만 학생이 도전적으로 집요하게 계속 질문해올 경우 "이제 각자 자기 일에 신경쓰기로 해요."라고 말하며 대화를 끝낼 수 있다.

물론 상황을 이해하더라도 학생들은 불만스러워할 수 있다. 우리의 경우 종종 다른 학생에게도 특별한 물건을 사용할 기회를 부여하며 "다음에 실내 휴식 시간이 되면 너도 사용하게 해줄게."라고 말하곤 한다. 이는 학생이 물건을 나누는 연습을 하면서 또래 친구들에게 좋은 인상을 남기는 기회가 될 수 있다.

교실에서 안전공간을 두 명 이상의 학생이 동시에 원할 때에는 어떻게 운영해야 하는가?

이 책에서 언급한 대부분의 학생들에게는 자기조절 전략이 필요하다. 교실 내 안전공간 사용도 이러한 전략에 포함된다.

편안하고 안정적인 공간에서 휴식을 취하는 방법을 배우고 나면 이 공간에 접근할 수 있는 시스템, 예를 들어 출입증을 사용한다거나 손을 드는 것과 같은 비언어적 신호 등을 갖추고 그 사용법을 익히게 한다. 다만 학생이 안전공간 이용 여부에 지나치게 의존하지 않도록, 휴식과 진정상자 사용 등 자기조절 전략을 한 가지 이상 더 가르치는 것이 좋다.

만약 두 학생이 동시에 안전공간을 사용하고 싶어하면 어떻게 할까? 만약 공간이 충분하다면 함께 사용하게 한다. 하지만 그렇게 할 수 없는 학생들이 있다. 한 사람은 조용히 앉아 있고 싶은데 다른 사람은 요가를 하려고 한다거나, 두 사람이 서로 싸운 적이 있을 때 등이다. 이럴 경우 공간 내에 '닫힘/열림' 시스템이 필요하다(예: 빨간색 표시와 녹색 표시). 즉 공간이 열려 있는 경우에만 해당 공간을 사용할 수 있고, 닫혀 있을 경우에는 다른 진정 전략이나 교실 밖의 다른 공간을 사용하게 하는 것이다. 타이머를 설정하면 다른 학생이 지금 그 공간을 사용 중이며 언제 자기 차례가 될지 알 수 있을 것이다.

문제 행동을 하는 학생은
그냥 버릇 없고 이기적이거나 지나치게 의존적인 것 아닌가?

그렇지 않다. 물론 문제 행동을 하는 모든 학생이 정서행동장애 진단 기준에 부합하는 것은 아니다. 하지만 그들의 행동은 그들이 어떤 면에서 어려움을 겪고 있는지, 틀에 박힌 패턴에서 벗어나려면 어떤 도움이 필요한지 보여준다. 예를 들어 무리하고 까다로운 요구를 당연하게 여기는 학생이 있는데, 이는 양육자와의 관계 속에서 그러한 태도가 효과적임을 학습한 결과로 보아야 한다. 즉 어떤 행동을 했을 때 양육자가 즉시 반응을 보이거나 양보해주면 그 행동이 효과적임을 학습하고, 이후 점점 그러한 요구를 당연히 여기게 된다는 뜻이다.[3]

극단적 행동이 염려되는 학생이 있다.
이때 교사는 무엇을 어떻게 해야 하는가?

학생이 자살에 대한 생각을 말하거나, 글을 쓰거나, 그림을 그리거나, 자살 행동(예를 들어 창문에서 뛰어내리는 척하거나 목에 무언가를 걸고 질식하는 표정 등)을 한다면 심각하게 받아들여야 한다. 아무리 어린 학생이라도 '죽고 싶다'거나 '자살하고 싶다'라고 말했을 때는 절대 그냥 넘어가서는 안 된다.

학생들은 때때로 자신이 얼마나 기분이 안 좋은지를 글로 표현한다. 일기나 에세이, 그림 속에 "죽는 게 차라리 낫다."와 같은 말을 쓰거나 건물에서 뛰어내리는 사람을 그리는 등 자살에 대한 생각을 드러낼 경우가 있다(5장의 자살 경고 신호를 참조하라). 학생이 위험에 처하거나 다쳤을 경우 즉시 구조요청을 하도록 한다.

또래 학생들로부터 어떤 학생이 걱정된다는 말을 들을 수도 있다. 그 학생이 자신은 더 이상 살고 싶지 않다고 털어놓고 무언가 계획을 세워야 할지 모르겠다고 말했기 때문일 것이다. 이것은 심각한 경고 신호이므로 즉각적인 조치를 취해야 한다. 우리와 함께했던 한 학교에서 여덟 살짜리 학생이 교사에게 이런 말을 한 적이 있다. 집에 가면 오븐에 들어가 죽어버리겠다고 말이다. 당시 교사는 이 말을 듣고 관심을 끌기 위한 것이라 여겨 무시해버렸지만 결코 그래서는 안 된다. 어린 학생이 실제로 자기 목숨을 끊는 일은 매우 드물지만 반복적으로 죽음이나 자살에 대해 말하는 것은 심각한 고통의 신호이기도 하다.[4] 이는 결코 정상적이지 않으며 즉각적이고 신중한 평가와 개입이 필요하다.

극단적 행동을 생각하는 학생에 대해서는 교사가 개별적으로 대처하기보다 학교 차원의 실행 절차를 따르는 것이 원칙이다. 죽음이나 자살과 관련된 말과 행동을 하는 학생이 있으면 학생에 관한 내용을 문서화하여 학교 정신건강 전문가나 교장과 공유함으로써 적절한 대처가 이루어지도록 해야 한다. 이때 절대로 학생을 혼자 있게 두지 않아야 한다. 부모에게 연락하고, 교직원이나 교사가 그 학생과 함께 있게 한다. 단 학생에게 추가로 대화를 시도하거나 더 자세한 내용을 캐묻지 않도록 하라. 학생이 겪고 있는 고통과 불안을 그대로 인정해주는 몇 마디 말이면 충분하다.

"힘든 이야기를 해줘서 정말 고마워. 난 너를 소중히 여기고 네가 안전하길 바라. 스미스 선생님은 아이들을 무척 편안하게 대해주시는 분인데 함께 찾아가보자."

충동적이고 격한 행동을 하는 학생이라면 교실에 있는 물건을 사용하여 자신을 해칠 가능성도 있다. 이런 상황이 우려될 때는 가위나 칼 같은 날카로운 물건을 모두 치우거나 접근할 수 없게 최대한 빨리 조치해야 한다. 창문 가까이에 가지 못하게 막고 창문을 모두 잠그도록 한다. 학생에게서 한시도 눈을 떼지 않도록 하고 화장실을 갈 때도 교직원이 문 밖에서 구두로 계속 확인해야 한다.

문제 행동을 한 학생이 병원에서 치료를 받고 학교로 복귀할 경우 교사가 어떻게 도와주면 좋은가?

문제 행동을 한 학생이 병원에서 치료를 받은 후 학교로 복귀해도 좋다는 평가를 받고 돌아올 수 있다. 이때 학급의 다른 친구들이 그동안 어디 있었는지 묻는다면 어떻게 대답해야 할지 고민될 것이다. 병원에서 새로운 약물을 처방받았을 가능성도 있고, 이로 인해 수업 중 졸음이나 불안이 증가하는 등의 부작용이 생길 수도 있다.

이상적으로는 학생이 복귀하기 전 교사가 미리 관련 정보를 확보하고 학업을 어떻게 이어갈지 논의할 시간을 갖는 것이 좋다. 다른 학생들이나 교사에게 그동안의 결석 사유를 어떻게 말해야 할지에 대해서도 도와준다. "좀 아팠지만 지금은 괜찮아." 또는 "개인적인 문제가 있었어. 하지만 지금은 괜찮아." 정도로, 예의바르지만 사적인 답변을 준비하여 교실로 들어가기 전 미리 연습하게 한다. 만약 충분한 시간이 없다면 학생과 복도에서라도 짧게 대화를 나누도록 하자. 이때 학생이 자신의 사적인 정보를 너무 많이 내보이지 않도록 지도해야 한다. 자신이 죽으려 했던 사실을 학급 친구들 앞에서 말하는 것은 바람직하지 않다. 주의깊게 관찰하되 만약 학생이 너무 많은 말을 하려 한다면 적절히 제지하고 이렇게 일러준다.

"지금 하려던 말은 정말 개인적인 거예요. 그 말은 가장 친한 친구나 가족에게만 이야기하면 좋겠어요. 친구들이 그동안 어디 있었는지 물었을 때 대답할 괜찮은 말을 함께 생각해봅시다."

학업에서 집중적으로 공부해야 할 것과 미루거나 포기해야 할 것을 학생 및 학부모와 긴밀히 의논해 결정하도록 한다. 우울하고 위축된 학생은 수업을 빼먹고 뒤처진 것을 매우 힘들어하고, 무엇부터 먼저 끝내야 할지 결정하는 데 어려움을 겪는다. 과제 부담에 지나친 압박을 느끼고 스트레스를 받아 기분이 나쁠 수도 있다.

또래 친구들에게 자살 시도가 알려진 상태로 병원에 입원한 학생도 있다. 학부모가 이런 사실을 알리기 원치 않을 경우, 학생들의 질문에 대답할 수 없으므로 교사에게는 난처한 상황이 될 수 있다. 이때는 그저 학생이 지금 안전한 상태이고 곧 돌아올 것이라는 정도로만 언급한다.

문제 행동을 한 학생에게서
앞으로 좋아질 거라는 희망을 가질 수 있는가?

그렇다. 이 책에서 언급한 여러 학생 중에도 극적인 개선 사례가 있다. 한 어머니는 초등학교 4학년 아들의 성공적인 변화가 일어났던 지난 1년을 돌아보며 눈시울을 붉히기도 했다.

"예전에는 도저히 이해할 수 없고 때로 무섭기까지 한 동물을 키우는 기분이 들곤 했어요. 지금은 제게 아들이 있답니다. 제 아들을 돌려주셔서 정말 감사합니다."

문제 행동을 했던 학생이 공황을 느낄 때 호흡을 조절하는 방법을 배운다. 불만의 순간에 소리를 지르는 대신 "저 지금 화가 나요."라고 말하는 방법을 배운다. 여학생의 가슴에 대해 말하고 싶은 충동을 조절하는 방법을 배운다. 자신에 대해 긍정적으로 생각하고 활짝 웃는 법을 배운다.

지금까지 설명한 여러 도구를 활용하여 문제 행동을 하는 학생에게 적용해보기 바란다. 학생이 안정감을 얻고, 학교 생활에 의욕을 보이고, 자신의 잠재력을 발견하는 모습을 보면서 교사로서 큰 보람을 느낄 것이다. 때로 고통스럽고 힘든 순간을 겪는다. 그럴 때면 이 책에 담긴 조언이 길잡이 역할을 하고 자신감을 되찾을 수 있게 도울 것이다. 학생이 전하고자 하는 무언가를 이해하려고 노력하라. 그러면 분명 학생은 지금보다 더 나은 모습을 찾고 성장할 기회를 얻게 될 것이다.

정서행동 위기학생과 함께하는 모든 교사, 부모, 학교에 깊이 감사드린다. 학생의 변화는 모든 이들의 꾸준한 인내와 창의적인 노력, 그리고 흔들림 없는 헌신에서 나오는 것임을 우리는 알고 있다. 문제 행동에 숨겨진 암호를 풀고 이를 위한 환경을 조성하는 것은 모든 학생의 성장과 성공을 위해 꼭 필요한 핵심 도구이다.

부록

ABC 기록지 서식

학생 ( ) 지도교사 ( )

날짜, 시간, 지속 시간	배경사건	활동	선행사건	문제 행동	후속결과

Source: adapted from Sidney W. Bijou, Robert F. Peterson, and Marion H. Ault, "A Method to Integrate Descriptive and Experimental Field Studies at the Level of Data and Empirical Concepts," Journal of Applied Behavior Analysis 1, no. 2 (1968); Beth Sulzer-Azaroff and G. Roy Mayer, Applying Behavior-Analysis Procedures with Children and Youth (New York: Holt, Rinehart and Winston, 1977).

※ <교육을바꾸는사람들> 홈페이지 도서 소개에서 서식을 다운로드할 수 있습니다.

행동 지도를 위한 참고자료

행동 유형별로 구분하여 제시되어 있지만 다른 행동 문제를 가진 학생에게도
적용할 수 있음을 참고하기 바란다.

불안 행동

유연한 사고

Michelle Garcia Winner, *Think Social! A Social Thinking Curriculum for
School-Age Students: For Teaching Social Thinking and Related Social
Skills to Students with High Funtioning Autism, Asperger Syndrome,
PDD-NOS, ADHD, Nonverbal Learning Disability and for All Others
in the Murky Gray Area of Social Thinking* (San Jose, Calif.: Michelle
Garcia Winner, 2005).

부정적 사고 감소, 자기조절, 자기점검

Philip C. Kendall, *Coping Cat Workbook*(Ardmore, Pa.: Workbook Pub.,
2006).

Matthew McKay, Jeffrey C. Wood, and Jeffrey Brantley, *The Dialectical
Behavior Therapy Skills Workbook: Practical DBT Exercises for Learning
Mindfulness, Interpersonal Effectiveness, Emotion Regulation & Distress
Tolerance* (Oakland, Calif.: New Harbinger Publications, 2007).

Patricia K. Tollison, Katherine O. Synatschk, and Gaea Logan, *Self-Regulation
for Kids K–12: Strategies for Calming Minds and Behavior* (Austin, Tex.:

Pro-Ed).

William J. Knaus, *The Cognitive Behavioral Workbook for Anxiety: A Step-by-Step Program* (Oakland, Calif.: New Harbinger Publications, 2008).

Kari Dunn Buron, "The Incredible 5 Point Scale," www.5pointscale.com/.

Mary Sue Williams and Sherry Shellenberger, *How Does Your Engine Run? A Leader's Guide to the Alert Program for Self-Regulation* (Albuquerque: TherapyWorks, 1996).

Leah Kuypers, *The Zones of Regulation* (San Jose, CA: Think Social Publishing, Inc., 2011)

집행기능

Center for Executive Function Skill Development, "Cognitive Connections," www.executivefunctiontherapy.com.

Dawson, P., Guare, R. *Executive Skills in Children and Adolescents: A Practical Guide to Assessment and Intervention,* Guilford Practical Intervention in Schools Series (New York: Guildford Press, 2004)

사회기술

Janet Z. Giler, Socially ADDept: *Teaching Social Skills to Children with ADHD, LD, and Asperger's* (San Francisco: Jossey-Bass, 2011).

Nancy Leber, *Easy Activities for Building Social Skills* (New York: Scholastic Professional Books, 2002).

Brenda Smith Myles, Melissa Trautman, and Ronda L. Schelvan, *The Hidden Curriculum: Practical Solutions for Understanding Unstated Rules in Social Situations* (Shawnee Mission, Kans.: Autism Asperger Pub. Co.,

2004).

Michelle Garcia Winner, *Think Social!* (San Jose, Calif.: Michelle Garcia Winner, 2005).

Michelle Garcia Winner, *Thinking About You, Thinking About Me* (San Jose, Calif.: Think Social, 2007).

반항 행동

사회기술

David W. Johnson and Roger T. Johnson, *Teaching Students to be Peacemakers* (Edina, Minn.: Interaction Book Co., 2005).

Tonia Caselman, *Teaching Children Empathy: The Social Emotion: Lessons, Activities and Reproducible Worksheets (K-6) That Teach How to "Step into Others' Shoes"* (Chapin, S.C.: YouthLight, Inc., 2007).

Michelle Garcia Winner, *Social Behavior Mapping* (Kentwood, Mich.: The Gray Center, 2007).

Carol Gray, *The New Social Story Book* (Arlington, Tex.: Future Horizons, 2010).

Jeanette L. McAfee, Amelia Davies, and Future Horizons Inc., *Navigating the Social World,* (Arlington, Tex.: Future Horizons, 2003).

Carol Gray, *Comic Strip Conversations: Colorful, Illustrated Interactions with Students with Autism and Related Disorders* (Jenison, Mich.: Jenison Public Schools, 1994).

Jed Baker, *Social Skills Picture Book: Teaching Communication, Play and Emotion* (Arlington, Tex.: Future Horizons, 2001).

Ellsworth A. Fersch, Mary Smith, and Hamilton-Wenham Regional High School, *Project Adventure* (Hamilton, Mass.: Project Adventure, 1972).

분노 다루기

Elizabeth Verdick and Marjorie Lisovskis, *How to Take the Grrrr out of Anger* (Minneapolis: Free Spirit Pub., 2002).

Warwick Pudney and Eliane Whitehouse, *A Volcano in My Tummy: Helping Children to Handle Anger; A Resource Book for Parents, Caregivers and Teachers* (Gabriola Island, B.C., Canada: New Society Publishers, 1996).

Carolyn C. Wilson, *Room 14: A Social Language Program* (East Moline, Ill.: Linguisystems, 1993).

Judith Coucouvanis, *Super Skills: A Social Skills Group Program for Children with Asperger Syndrome, High-Functioning Autism and Related Challenges* (Shawnee Mission, Kans.: Autism Asperger Pub. Co., 2005).

Amy V. Jaffe and Luci Gardner, *My Book Full of Feelings: How to Control and React to the Size of Your Emotions* (Shawnee Mission, Kan.: Autism Asperger Pub. Co., 2005).

Teresa A. Cardon, *Let's Talk Emotions: Helping Children with Social Cognitive Deficits, Including AS, HFA, and NVLD, Learn to Understand and Express Empathy and Emotions* (Shawnee Mission, Kan.: Autism Asperger Pub. Co., 2004).

위축 행동

긍정적 자기대화, 생각의 함정, 생각 멈추기

Elisa Gagnon, *Power Cards: Using Special Interests to Motivate Children and Youth with Asperger Syndrome and Autism* (Shawnee Mission, Kan.: Autism Asperger Pub. Co., 2002).

Kenneth W. Merrell, *Helping Students Overcome Depression and Anxiety: A Practical Guide* (New York: Guilford Press, 2008).

Mary Ellen Copeland and Matthew McKay, *The Depression Workbook* (Oakland, Calif.: New Harbinger Publications, 2002).

Alanna Jones, *104 Activities That Build: Self-Esteem, Teamwork, Communication, Anger Management, Self-Discovery, and Coping Skills* (Richland, Wash.: Rec Room Pub.,1998).

Kathy L. Korb-Khalsa, *Taking Depression to School* (Plainview, N.Y.: JayJo Books, 2002).

William J. Knaus, *The Cognitive Behavioral Workbook for Depression: A Step-by-Step Program* (Oakland, Calif.: New Harbinger Publications, 2006).

사회기술: 관점의 수용

Michelle Garcia Winner, *Thinking About You, Thinking About Me* (San Jose, Calif.: Think Social, 2007).

Kenneth W. Merrell, *Helping Students Overcome Depression and Anxiety: A Practical Guide* (New York: Guilford Press, 2008).

Jed Baker and Future Horizons Inc., *Social Skills Training & Frustration Management,*(Arlington, Tex.: Future Horizons Inc., 2007).

성적 행동

사회기술

Michelle Garcia Winner, *Think Social!* (San Jose, Calif.: Michelle Garcia Winner, 2005).

Michelle Garcia Winner, *Thinking About You, Thinking About Me* (San Jose, Calif.: Think Social, 2007).

Robert L. Leahy, *Cognitive Therapy Techniques: A Practitioner's Guide* (New York: Guilford Press, 2003).

회복 탄력성, 트라우마 극복

Judith A. Cohen, Esther Deblinger, and Anthony P. Mannarino, *Treating Trauma and Traumatic Grief in Children and Adolescents* (New York: The Guilford Press, 2006).

Caron B. Goode, Tom Goode, and David Russell, *Help Kids Cope with Stress & Trauma: Nurturing Peace and Balance* (Fort Worth, TX: Inspired Living International, 2006).

Barbara Brooks and Paula M. Siegel, *The Scared Child: Helping Kids Overcome Traumatic Events* (New York: John Wiley & Sons, 1996).

공간유지 규칙

Michelle Garcia Winner, *Think social!* (San Jose, Calif.: Michelle Garcia Winner, 2005).

Julia Cook and Carrie Hartman, *Personal Space Camp Activity and Idea Book* (Chattanooga, Tenn.: National Center for Youth Issues, 2010).

개인 공간 및 경계에 대한 인식

Marklyn P. Champagne and Leslie Walker-Hirsch, *Circles Curriculum* (Santa

Barbara, Calif.: James Stanfield Company, 1993).

Robert D. Isett and Brian Isett, *Think Right, Feel Right: The Building Block Guide for Happiness and Emotional Well-Being* (Robert Isett, 2010).

충동성 조절

Lindy Petersen, "Stop, Think, Do," http://www.stopthinkdo.com/.

Tonia Caselman, *Stop and Think: Impulse Control* (Chapin, S.C.: YouthLight, 2005).

〈점심친구 소그룹〉 허락 요청 안내문

_____ 년 _____ 월 _____일

_____ 학생의 학부모(또는 보호자)께

안녕하세요. 저는 _____ 학교의 담당교사 _____입니다. 귀댁의 자녀가 〈점심친구 소그룹〉에 참여하게 되어 알려드립니다.

〈점심친구 소그룹〉의 목표는 특정 학생이 사회성과 우정을 기를 수 있도록 도우려는 데 있습니다. 귀댁의 자녀는 친절하고 사려 깊은 마음씨와 함께 훌륭한 사회관계성 자질을 갖추고 있어 이 그룹의 롤 모델로 추천을 받았습니다.

〈점심친구 소그룹〉 모임은 매주 금요일 점심 시간마다 진행될 예정이며, 학교 급식실 근처에 별도로 마련된 공간에서 3~4명의 학생 및 교사가 함께 참여하게 됩니다. 단 해당 학생의 인권 존중을 위해 참여 학생들에게는 이러한 모임의 목표를 명확히 밝히지는 않을 것입니다. 대신 즐거운 대화를 나누는 연습을 하며 재미있는 시간을 보내려 합니다. 이 시간에 학생들은 함께 점심을 먹고, 게임을 하거나 간단한 간식을 나눌 예정입니다.

이 모임에 대해 궁금한 점이 있으시면 언제든지 학교나 교사에게 전화 주시기 바랍니다. 관심을 가져 주셔서 감사합니다.

-- 동 의 서 --

☐ 예, 자녀가 〈점심친구 소그룹〉에 참여하기를 원합니다.

☐ 아니요, 자녀가 〈점심친구 소그룹〉에 참여하기를 원하지 않습니다.

부모 (또는 보호자) 서명   _____ (인)

교육용 기술자료

종이와 연필 사용을 거부하는 학생들에게는 다음의 자료가 도움이 될 수 있다. 과제를 거부하는 학생들 중에는 온라인 활동이 오히려 동기 부여가 되고 더 이해하기 쉽다고 생각하는 경우가 있다. 다음은 이런 학생들을 위한 기술자료이니 참고하기 바란다.

사회기술

다음은 사회기술 교육이 필요한 학생들에게 유용하다.

http://do2learn.com/games/learningames.htm: includes games about facial expressions and emotions.

http://jillkuzma.wordpress.com: includes links to YouTube videos about social skills and many other resources.

www.angelfire.com/pa5/as/socialskills.html: links to social skills printable material and other Web sites.

www.autism4teachers.com/autism4teachers_008.htm: includes links to social stories and social skills games.

www.cyke.com/depression.swf: four games about depression; helps kids learn what depression looks like, what causes it, and how to calm down.

www.jambav.com: game about following eye gaze. Click on "channel 9" for the game LukaHead, and then click on "play game." You can choose whether the child will be the follower (following Luka's gaze and clicking on the circle he's looking at) or whether the child will be the leader (clicking on the circle so Luka's head will look that way).

www.socialthinking.com: Michelle Garcia Winner's site; you can sign up for a free e-mail newsletter, too.

www.urbanext.uiuc.edu/conflict/guide/activities_perceptions.html: perspectivetaking online exercise for younger children.

감정

다음은 감정 읽기 교육이 필요한 학생들에게 유용하다.

www.cyke.com/worryville.swf: includes games about worry and anxiety.

www.cyke.com/downloads/MonkeyExpress.mov: a short movie about anger.

www.btbetterworld.com/pg/developing_skills/free_resources/Making_Faces/home.ikml: drop-and-drag cartoon face activity designed for teaching emotions in schools.

www.thomasandfriends.com/usa/Thomas.mvc/Games/Home: two emotion games; one asks questions like "Which train is surprised?" and the other is a memory game.

www.symbolworld.org/Bits+bobs/games/faces/index.htm: emotions game where on some screens, you can roll your mouse over a face and see the same person change to a different expression.

www.do2learn.com/games/learningames.htm: a simple "Feelings Game" with real faces; a "Facial Expressions" activity where you can manipulate a cyberface; and other simple learning games.

www.transporters.tv/watchep1.html: excellent online video with quiz, featuring Thomas-like vehicle characters with living human faces. Under "downloads," you'll find a character emotions pack "for classroom use."

www.senteacher.org/Print/?PHPSESSID=69c5ff8f5e8ebdaef bb26da60-d1195a4: printables with neutral, happy, sad, angry, disgusted, and fearful expressions in male and female versions; can be printed as domino cards.

www.robotsandus.org/sensing/making_faces: interactive activity about facial expressions and recognition.

감정 조절

다음은 3~6장의 불안, 반항, 위축, 성적인 행동 모두에게 도움이 된다.

www.5pointscale.com: Web site for five-point scale resources, by Kari Dunn Buron and Mitzi Curtis.

www.goodcharacter.com/EStopics.html: great character education site with social skill topics such as dealing with anger, conflict resolution, saying no, and so forth.

http://pbskids.org/itsmylife/emotions/anger/index.html: activities related to dealing with anger.

www.e-learningforkids.org/courses.html#life: interactive learning tools and games to teach about bullying, communication, stress, depression and more.

www.embracethefuture.org.au/kids/index.htm?feelings2.asp: teaches students how to be more resilient when angry, depressed, sad, or anxious; includes games, including the resilient-thinking game.

사회적 상호작용 오해

만화는 사회적 상호작용을 검토하고 관점을 배우는 데 도움을 준다.

www.makebeliefscomix.com/Comix: interactive Web site where you can make your own comic strips, choosing from a menu of a variety of characters; you can insert talking and thinking bubbles and even change the facial expression and body language of the characters you choose.

www.bitstrips.com: another Web site to help you create your own comic strips.

친구와 게임하기

다음은 반항 행동이나 놀이에 어려움을 겪는 학생에게 특히 유용하다.

http://life.familyeducation.com/manners-and-values/parenting/34452.html: quiz about manners.

www.gameskidsplay.net: rules for common playground games, jump rope rhymes, and so forth.

www.lehman.cuny.edu/faculty/jfleitas/bandaides/tease.html: teaches about teasing.

http://urbanext.illinois.edu/conflict/index.html: interactive story about learning to get along.

www.kellymckinnonassociates.com/neurotypicaldevelopment.html: articles and video samples from Kelly McKinnon, an expert at social play skills.

오디오북과 전자책

다음은 읽기를 거부하거나 어려움을 느끼는 학생에게 특히 유용하다.

http://librivox.org: audio books read by volunteers and in the public domain.

www.gutenberg.org: text of books in the public domain, also available for mobile devices. Attach text-to-speech and can convert to MP3 format.

http://bookbuilder.cast.org: interactive book maker and reader.

www.bookshare.org: online digital library; a free subscription is provided with proof of a print disability.

www.60secondrecap.com: a sixty-second audio-video presentation of classic works of literature.

www.storylinemn.org: story read aloud over the phone each week.

www.onlineaudiostories.com: a collection of elementary audio books.

www.mothergooseclub.com/index.php: has a number of rhymes and songs that provide audio support for the text.

www.learnoutloud.com/Free-Audio-Video: over two thousand free audio and video titles, including books, lectures, speeches, and interviews.

www.readprint.com: free online book library with over eight thousand titles that can be read using any free text reader (tested with Natural Reader).

www.smories.com: a video site featuring kids reading kids' stories; many of the videos include captions.

www.raz-kids.com: online skill-leveled books library.

www.storylineonline.net: listen to stories read by Screen Actors Guild members; follow along with the text.

www.magickeys.com/books: illustrated stories for young children, older children, and young adults; some include audio.

http://staff.prairiesouth.ca/~cassidy.kathy/browserbooks/index.htm: allows beginning readers to read books on their Web browser.

http://tarheelreader.org: collection of easy-to-read books on a wide variety of topics, in multiple formats.

문해력 도구

다음은 읽기 수업에 참여를 거부하는 반항적 행동의 학생 및 어려움이나 저항감을 느끼는 모든 학생에게 특히 유용하다.

www.starfall.com: pre-K through second-grade online activities that promote literacy.

http://literactive.com: interactive primary reading activities.

www.inklesstales.com/stories/index.shtml: listen to stories including Dolch words.

http://reading.ecb.org: excellent reading comprehension resource for K–4, teaches about using prior knowledge, making connections, questioning, visualizing, inferring, summarizing, evaluating, and synthesizing.

www.kerpoof.com/#/activity/abc: excellent activity for building phonemic awareness, phonics, and spelling for early readers; lots of picture prompts.

http://bookbuilder.cast.org: free online tool for creating digital books with embedded prompts.

http://udleditions.cast.org: leveled support for seven texts geared for ages ten and up.

쓰기

다음은 쓰기를 거부하는 반항적 행동의 학생 및 어려움이나 저항감을 느끼는 모든 학생에게 특히 유용하다.

www.learnalberta.ca/content/ssass/html/graphicorganizers.html: forty downloadable graphic organizer templates to use in a word processing program; quick nd easy.

https://bubbl.us: brainstorming and organizing tool, good for visual thinkers and learners, easy to use, very simple, customizable features, sharing capabilities.

www.storyjumper.com: story-building tool with scenes, props, and text with spellcheck support; can add your own photos; also allows you to publish your work for a fee.

http://littlebirdtales.com: easy-to-use story-building tool; records audio and allows narration.

http://storybird.com: collaborative storytelling.

www.writingfun.com: interactive, structured writing tool to help elementary-age students write descriptions, narratives, poetry, explanations, procedures, and the like.

www.comicmaster.org.uk: create your own graphic novels.

http://comicstripcreator.org: a comic strip creator.

www.thestorystarter.com/jr.htm: sometimes, determining where to begin is the obstacle. This Web site provides first lines to begin story writing.

www.spellingcity.com: free to generate spelling lists; includes many games.

www.kerpoof.com: use for creating stories; very motivating.

www.carnegielibrary.org/kids/storymaker/storymaker.swf: another very motivating site for creating a story; we use these for creating fun social stories.

http://voicethread.com: a great alternative to a written assignment, VoiceThread is a collaborative, multimedia slide show that holds images, documents, and videos and allows people to navigate slides and leave comments.

Dragon Naturally Speaking: speech recognition software.

http://archives.nbclearn.com/portal/site/k-12: NBC News offers unique collections of video resources, primary sources, historic footage, images, minidocumentaries, and text resources designed for use in the K–12 classroom.

www.apple.com/education/itunes-u: lectures, tours, audiobooks, and math lessons.

수학

다음은 수학 수업에 참여를 거부하는 반항적 행동의 학생 및 어려움이나 저항감을 느끼는 모든 학생에게 특히 유용하다.

www.mathplayground.com: excellent site for math activities for K–8 students; make sure to explore the Mathcasts, which allow students to review math when they need to.

www.brainingcamp.com/resources/math: grade 6–9 animated lessons and interactive activities along with question sets to assess student understanding.

http://nlvm.usu.edu: a library of uniquely interactive, Web-based virtual manipulatives or concept tutorials, mostly in the form of Java applets, for mathematics instruction (K–12 emphasis).

www.glencoe.com/sites/common_assets/mathematics/ebook_assets/vmf/ VMFInterface. html: virtual manipulatives for K–8.

http://nrich.maths.org/public: online math games for many levels.

www.khanacademy.org: free webinar math lessons.

자기조절, 생각멈추기, 자기점검을 위한 모바일 앱

Sosh/Sosh lite: social skills assistance in five categories, relax, regulate, reason, recognize, and relate. The app includes a thought shredder that shreds negative thoughts, a way to track inappropriate behaviors, emotional thermometers, and calming activities such as deep breathing.

Voice Meter: shows the student how loud he or she is visually; scale gives inthemoment feedback as to voice level (e.g., yellow too soft, orange just right, red too loud).

Symtrend: electronic emotional thermometer; can be created with link to strategies, and more.

행동 강화

Irewards: an electronic token chart to reinforce appropriate use of strategies.

www.oneplaceforspecialneeds.com/resources_online/resource_online_results. html? words=behavior+management+apps: list of behavior-tracking and behaviorreinforcing applications, including an electronic ABC sheet for the teacher.

집행기능

Time Timer: visual timer for students.

Evernote: for taking a picture or recording a sticky note electronically; for iPad.

Noteability: a note-taking iPad application that allows typing, recording the teacher, taking a picture

Nudge: reminder that you set will nudge you until you shut it off; for iPad.

CourseNotes: for color-coding notes and organizing class notes; for iPad.

www.oneplaceforspecialneeds.com/resources_online/resource_online_browse.

html: Web site listing social skills applications.

www.happy-neuron.com/brain-games/executive-function: Web site for games that help students train and sharpen their executive functioning skills.

자기진정 활동용 소도구

이름	설명	관련 영상
퍼티	놀이용 점토의 일종으로 손으로 주무르거나 늘리며 가지고 놀 수 있다. 또는 퍼티 안에 동전이나 구슬 같은 작은 물체를 숨기고 이를 찾아내는 활동을 할 수 있다. 감각 자극과 스트레스를 완화하는 용도로 사용한다.	
피젯	손 안에 쏙 들어오는 작은 장난감으로 감각자극과 주의력 향상에 도움을 준다. 휴식 시간 또는 수업 시간에 집중력을 높이기 위해 사용할 수 있다. 단, 자신이나 다른 사람의 주의를 산만하게 하지 않아야 한다.	
점핑 잭	두 팔과 다리를 동시에 벌려 제자리뛰기하는 동작이다. 필요에 따라 하루 종일 할 수도 있지만 그 다음에는 조용한 활동으로 이어져야 한다.	
트램펄린	튼튼한 프레임 위에 탄력 있는 직물을 배치해 그 위에서 점프하고 뛸 수 있게 만든 운동 기구. 점프할 때 숫자를 세거나 노래를 부르며 연습하게 한다. 끝난 다음에는 조용한 활동이 이어져야 한다.	
힘쓰는 일 하기	책상 옮기기, 칠판 지우기, 도서관으로 책 나르기, 문 열어 놓기 등 힘을 쓰는 일을 하면 마음이 안정될 수 있다.	
볼스터 또는 테라피 볼	볼스터는 길고 둥근 베개나 쿠션 모양으로 신체를 지지해 주는 도구이고 테라피 볼은 '짐볼'이라고도 불리는 커다란 고무공이다. 교사가 볼스터나 테라피 볼을 굴려보내면 두 발을 사용하여 다시 밀어내는 동작을 반복한다. 또는 엎드려서 공을 굴리거나, 공 위에 누워 등, 다리, 팔 위로 움직일 수 있게 한다.	
스쿠터 보드	작은 바퀴가 달린 평평한 보드로 동작휴식 시간에 사용한다. 보드 위에 앉거나 배를 대고 누워 바닥을 밀며 이동하는 방식으로 다양한 놀이를 할 수 있다.	

이름	설명	관련 영상
묵직한 무릎베개	일반 베개보다 무겁게 느껴지도록 특정 재료를 채워넣은 베개(패드 형태의 제품도 있다)로 무릎에 놓았을 때 무게 때문에 압박감이 느껴져 사용자에게 안정감을 준다. 무릎베개를 학생의 무릎에 놓아준다.	
빈백	몸 전체가 파묻힐 수 있도록 재료와 형태를 고안한 커다란 의자. 빈백 소파에 앉으면 깊은 압력을 느끼게 되므로 진정 효과가 있다.	
음악	리듬감 있는 음악은 자기진정에 도움을 준다.	
헤드폰	급식실이나 집회와 같이 시끄러운 환경에 있을 때는 헤드폰을 사용하여 소음을 차단할 수 있다.	
스트레칭	간단한 스트레칭 동작으로도 활기를 북돋우고 진정시키는 효과가 있다.	
요가 및 명상	동영상이나 책을 보면서 마음을 안정시키는 몇 가지 자세를 따라 해 본다.	
의자 이용 푸시업	의자 시트에 손을 평평하게 대고 앉는다. 시트에서 몸을 떼어 들어올리며 팔을 쭉 편다. 이 자세를 몇 초간 유지하거나 반복한다.	

| 부록

353

자기점검 서식

1. 교사가 일정 열에 학생의 일정을 적는다.

2. 교사는 학생이 어떤 전략을 사용해야 하는지 알 수 있도록 전략 상자에 학생이 사용하길 원하는 전략을 작성한다(최대 4개 이하).

3. 교사는 학생이 집중적으로 개선해야 할 행동을 기대행동 칸에 작성한다.

4. 매 수업이 끝날 때마다 교사는 학생에게 수업 중 자신의 행동이 어땠는지 질문한다.

5. 학생은 수업이 끝날 때마다 자신의 행동을 1 = 수행하지 못함, 2 = 어느 정도 수행함, 3 = 일관되게 수행함 기준으로 평가하고 각 점수를 세 개의 기대행동 칸에 기록한다.

6. 필요할 경우 교사는 학생이 수업 시간 동안 세부 사항을 기억할 수 있도록 도와준다.

7. 교사 역시 1 = 수행하지 못함, 2 = 어느 정도 수행함, 3 = 일관되게 수행함 척도를 사용하여 학생의 행동을 평가하고 기대행동 칸에 기록한다.

8. 교사와 학생은 작성 과정에서 각자의 평가 점수에 대해 논의하되 특히 둘 사이에 평가가 어긋날 경우 중점적으로 논의하도록 한다.

9. 학생은 전략 상자에 적힌 전략을 사용할 경우 점수를 얻는다.

10. 전략 점수는 하루를 마칠 때 합산해 보상이나 칭찬으로 바꿀 수 있다.

11. 기대행동 점수는 자기점검 연습용으로만 사용하고 합산하여 점수화하지 않는다.

| 이름 | | 날짜 | 년 | 월 | 일 |

1	2	3
수행하지 못함	어느 정도 수행함	일관되게 수행함

전략 (사용할 경우 전략 점수를 얻을 수 있음)
-
-
-
-

일정	기대행동 1		기대행동 2		기대행동 3		전략 점수 (전략 상자 속 전략 사용)
	학생	교사	학생	교사	학생	교사	
						합계	

자기점검 서식 예

| 이름 **샘** | | 날짜 **2020** 년 **10** 월 **23** 일 |

1	2	3
수행하지 못함	어느 정도 수행함	일관되게 수행함

전략 (사용할 경우 전략 포인트를 얻을 수 있음)

- 불안할 때는 도움을 요청하거나 잠시 쉬겠다고 말한다.
- 불안할 때는 자기진정 상자를 쓴다.

일정	안전행동		지시 따르기		과제 수행		전략 포인트 (전략 상자 속 전략 사용)
	학생	교사	학생	교사	학생	교사	
아침면담	2	2	3	3	3	2	
수학	2	2	2	2	2	2	1
소그룹 읽기	2	2	2	2	2	2	
간식	2	2	2	2	2	2	
휴식	2	2	2	2	2	2	
읽기	2	2	2	2	2	2	
미술	2	2	2	2	2	2	
과학	2	2	2	2	2	2	
점심시간	2	2	2	2	2	2	1
사회	2	2	2	2	2	2	
글쓰기	2	2	2	2	2	2	1
종례	2	2	2	2	2	2	
						합계	3

선택에 대한 책임

> 이름

첫째, 다음 질문을 스스로에게 해보세요.

1. 나는 어떤 선택을 했습니까?

2. 이 규칙을 어기면 어떻게 될까요?

3. 내가 다른 사람에게 대했던 방식으로 나도 대우받고 싶나요?

4. 부적절한 행동을 했던 순간에 나는 무엇을 하려고 했나요? 또는 무엇을 얻으려고 했나요? 내 선택으로 내가 원하는 것을 얻게 되었나요?

5. 다른 사람에게 피해를 끼치거나 문제를 일으키지 않고 내가 원하는 것을 어떻게 얻을 수 있을까요?

둘째, 상황을 개선하기 위해 지금 무엇을 해야 할지, 선택 사항을 확인하고 결정해 실행하세요.

☐ _____ 에게 사과하기

☐ _____ 에게 편지 쓰기

☐ _____ 를 위해 좋은 일을 하기

☐ _____ 와 대화하는 일정 잡기

☐ 당장은 아무 것도 하지 않지만 앞으로 올바른 선택을 하자고 기억하기

☐ 지금 당장 올바른 선택을 실천하기

☐ 그 외 또 다른 방법 :

FAIR 플랜 실행 서식

책임 업무	담당자
긴급한 일이 일어났을 때 부모에게 전화하기	
정보를 얻거나 전하기 위해 부모에게 전화하기	
외부 전문가에게 전화하고 조정하기	
미숙한 스킬 명확히 교육하기 (자기조절, 자기진정, 유연한 사고, 사회기술)	
휴식 감독하기(추천하는 휴식 횟수에 따라 리스트업하기) 첫 번째 휴식(시간 정하기) 두 번째 휴식(시간 정하기)	
보상 관리하기 (예: 컴퓨터, 추가 휴식 등)	
대안적 점심 지원 및 감독하기	
대안적 휴식 관리하기	
화장실 이용 방안 마련하기	

주석

들어가며

1. Heather J. Walter, Karen Gouze, and Karen G. Lim, "Teachers' Beliefs About Mental Health Needs in Inner City Elementary Schools," *Journal of the American Academy of Child and Adolescent Psychiatry* 45, no. 1 (2006): 61–68.

2. Ibid.

3. John O. Cooper, Timothy E. Heron, and William L. Heward, *Applied Behavior Analysis* (Upper Saddle River, N.J.: Pearson/Merrill Prentice Hall, 2007).

1장 행동의 암호

1. Robert Reid et al., "A Meta-Analysis of the Academic Status of Students with Emotional/Behavioral Disturbance," *Journal of Special Education* 38, no. 3 (2004); Kent McIntosh et al., "Reading Skills and Function of Problem Behavior in Typical School Settings," *Journal of Special Education* 42, no. 3 (2008).

2. G. Siperstein, A. Wiley, and S. Forness, "School Context and the Academic and Behavioral Progress of Students with Emotional Disturbance," *Behavioral Disorders* 36, no. 3 (2011).

3. Data Accountability Center, "Individuals with Disabilities Education Act (IDEA) Data," www.ideadata.org/PartBReport.asp; David Osher, Gale Morrison, and Wanda Bailey, "Exploring the Relationship Between Student Mobility and Dropout Among Students with Emotional and Behavioral Disorders," *Journal of Negro Education* 72, no. 1 (2003).

4. Data Accountability Center, "Individuals with Disabilities Education

Act (IDEA) Data."

5. Osher, Morrison, and Bailey, "Student Mobility and Dropout."

6. Carl R. Smith, Antonis Katsiyannis, and Joseph B. Ryan, "Challenges of Serving Students with Emotional and Behavioral Disorders: Legal and Policy Considerations," *Behavioral Disorders* 36, no. 3 (2011).

7. Edward G. Carr and V. Mark Durand, "Reducing Behavior Problems Through Functional Communication Training," *Journal of Applied Behavior Analysis* 18, no. 2 (1985).

8. Nazanin Derakshan and Michael W. Eysenck, "Anxiety, Processing Efficiency, and Cognitive Performance: New Developments from Attentional Control Theory," *European Psychologist* 14, no. 2 (2009).

9. Marsha Mailick Seltzer et al., "Trajectory of Development in Adolescents and Adults with Autism," *Mental Retardation & Developmental Disabilities Research Reviews* 10, no. 4 (2004).

10. Ross W. Greene, *The Explosive Child: A New Approach for Understanding and Parenting Easily Frustrated, "Chronically Inflexible" Children* (New York: Harper Collins, 1998); Edward G.Carr and V. Mark Durand, "The Social-Communicative Basis of Severe Behavior Problems in Children," in *Theoretical Issues in Behavior Therapy*, ed. S. Reiss and R. Bootzin (New York:Academic Press, 1985); Robert E. O'Neill et al., *Functional Assessment and Program Development for Problem Behavior: A Practical Handbook* (Pacific Grove, Calif.: Brooks/Cole Pub., 1997); G.Roy Mayer, "Why Must Behavior Intervention Plans Be Based on Functional Assessments?" *California School Psychologist*, no. 1 (1995); G. Roy Mayer and Tom W. Butterworth, "A Preventive Approach to School Violence and Vandalism: An Experimental Study," *Personnel & Guidance Journal* 57, no. 9 (1979); Edward G. Carr et al., "Positive Behavior Support: Evolution of an Applied Science," *Journal of Positive Behavior Interventions* 4, no. 1 (2002).

11. Greene, *The Explosive Child.*

12. 브루스 페리(Bruce D.Perry)는 뇌의 네 부분, 즉 뇌간(brainstem), 간뇌 (diencephalons), 변연계(limbic system), 피질(cortex)이 계층적으로 조직되어 있다고 설명한다. 뇌간은 체온 조절, 심박수, 호흡, 혈압 등의 핵심적인 생리적 기능을 조절한다. 간뇌와 변연계는 두려움, 혐오, 사랑, 기쁨과 같은 감정적 반응을 관리한다. 피질은 언어, 추상적 사고, 계획, 의도적 의사결정 등 더 복잡한 기능을 조절한다. 트라우마 이력이 있는 학생들은 스트레스 반응이 반복적으로 활성화될 수 있다. 이것은 학대에 대처하는 데 도움을 줄 수 있었지만, 장기적으로는 불안, 공격적인 행동, 또는 주의 부족으로 이어질 수 있다.

Bruce D. Perry and Maia Szalavitz, *The Boy Who Was Raised As a Dog: And Other Stories from a Child Psychiatrist's Notebook; What Traumatized Children Can Teach Us About Loss, Love, And Healing* (New York: Basic Books, 2006), 21–23.

13. Greene, *The Explosive Child.*

14. Vincent Mark Durand, Severe Behavior Problems: *A Functional Communication Training Approach* (New York: Guilford Press, 1990), 11–14.

15. J. Q. Bostic and P. K. Rauch, "The 3 R's of School Consultation," *Journal of the American Academy of Child & Adolescent Psychiatry* 38, no. 3 (1999).

16. Alan E. Kazdin and Carlo Rotella, *The Kazdin Method for Parenting the Defiant Child: With No Pills, No Therapy, No Contest of Wills* (Boston: Houghton Mifflin, 2008), 17.

17. Thomas E. Joiner, "The Price of Soliciting and Receiving Negative Feedback: Self-Verification Theory As a Vulnerability to Depression Theory," *Journal of Abnormal Psychology* 104, no. 2 (1995).

18. Brenda Smith Myles, *Asperger Syndrome and Sensory Issues* (Shawnee

Mission, Kan.: Autism Asperger Publishing, 2005), 8, 17.

19. Carol Stock Kranowitz, *The Out-of-Sync Child: Recognizing and Coping with Sensory Integration Dysfunction* (New York: Perigee Book, 2005).

20. 개입의 효과가 미미할 경우(예를 들어 학생이 하루에 열 번 소리를 지르던 것이 완전히 없어지진 않고 다섯 번 정도로 줄어든 경우 등), 이것은 행동이 지닌 여러 가지 기능 중 일부만 다루고 있기 때문일 것이다. 만약 교사가 소리 지르는 학생에게 관심을 주지 않는다 해도 또다른 행동 기능인 회피(즉, 학생이 소리 지름으로써 과제에서 벗어날 수 있는 경우)를 해결하지 않으면, 행동은 일부 변화되긴 하지만 온전히 개선되지는 않는다. 즉 교사의 개입이 효과를 거두려면 행동의 모든 의도가 다루어져야 한다.

21. Robert G. Wahler and James J. Fox, "Setting Events in Applied Behavior Analysis: Toward a Conceptual and Methodological Expansion," *Journal of Applied Behavior Analysis* 14, no. 3 (1981); Mark Carter and Coralie Driscoll, "A Conceptual Examination of Setting Events," *Educational Psychology* 27, no. 5 (2007).

22. Durand, *Severe Behavior Problems*, 15.

23. G. Roy Mayer, "Preventing Antisocial Behavior in the Schools," *Journal of Applied Behavior Analysis* 28, no. 4 (1995).

2장 **FAIR** 플랜

1. 이 다섯 단계는 다음 문헌에 제시되었다. L. M. Bambara and T. P. Knoster, *Guidelines: Effective Behavioral Support* (Harrisburg: Pennsylvania Department of Education, 1995); Karen Topper et al., *A Positive Approach to Understanding and Addressing Challenging Behaviors: Supporting Educators and Families to Include Students with Emotional and Behavioral Disorders in Regular Education*(Burlington: University of Vermont, 1994); Diana Browning Wright, Harvey B. Gurman, and Southern California Positive Intervention Task Force

California Association of School Psychologists/Diagnostic Center, *Positive Intervention for Serious Behavior Problems: Best Practices in Implementing the Hughes Bill* (A.B. 2586) *and the Positive Behavioral Intervention Regulations* (Sacramento: California Department of Education, 2001).

2. Robert O'Neill et al., *Functional Assessment and Program Development for Problem Behavior: A Practical Handbook* (Pacific Grove, Calif.: Brooks/Cole Pub., 1997), 74–76.

3. Kevin S. Sutherland et al., "Examining the Influence of Teacher Behavior and Classroom Context on the Behavioral and Academic Outcomes for Students with Emotional or Behavioral Disorders," *Journal of Special Education* 41, no. 4 (2008); Janine P. Stichter et al., "The Use of Structural Analysis to Develop Antecedent-Based Interventions for Students with Autism," *Journal of Autism & Developmental Disorders* 39, no. 6 (2009); G. M. Pace et al., "Antecedent Interventions in the Management of Maladaptive Behaviours in a Child with Brain Injury," *Brain Injury* 19, no. 5 (2005).

4. 행동중재계획은 "학생 또는 다른 학생의 학습을 방해하는 행동에 대한 예방적 대응계획"으로 사용될 수 있으며 IEP 또는 504계획 대상자를 위한 "긍정적 행동중재, 전략 및 지원"에도 포함될 수 있다. 행동중재계획은 행동이 왜 일어났는지(즉 행동의 기능 및 의사소통 의도)를 이해하는 것에 초점을 맞추어야 하며 그 다음으로는 학생의 필요를 보다 적절한 방식으로 충족시킬 수 있는 대체 행동을 가르치는 것에 중점을 두어야 한다. 여기에는 교수지도 및 환경적 변화, 강화 제공, 대응전략, 효과적인 의사소통이 포함된다. 행동지원계획의 정의는 긍정적환경지원 교육네트워크(Positive Environments, Networks of Trainers)의 『Behavior Support Plans』에서 발췌, 수정되었다.

5. Sidney W. Bijou, Robert F. Peterson, and Marion H. Ault, "A Method to Integrate Descriptive and Experimental Field Studies at the Level of Data and Empirical Concepts," *Journal of Applied Behavior Analysis*

1, no. 2 (1968); Beth Sulzer-Azaroff and G. Roy Mayer, *Applying Behavior-Analysis Procedures with Children and Youth* (New York: Holt, Rinehart and Winston, 1977), 48–77.

6. 안타깝지만 소송이 빈번한 현실을 감안하면 행동 사건들을 문서화하는 것은 필수다. 그래야만 불필요한 의문이나 오해를 해결할 수 있다. 화가 난 부모들이 교사가 자신의 아이를 괴롭혔다고 생각하거나 학생의 행동에 대해 교사를 비난할 수도 있다.

7. National Dissemination Center for Children with Disabilities, "Special Education: Adaptations and Modifications," September 2010, http://nichcy.org/schoolage/iep/iepcontents/specialeducation#mods.

8. Lynn Meltzer, *Executive Function in Education: From Theory to Practice* (New York: Guilford Press, 2007), 5–8.

9. Alex B. Morgan and Scott O. Lilienfeld, "A Meta-Analytic Review of the Relation Between Antisocial Behavior and Neuropsychological Measures of Executive Function," *Clinical Psychology Review* 20, no. 1 (2000).

10. Bonnie D. Singer and Anthony S. Bashir, "What Is EmPOWER?" Architects for Learning, 2009, www.architectsforlearning.com/empower.html.

11. Robert C. Pianta and Megan W. Stuhlman, "Teacher-Child Relationships and Children's Success in the First Years of School," *School Psychology Review* 33, no. 3 (2004).

12. Christopher Murray and Keith Zvoch, "Teacher-Student Relationships Among Behaviorally At-Risk African American Youth from Low-Income Backgrounds: Student Perceptions, Teacher Perceptions, and Socioemotional Adjustment Correlates," *Journal of Emotional & Behavioral Disorders* 19, no. 1 (2011).

13. Ibid.

14. Alan E. Kazdin and Carlo Rotella, *The Kazdin Method for Parenting the Defiant Child: With No Pills, No Therapy, No Contest of Wills* (Boston: Houghton Mifflin, 2008), 64.

3장 불안 문제

1. *Merriam-Webster*, s.v. "anxiety," www.merriam-webster.com/dictionary/anxiety; Douglas Davies, *Child Development: A Practitioner's Guide* (New York: Guilford Press).

2. Aureen Pinto Wagner, *Worried No More: Help and Hope for Anxious Children* (Rochester, N.Y.: Lighthouse Press, 2005), 31–34.

3. Kenneth W. Merrell, *Helping Students Overcome Depression and Anxiety: A Practical Guide* (New York: Guilford Press, 2008), 7.

4. Gail A. Bernstein and Ann E. Layne, "Separation Anxiety Disorder and Generalized Anxiety Disorder," in *Textbook of Child and Adolescent Psychiatry*, ed. Jerry M. Wiener and Mina K. Dulcan (Washington, D.C.: American Psychiatric Pub., 2004), 595.

5. E. Jane Costello et al., "The Great Smoky Mountains Study of Youth: Goals, Design, Methods, and the Prevalence of DSM-III-R Disorders," *Archives of General Psychiatry* 53, no. 12 (1996).

6. Bruce Black et al., "Specific Phobia, Panic Disorder, Social Phobia, and Selective Mutism, in *Textbook of Child and Adolescent Psychiatry,* ed. Jerry M. Wiener and Mina K. Dulcan (Washington, DC: American Psychiatric Pub., 2004), 595.

7. C. L. Donnelly and L. Amaya-Jackson, "Post-Traumatic Stress Disorder in Children and Adolescents: Epidemiology, Diagnosis and Treatment Options," *Pediatric Drugs* 4, no. 3 (2002).

8. Lenore Terr, *Too Scared to Cry: Psychic Trauma in Childhood* (New York: Harper & Row, 1990), 261–280.

9. Judith A. Cohen, Esther Deblinger, and Anthony P. Mannarino, *Treating Trauma and Traumatic Grief in Children and Adolescents* (New York: The Guilford Press, 2006), 21.

10. Ibid.

11. Costello et al., "Great Smoky Mountains Study of Youth."

12. Vivian Koda, Dennis S. Charney, and Daniel S. Pine, "Neurobiology of Early Onset Anxiety Disorders," in *Pediatric Psychopharmacology: Principles and Practice*, ed. Andres Martin, Lawrence Scahill, and Christopher Kratochvil (New York: Oxford University Press, 2011), 140.

13. Wiener and Dulcan, *Textbook of Child and Adolescent Psychiatry*, 575.

14. Tamar Ellsas Chansky, *Freeing Your Child from Obsessive-Compulsive Disorder: A Powerful, Practical Program for Parents of Children and Adolescents,* (New York: Crown Publishers, 2000).

15. 체계적인 개입은 학교에서 괴롭힘을 예방하는 가장 효과적인 방법이다. 몇 가지 예를 제시한다. Open Circle (www.open-circle.org/), Steps to Respect (www.cfchildren.org/programs/str/overview/), Responsive Classroom (www.responsiveclassroom.org/), Second Step (www.cfchildren.org/programs/ssp/overview/), and the Olweus Bullying Prevention Program (www.olweus.org). 또한 다음 예를 참고해도 좋다. Stan Davis, "Stop Bullying Now," n.d., www.stopbullyingnow.com/;and Stan Davis and Julia Davis, *Schools Where Everyone Belongs: Practical Strategies for Reducing Bullying* (Champaign, Ill.: Research Press, 2007). 괴롭힘을 예방함으로써 정신건강 장애나 사회성 스킬이 결핍된 학생들을 포함한 모든 학생들은 학교를 더 안전하게 여길 것이다. 특히 게이, 레즈비언, 양성애자, 트랜스젠더(GLBT) 학생들은 더욱 심각한 괴롭힘을 당할 위험에 처해 있다. 전국 단위의 한 연구에서는 84퍼센트의 트랜스젠더 학생들이 학교에서 언어적 괴롭힘을 당했다고 보고했다. 이 주제에 대한 더 자세한

정보는 다음을 참고하라. A. Melissa Crawford and Katharina Manassis, "Anxiety, Social Skills, Friendship Quality, and Peer Victimization: An Integrated Model," *Journal of Anxiety Disorders* 25, no. 7 (2011); Stan Davis and Julia Davis, *Schools Where Everyone Belongs: Practical Strategies for Reducing Bullying* (Champaign, Ill.: Research Press, 2007); Joseph G. Kosciw et al., *The 2009 National School Climate Survey* (New York: Gay, Lesbian, and Straight Education Network, 2010); Kate Sofronoff, Elizabeth Dark, and Valerie Stone, "Social Vulnerability and Bullying in Children with Asperger Syndrome," *Autism: The International Journal of Research & Practice* 15, no. 3 (2011).

16. 강박장애(OCD)를 가진 학생들과의 작업에 대한 정보는 다음을 참고하라. Gail B. Adams, *Students with OCD: A Handbook for School Personnel* (Campton Hills, Ill.: Pherson Creek Press, 2011). 분리불안이 있는 학생들과의 작업에 대한 정보는 다음을 참고하라. Andrew R. Eisen and Charles E. Schaefer, *Separation Anxiety in Children and Adolescents: An Individualized Approach to Assessment and Treatment* (New York: Guilford Press, 2005).

17. E. Jane Costello, Helen L. Egger, and Adrian Angold, "The Developmental Epidemiology of Anxiety Disorders: Phenomenology, Prevalence, and Comorbidity," *Child and Adolescent Psychiatric Clinics of North America* 14, no. 4 (2005).

18. Derek R. Hopko et al., "The Impact of Anxiety on Performance IQ," *Anxiety, Stress & Coping* 18, no. 1 (2005).

19. Matthew Owens et al., "Processing Efficiency Theory in Children: Working Memory As a Mediator Between Trait Anxiety and Academic Performance," *Anxiety, Stress & Coping* 21, no. 4 (2008).

20. N. Ialongo et al., "The Significance of Self-Reported Anxious Symptoms in First-Grade Children," *Journal of Abnormal Child Psychology* 22 (1994).

21. Matthew P. Mychailyszyn, Julia L. Mendez, and Philip C. Kendall, "School Functioning in Youth With and Without Anxiety Disorders: Comparisons by Diagnosis and Comorbidity," *School Psychology Review* 39, no. 1 (2010).

22. Suzanne Barrett and Bernd G. Heubeck, "Relationships Between School Hassles and Uplifts and Anxiety and Conduct Problems in Grades 3 and 4," *Journal of Applied Developmental Psychology* 21, no. 5 (2000); E. Jane Garland and Orion M. Garland, "Correlation Between Anxiety and Oppositionality in a Children's Mood and Anxiety Disorder Clinic," *Canadian Journal of Psychiatry* 46, no. 10 (2001).

23. Bruce Duncan Perry and Maia Szalavitz, *The Boy Who Was Raised As a Dog: And Other Stories from A Child Psychiatrist's Notebook; What Traumatized Children Can Teach Us About Loss, Love, and Healing* (New York: Basic Books, 2006), 24–25.

24. Crisis Prevention Institute Web page, www.crisisprevention.com/.

25. 부정적 강화는 긍정적인 요소(예: 보상 제공)의 추가가 아니라 불편한 요소의 제거(예: 시험 취소)에 의해 행동이 강화되는 것을 뜻한다. 이 경우는 학생이 혼자 앉음으로써 불안이 제거되는 것으로, 회피 행동이 더 강화되고 아마도 계속될 것이다.

26. Hill M. Walker, Geoffrey Colvin, and Elizabeth Ramsey, *Antisocial Behavior in School: Strategies and Best Practices* (Pacific Grove, Calif.: Brooks/Cole Pub. Co., 1995), 167.

27. Athena A. Drewes, *"Blending Play Therapy with Cognitive Behavioral Therapy: Evidence-Based and Other Effective Treatments and Techniques* (Hoboken, N.J.: John Wiley & Sons, 2009), 337.

28. John F. DeMartini, *From Stress to Success—in Just 31 Days!* (Carlsbad, Calif.: Hay House, 2009), 6.

29. Sarah Ward, "Practical Approaches to Remediate Executive Function Deficits," paper presented at Treating Students K–12: Clinicians and

Educators Working Together, Harvard CME Course, Boston, 2009.

30. Time Timer Web page, www.timetimer.com.

31. Ward, "Practical Approaches to Remediate Executive Function Deficits."

32. Karen Janowski, "ReThinking: Assignment Notebooks," July 27, 2011, EdTech Solutions, http://teachingeverystudent.blogspot.com/2011/07/rethinking-assignment-notebooks.html.

33. Tony Attwood, "Should Children with Autistic Spectrum Disorders Be Exempted from Doing Homework?" n.d., Tony Attwood Web page, www.tonyattwood.com.au/index.php?option=com_content&view=article&id=76:should-children-with-autistic-spectrum-disorders-be-exemptedfrom-doing-homework&catid=45:archived-resource-papers&Itemid=181.

34. Vincent Mark Durand, *Severe Behavior Problems: A Functional Communication Training Approach* (New York: Guilford Press, 1990).

35. Mary Sue Williams and Sherry Shellenberger, *How Does Your Engine Run? A Leader's Guide to the Alert Program for Self-Regulation* (Albuquerque: TherapyWorks, Inc., 1996); Kari Dunn Buron, "The Incredible 5 Point Scale," n.d., www.5pointscale.com/; Philip C. Kendall, *Cognitive-Behavioral Therapy for Anxious Children: Therapist Manual* (Ardmore, Pa.: Workbook Pub., 2006); Kurt A. Freeman and Elizabeth T. Dexter-Mazza, "Using Self-Monitoring with an Adolescent with Disruptive Classroom Behavior," *Behavior Modification* 28, no. 3 (2004).

36. Buron, "The Incredible 5-Point Scale"; Kendall, *Cognitive-Behavioral Therapy for Anxious Children; Williams and Shellenberger, How Does Your Engine Run?*

37. Philip C. Kendall, *Coping Cat Workbook* (Ardmore, Pa.: Workbook Pub., 2006).

38. Douglas A. Bernstein, Thomas D. Borkovec, and Holly Hazlett-Stevens, *New Directions in Progressive Relaxation Training: A Guidebook for Helping Professionals* (Westport, Conn.: Praeger, 2000).

39. Alex Smith-Michaels, "Emotional Regulation," paper presented at the Asperger Syndrome: Connections Conference, Marlboro, Ma., 2010.

40. Kendall, *Cognitive-Behavioral Therapy for Anxious Children*, 32.

41. Drewes, *Blending Play Therapy with Cognitive Behavioral Therapy*.

42. Elisa Gagnon, *Power Cards: Using Special Interests to Motivate Children and Youth with Asperger Syndrome and Autism* (Shawnee Mission, Kan.: Autism Asperger Pub., 2002).

43. Madonna Tucker and Jeff Sigafoos, "Use of Noncontingent Reinforcement in the Treatment of Challenging Behavior," *Behavior Modification* 22, no. 4 (1998).

44. 이는 '행동 형성(behavior shaping)'이라고 불린다. 더 상세한 정보는 다음을 참고하라. John O. Cooper, Timothy E. Heron, and William L. Heward, *Applied Behavior Analysis* (Upper Saddle River, N.J.: Pearson/ Merrill Prentice Hall, 2007).

4장 반항 문제

1. 전체 학급을 대상으로 하는 보상은 많은 학생에게 유용한 유인책이 될 수 있고 긍정적인 교실 환경을 조성하는 데에도 도움이 되지만 이따금 실패할 경우가 있다. 반항 행동을 보이는 학생이 다른 학생들과 동일한 기준을 적용받게 될 경우 교사를 불공평하게 생각하며 불만을 품고 규칙을 따르는 데 의욕이 저하될 수 있기 때문이다. '좋은 행동 게임(Good Behavior Game)'은 전체 학급을 대상으로 하는 예방적 개입의 예가 될 것이다. (Sheppard G. Kellam, John Reid, and Robert L. Balster, "Effects of a Universal Classroom Behavior Program in First and Second Grades on Young Adult Problem Outcomes," *Drug and Alcohol Dependence* 95, Suppl. 1

[2008]).

2. Heather J. Walter, Karen Gouze, and Karen G. Lim, "Teachers' Beliefs About Mental Health Needs in Inner City Elementary Schools," *Journal of the American Academy of Child & Adolescent Psychiatry* 45, no. 1 (2006).

3. Ibid.

4. Minna Hämäläinen and Lea Pulkkinen, "Problem Behavior As a Precursor of Male Criminality," *Development and Psychopathology* 8, no. 2 (1996).

5. Lee Kern and Nathan H. Clemens, "Antecedent Strategies to Promote Appropriate Classroom Behavior," *Psychology in the Schools* 44, no. 1 (2007).

6. Kevin S. Sutherland et al., "Examining the Influence of Teacher Behavior and Classroom Context on the Behavioral and Academic Outcomes for Students with Emotional or Behavioral Disorders," *Journal of Special Education* 41, no. 4 (2008).

7. Raymond J. Waller, *Fostering Child and Adolescent Mental Health in the Classroom* (Thousand Oaks, Calif.: Sage Publications, 2006), 162.

8. Alan E. Kazdin and Carlo Rotella, *The Kazdin Method for Parenting the Defiant Child: With No Pills, No Therapy, No Contest of Wills* (Boston: Houghton Mifflin, 2008).

9. Adrian Angold and E. Jane Costello, "Toward Establishing an Empirical Basis for the Diagnosis of Oppositional Defiant Disorder," *Journal of the American Academy of Child & Adolescent Psychiatry* 35, no. 9 (1996); Emily Simonoff et al., "The Virginia Twin Study of Adolescent Behavioral Development: Influences of Age, Sex, and Impairment on Rates of Disorder," *Archives of General Psychiatry* 54, no. 9 (1997).

10. Robert J. McMahon and Rex L. Forehand, *Helping the Noncompliant Child: Family-Based Treatment for Oppositional Behavior* (New York:

Guilford Press, 2003), 1–3.

11. Larry M. Kalb and Rolf Loeber, "Child Disobedience and Non-compliance: A Review," *Pediatrics* 111, no. 3 (2003).

12. Hill M. Walker, Geoffrey Colvin, and Elizabeth Ramsey, *Antisocial Behavior in School: Strategies and Best Practices* (Pacific Grove, Calif.: Brooks/Cole, 1995), 13–14.

13. Ross W. Greene, *The Explosive Child: A New Approach for Understanding and Parenting Easily Frustrated, "Chronically Inflexible" Children* (New York: Harper Collins, 1998), 12.

14. Alan T. Sohn and Cathy Grayson, *Parenting Your Asperger Child: Individualized Solutions for Teaching Your Child Practical Skills* (New York: Perigee Book, 2005), 36.

15. Ross W. Greene and J. Stuart Ablon, *Treating Explosive Kids: The Collaborative Problem-Solving Book* (New York: Guilford Press, 2006), 214.

16. Marc S. Atkins et al., "Suspension and Detentions in an Urban, Low-Income School: Punishment or Reward?" *Journal of Abnormal Child Psychology* 30, no. 4 (2002).

17. Walker, Colvin, and Ramsey, *Antisocial Behavior in School*, 190.

18. Friedrich Losel and Andreas Beelmann, "Effects of Child Skills Training in Preventing Antisocial Behavior: A Systematic Review of Randomized Evaluations," *Annals of the American Academy of Political and Social Science* 587 (2003).

19. Walker, Colvin, and Ramsey, *Antisocial Behavior in School*, 219–224.

20. BrainPOP (www.brainpop.com/) is one Web site that has fun, animated educational videos.

21. Spencer J. Salend and Shawna Sylvestre, "Understanding and Addressing Oppositional and Defiant Classroom Behaviors," *Teaching*

Exceptional Children 37, no. 6 (2005).

22. Kazdin and Rotella, *The Kazdin Method*, 45–46.

23. Walker, Colvin, and Ramsey, *Antisocial Behavior in School*, 231–235.

24. Robert C. Pianta and Megan W. Stuhlman, "Teacher Child Relationships and Children's Success in the First Years of School," *School Psychology Review* 33, no. 3 (2004).

25. Robert C. Pianta, Michael S. Steinberg, and Kristin B. Rollins, "The First Two Years Of School: Teacher-Child Relationships and Deflections in Children's Classroom Adjustment," *Development and Psychopathology* 7, no. 2 (1995).

26. Sondra H. Birch and Gary W. Ladd, "Children's Interpersonal Behaviors and the Teacher-Child Relationship," *Developmental Psychology* 34, no. 5 (1998).

27. Walker, Colvin, and Ramsey, *Antisocial Behavior in School*, 117–119.

28. Charles D. Appelstein, *No Such Thing As a Bad Kid: Understanding and Responding to the Challenging Behavior of Troubled Children and Youth* (Weston, Mass.: Gifford School, 1998).

29. Charles D. Appelstein, *The Gus Chronicles: Reflections from an Abused Kid* (Salem, N.H.: Appelstein Professional Services, 1994), 12.

30. Pianta and Stuhlman, "Teacher-Child Relationships."

31. *Cambridge Dictionary Online*, s.v. "power struggle," http://dictionary. cambridge.org/dictionary/british/power-struggle.

32. Kristine Jolivette et al., "Naturally Occurring Opportunities for Preschool Children With or Without Disabilities to Make Choices," *Education & Treatment of Children* (ETC) 25, no.4 (2002); Kristine Jolivette, Janine Peck Stichter, and Katherine M. McCormick, "Making Choices—Improving Behavior—Engaging in Learning," *Teaching Exceptional Children* 34, no. 3 (2002); Lee Kern et al., "Choice As an

Intervention to Improve Behavior: A Review of the Literature," *Journal of Behavioral Education* 8, no. 2 (1998); Michelle L. Ramsey et al., "Using Choice to Increase Time On-Task, Task-Completion, and Accuracy for Students with Emotional/Behavior Disorders in a Residential Facility," *Education and Treatment of Children* 33, no. 1 (2010): 1–21; Katherine B. Green, Nicole M. Mays, and Kristine Jolivette, "Making Choices: A Proactive Way to Improve Behaviors for Young Children with Challenging Behaviors," *Beyond Behavior* 20, no. 1 (2011); Phillip S. Strain et al., "Keys to Being Successful When Confronted with Challenging Behaviors," in *Young Exceptional Children: Practical Ideas for Addressing Challenging Behaviors*, ed. Susan Sandall and Michaelene Ostrosky, Monograph series (Denver: Division for Early Childhood of the Council for Exceptional Children, 1999); Karrie A. Shogren et al., "The Effect of Choice-Making as an Intervention for Problem Behavior: A Meta-Analysis," *Journal of Positive Behavior Interventions* 6, no. 4 (2004).

33. Kazdin and Rotella, *The Kazdin Method.*

34. Sarah Ward, "Practical Approaches to Remediate Executive Function Deficits," paper presented at the Treating Students K–12: Clinicians and Educators Working Together, Harvard CME Course, Boston, 2009.

35. Steven E. Gutstein and Rachelle K. Sheely, *Relationship Development Intervention with Young Children: Social and Emotional Development Activities for Asperger Syndrome, Autism, PDD and NLD* (London: Jessica Kingsley, 2002), 41–51.

36. John O. Cooper, Timothy E. Heron, and William L. Heward, *Applied Behavior Analysis* (Upper Saddle River, N.J.: Pearson/Merrill Prentice Hall, 2007).

37. H. K. Reavis et al., *Utah's BEST Project: Behavioral and Educational Strategies for Teachers (Salt Lake City: Utah State Office of Education, 1993).*

38. Walker, Colvin, and Ramsey, *Antisocial Behavior in School.*

39. Walker, Colvin, and Ramsey, *Antisocial Behavior in School,* 65.

40. Cooper, Heron, and Heward, *Applied Behavior Analysis,* 276.

41. Allan Beane's "Good for You!" certificate provides an example of a concrete way to give students positive feedback for their behavior intermittently (Allan L. Beane, *The Bully Free Classroom: Over 100 Tips and Strategies for Teachers K–8* [Minneapolis: Free Spirit Pub., 2005], 68–69).

42. Madonna Tucker and Jeff Sigafoos, "Use of Noncontingent Re-inforce-ment in the Treatment of Challenging Behavior," *Behavior Modification* 22, no. 4 (1998).

43. Crisis Prevention Institute, *Instructor Manual for the Nonviolent Crisis Intervention® Training Program* (Milwaukee: Crisis Prevention Institute, 2008).

44. Ibid.

45. Ibid.

46. Walker, Colvin, and Ramsey, *Antisocial Behavior in School,* 126.

47. Greene, The Explosive Child.

5장 위축 문제

1. Kenneth W. Merrell, *Helping Students Overcome Depression and Anxiety: A Practical Guide* (New York: Guilford Press, 2008); Barbara D. Ingersoll and Sam Goldstein, *Lonely, Sad, and Angry: A Parent's Guide to Depression in Children and Adolescents* (New York: Doubleday, 1995).

2. Shashi K. Bhatia and Subhash C. Bhatia, "Childhood and Adolescent Depression," *American Family Physician* 75, no. 1 (2007).

3. National Institute of Mental Health, "How Do Children and Adolescents Experience Depression?" in *Depression*, NIH Publication 08 3561, 2008 (Bethesda, Md.: National Institute of Health, 2007; revised 2008), http://wwwapps.nimh.nih.gov/health/publications/depression/nimhdepression.pdf, 9.

4. 인구 기반 연구에서 우울증을 앓고 있는 청소년의 66퍼센트가 치료 서비스를 이용하지 않았다고 보고되고 있다(J. M. Rey et al., "Depression among Australian adolescents," *Medical Journal of Australia* 175, no. 1 [2001]).

5. Brian L. Brooks et al., "Identifying Cognitive Problems in Children and Adolescents with Depression Using Computerized Neuropsychological Testing," *Applied Neuropsychology* 17, no.1 (2010).

6. Joseph Rey and Boris Birmaher, *Treating Child and Adolescent Depression* (Philadelphia: Wolters Kluwer Health/Lippincott Williams & Wilkins, 2009), 19.

7. Nancy Rappaport et al., "Treating Pediatric Depression in Primary Care: Coping with the Patients' Blue Mood and the FDA's Black Box," *Journal of Pediatrics* 148, no. 5 (2006).

8. American Academy of Child and Adolescent Psychiatry, "Practice Parameter for the Assessment and Treatment of Children and Adolescents with Depressive Disorders," *Journal of the American Academy of Child & Adolescent Psychiatry* 46, no. 11 (2007).

9. 이 목록은 다음 문헌에 포함된 일부 항목을 포함하고 있다. National Association of School Psychologists, "Times of Tragedy: Preventing Suicide in Troubled Children and Youth, Part I," 2001, www.nasponline.org/resources/crisis_safety/suicidept1_general.aspx.

10. Richard M. Glass, "Fluoxetine, Cognitive-Behavioral Therapy, and Their Combination for Adolescents with Depression: Treatment for Adolescents with Depression Study (TADS) Randomized Controlled Trial," *Journal of Pediatrics* 146, no. 1 (2005).

11. Philip C. Kendall, *Cognitive-Behavioral Therapy for Anxious Children: Therapist Manual* (Ardmore, Pa.: Workbook Pub., 2006), 32

12. Kenneth W. Merrell, *Helping Students Overcome Depression and Anxiety, 116; David D Burns, Feeling Good: The New Mood Therapy Revised and Updated* (New York: Avon, 1999).

13. John S. March and Karen Mulle, *OCD in Children and Adolescents: A Cognitive-Behavioral Treatment Manual* (New York: Guilford Press, 1998). Charlie Appelstein, "Cues to Use," Child Care Training, Consultation, and Publications, 다음 웹사이트 www.charliea.com/cuestouse.html 에서는 학생들이 문제에 대처하는 데 필요한 생각을 생성하고 연습하기 위해 도움이 되는 신호나 한 줄 랩을 사용할 것을 추천하고 있다. 이에 따르면 리듬이 있고 유머러스하며 자주 반복될수록 더 효과적이다. 이러한 예로 다음을 참고하라. "이야기를 나눌 땐 / 번갈아 차례대로 / 그러지 않으면 / 친구들이 가 버려." 또는 "잠깐만 멈춰 / 귀를 기울여 / 넌 지금 몰라 / 놓치고 있다는 걸." 불안 방지를 위한 한 줄 랩의 예는 다음과 같다. "서두르지 마 / 걱정하지 마." 격려와 긍정의 말로는 다음과 같은 예가 있다. "난 알아 / 내 맘 속에 / 그게 있어. / 난 알고 있어." "내가 선택해 / 오직 나만이 / 할 수 있어 / 멈출 수 있어." 분노 조절을 위한 한 줄 랩의 예는 다음과 같다. "별거 아니야 / 1 2 3만큼 쉬워! / 별거 아니야 / 1 2 3 보다 쉬워! / 별거 아니야." "진정해, 그게 목표야, 난 할 수 있어, 난 해낼 거야, 진정해야 해." 조직화 및 주의산만 신호의 예는 다음과 같다. "이리저리 자꾸만 움직이면 싫어. / 제자리에 앉아서 웃는 얼굴 보여줘." "짜증내지 말기, 스스로 시작하기, 편안하게 앉기, 열심히 배우기!"

14. Elisa Gagnon, *Power Cards: Using Special Interests to Motivate Children and Youth with Asperger Syndrome and Autism* (Shawnee Mission, Kan.: Autism Asperger Pub., 2002).

15. James Hardy, "Speaking Clearly: A Critical Review of the Self-Talk Literature," *Psychology of Sport and Exercise* 7, no. 1 (2006): 81–97; The Free Dictionary, http://medical-dictionary.thefreedictionary.com/self-

talk.

16. 사용 가능한 기기 중 하나로 SymTrend(디지털 건강관리 도구의 하나로 온라인 과 모바일 기기에서 사용할 수 있는 앱—옮긴이)가 있다. 홈페이지를 참조하라.

17. Sarah J. Jerstad et al., "Prospective Reciprocal Relations Between Physical Activity and Depression in Female Adolescents," *Journal of Consulting & Clinical Psychology* 78, no. 2 (2010); Catherine Rothon et al., "Physical Activity and Depressive Symptoms in Adolescents: A Prospective Study," *BMC Medicine* 8 (2010).

18. Robert C. Pianta, *Enhancing Relationships Between Children and Teachers* (Washington, DC: American Psychological Association, 2000).

19. James E. Carr, Jamie M. Severtson, and Tracy L. Lepper, "Noncontingent Reinforcement Is an Empirically Supported Treatment for Problem Behavior Exhibited by Individuals with Developmental Disabilities," *Research in Developmental Disabilities* 30, no. 1 (2009).

20. Doug Lemov, *Teach Like a Champion: 49 Techniques That Put Students on the Path to College* (San Francisco: Jossey-Bass, 2010).

21. Martin E. P. Seligman, *Helplessness: On Depression, Development, and Death* (New York: Freeman, 1996).

22. Sarah Ward, "Practical Approaches to Remediate Executive Function Deficits," paper presented at the Treating Students K–12: Clinicians and Educators Working Together, Harvard CME course, Boston, 2009.

23. Merrell, *Helping Students Overcome Depression and Anxiety*, 128–131.

24. Seligman, *Helplessness: on Depression, Development, and Death*.

25. A. VanDerHeyden et al., "Comparison of Within-Stimulus and Extra-Stimulus Prompts to Increase Targeted Play Behaviors in an Inclusive Early Intervention Program," *Behavior Analyst Today* 3, no. 2 (2002); M. Chesnut, P. N. Williamson, and J. E. Morrow, "The Use of Visual

Cues to Teach Receptive Skills to Children with Severe Auditory Discrimination Deficits," *Behavior Analyst Today* 4, no. 2 (2003).

6장 성 문제

1. Elkovitch의 커뮤니티 대상 연구에서 부모들의 보고에 의하면 비정상적인 행동이나 문제 행동을 보이는 아동은 3퍼센트 이하이며, 이들의 행동은 '거슬리거나, 공격적이거나, 성적 행동을 모방하는 것'이었다. 예를 들면 성교를 흉내내거나 성기와 구강 간의 접촉, 물체를 사용한 자위, 질 내에 물체를 삽입하는 행위 등이 포함된다. (Natasha Elkovitch et al., "Understanding Child Sexual Behavior Problems: A Developmental Psychopathology Framework," *Clinical Psychology Review* 29, no. 7 [2009]).

2. Ibid.

3. Mark Chaffin, "Our Minds Are Made Up—Don't Confuse Us with the Facts: Commentary on Policies Concerning Children with Sexual Behavior Problems and Juvenile Sex Offenders," *Child Maltreatment* 13, no. 2 (2008); Friedrich et al., "Sexual Behavior Problems in Preteen Children," *Annals of the New York Academy of Sciences* 989, no. 1 (2003).

4. Association for the Treatment of Sexual Abusers, "Report of the Task Force on Children with Sexual Behavior Problems," Beaverton, Ore., 2006.

5. Friedrich et al., "Sexual Behavior Problems in Preteen Children"; Toni Cavanagh Johnson, "Assessment of Sexual Behavior Problems in Preschool and Latency-Aged Children," in *Child and Adolescent Psychiatric Clinics of North America*, ed. A. Yates (Philadelphia: Saunders, 1993).

6. Douglas Davies, *Child Development: A Practitioner's Guide* (New York: Guilford Press); American Academy of Pediatrics, "Sexual Behaviors in Children," 2005, Web page, www.aap.org/pubserv/ PSVpreview/pages/

behaviorchart.html; Johnson, "Sexual Behavior Problems in Preschool and Latency-Aged Children."

7. 유치원 교사들은 아동 중 5퍼센트 정도가 자위 행동을 보였다고 보고한 반면 43퍼센트의 부모들은 자녀가 생식기를 만지는 행동을 했다고 보고했다. 다음을 참고하라. F. Lopez Sanchez, A. Del Campo, and V. Guijo, "Pre-Pubertal Sexuality," *Sexologies* 11 (2002); IngBeth Larsson and Carl Goran Svedin, "Teachers' and Parents' Reports on 3- to 6-Year-Old Children's Sexual Behavior: A Comparison," *Child Abuse & Neglect* 26, no. 3 (2002).

8. William N. Friedrich, "Behavioral Manifestations of Child Sexual Abuse," *Child Abuse & Neglect* 22, no. 6 (1998).

9. Elkovitch et al., "Understanding Child Sexual Behavior Problems"; Friedrich et al., "Sexual Behavior Problems in Preteen Children."

10. 유럽의 연구에서 부모들은 자녀 중 55퍼센트에서 75퍼센트가 의사 놀이를 한다고 보고했다. 다음을 참고하라. Larsson and Svedin, "Teachers' and Parents' Reports"; Lopez Sanchez, Del Campo, and Guijo, "Pre-Pubertal Sexuality."

11. Association for the Treatment of Sexual Abusers, "Report of the Task Force," 3.

12. Elkovitch et al., "Understanding Child Sexual Behavior Problems," found that 42 to 94 percent of adults recalled sexual experiences as a child when asked by researchers.

13. Association for the Treatment of Sexual Abusers, "Report of the Task Force," 3.

14. J. Silovsky and B. L. Bonner, "Sexual Behavior Problems," in *Encyclopedia of Clinical Child and Pediatric Psychology*, ed. T. H. Ollendick and C. S. Schroeder (New York: Kluwer Press, 2003).

15. Ibid.

16. Elkovitch et al., "Understanding Child Sexual Behavior Problems."

17. National Childhood Traumatic Stress Network, "Understanding and Coping with Sexual Behavior Problems in Children," April 2009, www.nctsnet.org/nctsn_assets/pdfs/caring/sexualbehaviorproblems.pdf ; Elkovitch et al., "Understanding Child Sexual Behavior Problems."

18. Barbara Geller et al., "Psychosocial Functioning in a Prepubertal and Early Adolescent Bipolar Disorder Phenotype," *Journal of the American Academy of Child & Adolescent Psychiatry* 39, no.12 (2000).

19. Association for the Treatment of Sexual Abusers, "Report of the Task Force," 2.

20. Patricia Romanowski Bashe and Barbara L. Kirby, *The Oasis Guide to Asperger Syndrome: Advice, Support, Insight, and Inspiration* (New York: Crown Publishers, 2005), 413.

21. Pamela B. Tanguay, *Nonverbal Learning Disabilities at School : Educating Students with NLD, Asperger Syndrome and Related Conditions* (London: Jessica Kingsley, 2002).

22. Ibid.

23. Michelle Garcia Winner, *Thinking About You, Thinking About Me* (San Jose: Think Social, 2007), 152–172.

24. Karen Levine, Naomi Chedd, and Deborah Bauch, "The Social-Affective Diet: The Launch of a New Concept," *Autism Spectrum Quarterly* 2009.

25. Judith A. Cohen, conversation with authors, July 20, 2011.For further discussion, see Elkovitch et al., "Understanding Child Sexual Behavior Problems."

26. Johnson, "Sexual Behavior Problems in Preschool and Latency-Aged Children."

27. Judith A. Cohen, Esther Deblinger, and Anthony P. Mannarino,

Treating Trauma and Traumatic Grief in Children and Adolescents (New York: Guilford Press, 2006), 214.

28. Silovsky and Bonner, "Sexual Behavior Problems."

29. Cohen, Deblinger, and Mannarino, *Trauma and Traumatic Grief*, 12.

30. Massachusetts Advocates for Children: Trauma and Learning Policy Initiative, "Helping Traumatized Children Learn," Boston, 2005. See also Cohen, Deblinger, and Mannarino, *Treating Trauma and Traumatic Grief*.

31. Carol Gray, *The New Social Story Book*(Arlington, Tex.: Future Horizons, 2010).

32. Adapted from Marklyn P. Champagne and Leslie Walker Hirsch, "Circles Curriculum," video program, n.d., James Stanfield Company, Santa Barbara, Calif.

33. Mary Sue Williams and Sherry Shellenberger, *How Does Your Engine Run? A Leader's Guide to the Alert Program for Self-Regulation* (Albuquerque: TherapyWorks, Inc., 1996)

34. Bruce D. Perry and Ronnie Pollard, "Homeostasis, Stress, Trauma, and Adaptation: A Neurodevelopmental View of Childhood Trauma," *Child and Adolescent Psychiatric Clinics of North America* 7, no. 1 (1998).

35. John O. Cooper, Timothy E. Heron, and William L. Heward, *Applied Behavior Analysis* (Upper Saddle River, N.J.: Pearson/Merrill Prentice Hall, 2007), 392–395.

36. Gray, The New Social Story Book.

7장 문제 행동 FAQ

1. 여기에 제시된 조언 목록은 다음 자료에서 참고하였다. Anne Brunette, "Self-Care for Teachers," Doll and Associates, Fond du Lac, Wis., 2005,

www.dollandassociates.com/sft184/selfcareforteachers.pdf; John Norcross and Athena A. Drewes, "Self-Care for Child Therapists: Leaving It at the Office," in *Blending Play Therapy with Cognitive Behavioral Therapy: Evidence-Based and Other Effective Treatments and Techniques,* ed. Athena A. Drewes (Hoboken, N.J.: John Wiley & Sons, 2009).

2. Sara Lawrence-Lightfoot, *Worlds Apart: Relationships Between Families and Schools* (New York: Basic Books, 1978).

3. Gerald R. Patterson and Magda Stouthamer-Loeber, "The Correlation of Family Management Practices and Delinquency," *Child Development* 55, no. 4 (1984).

4. 2007년에 5세~14세 사이 아동의 자살률은 인구 10만 명당 0.5명이었으며 전체 인구의 자살률은 10만 명당 11.5명으로 나타났다.

(Amerian Foundation for Suicide Prevention, "Facts and Figures: By Age," www.afsp.org/index.cfm?fuseaction=home.viewPage&page_id=04EB7CD1-9EED-9712-89C9540AFCB44481).

찾아보기

저자 소개

제시카 미나한(Jessica Minahan)

교육 컨설턴트, 행동분석 전문가, 특수교육 전문가이다. 공립학교에서 10년 이상 근무하며 문제 행동으로 어려움을 겪는 교사들을 지원했다. 정서행동 위기학생 및 불안장애, 고기능 자폐증 학생들을 위한 행동중재 분야에서 오랜 경험과 실천적 지식을 갖춘 탁월한 전문가로 꼽히고 있다.

낸시 래퍼포트(Nancy Rappaport MD)

하버드 대학교 의과대학 정신과 교수이자 하버드 대학교 교육 계열사인 <캠브리지 헬스 얼라이언스>의 정신과 전문의로 오랫동안 아동청소년 정신건강 문제를 연구해왔다. 교육자를 위한 상담과 훈련의 중요성을 강조하며 학교가 학생들의 정신건강을 지원하는 역할을 해야 한다고 강조한다. 저서로 『In Her Wake : A Child Psychiatrist Explores the Mystery of Her Mother's Suicide(한 소아정신과 의사가 어머니의 자살에 숨은 비밀을 탐구하다)』가 있다.

정서행동 위기학생 지원을 위한 새로운 접근

문제 행동의 암호를 풀다

2025년 3월 15일 1판 1쇄 발행

지은이 제시카 미나한, 낸시 래퍼포트
옮긴이 장현주
감수 최서윤

펴낸이 이찬승
펴낸곳 교육을바꾸는책
출판등록 2012년 4월 10일 | 제313-2012-114호
주소 서울시 마포구 양화로 7길 76, 평화빌딩 3층
전화 02-320-3600(경영) 02-320-3604(편집)
팩스 02-320-3611

홈페이지 http://21erick.org
이메일 gyobasa@21erick.org
유튜브 youtube.com/user/gyobasa
블로그 blog.naver.com/gyobasa_edu
트위터 twitter.com/GyobasaNPO
인스타그램 instagram.com/gyobasa

ISBN   978-89-97724-34-5 (03370)